JN035313

# 古代日本に於ける「図書館」の起源

新藤 透

樹村房

# はじめに

歴史を研究していると、最終的には古代と近代に関心がいく傾向があるようです。

近代は現代と直結している「近い過去」です。したがって、現代で起こっている問題の直接の原因を突き止めることができます。図書館界でいえば、例えば公立図書館で司書が専門職として未だ確立されていない原因を、終戦直後やあるいは戦前にまで遡って明らかにすることができるでしょう。原因がわかれば、その問題を解決する糸口がつかめるかもしれません。近代史を学ぶとはそのような意義があると私は考えます。

では古代はどうなのでしょうか。古代は現代とは千年以上離れた「遠い過去」のことです。現代とは離れすぎていて、その時代で生活していた人の「ものの考え方」や「常識」も現在とは大きく異なっています。

かつて東洋史家内藤湖南《ないとうこなん》は、大正十年（一九二一）八月に史学地理学同攷会で行った講演「応仁の乱について」で、次のようなことを述べています（傍線引用者）。

大体今日の日本を知るために日本の歴史を研究するには、古代の歴史を研究する必要は殆どありませぬ、応仁の乱以後の歴史を知っておったらそれでたくさんです。それ以前の事は外国の歴史と同じくらいにしか感ぜられませぬが、応仁の乱以後はわれわれの真の身体骨肉に直接触れた歴史であって、これをほんとうに知っておれば、それで日本歴史は十分だと言っていいのであります。

（内藤湖南『日本文化史研究』下巻、六十四頁）

この講演はあまりにも有名なものなので、読者の中にもご存知の方もおられるかと思います。湖南は応仁の乱によって日本という国はガラッと変わってしまい、「外国の歴史と同じ位にしか感ぜられませぬ」とまで言い切っています。応仁の乱によりそれまで「名家」とされていた公家や武家の多くが没落し、低い身分からのし上がった者が天下を掌握しました。豊臣秀吉《とよとみのひでよし》は農民の出身ですし、徳川家康も清和源氏新田氏の一族と自称していますが、おそらく先祖は遊行僧《ゆぎょうそう》だったと思われます。

日本という国を動かしていた為政者が総入れ替えをし、新しい人たちが新しい感性で国づくりをしたので、そのターニングポイントとなった応仁の乱以前は「外国同然」だと湖南は喝破したのです。

湖南は応仁の乱によって歴史の流れは断絶しているといいたいのでしょうが、私はそうとはいえないと思います。乱が始まる前も終わった後も、京都には依然として天皇が住み、伝統的な権威を保ち続けていました。また足利将軍家も形骸化したとはいえ征夷大将軍としての権力も有していました。応仁の乱により京都の文化が地方に波及したことは拙著『戦国の図書館』で指摘しましたが、そういった意味での大きな変化はありましたが、「断絶」とばかり強調するのは一面的な見方でしょう。

そうすると、この国の「ものごとのはじまり」を考えるには応仁の乱以後ではなく、やはり古代から検討せねばなりません。そもそも「図書館」という言葉は明治十年（一八七七）開学の東京大学図書館の名称として初めて使用されました。英語のライブラリーの翻訳です。当時は公立ライブラリーを「書籍館《しょじゃくかん》」、大学や専門学校のライブラリーを「図書館《ずしょかん》」と称していました。明治の中頃に「図書《とし》館《かん》」に統一されます。

では明治以前に「図書館」はなかったかといえば、類似した施設は存在していました。それが「文庫」です。文庫は奈良時代の図書寮《ずしょりょう》や、石上宅嗣《いそのかみのやかつぐ》が開設した芸亭《うんてい》がありますので、応仁の乱以前から存在していました。この点をとっても、古代にまで遡らないとわが国の図書館の源流はわからないといえます。

私は今まで数冊の日本図書館史の教養書を上梓してきました。通史が一冊で、その他に時代別の図書館史を年一冊のペースで刊行してきました。

- 通史　『図書館の日本史』（勉誠出版、二〇一九年）
- 中世　『戦国の図書館』（東京堂出版、二〇二〇年）
- 近世　『図書館と江戸時代の人びと』（柏書房、二〇一七年）

残るは古代と近代だけなのですが、近代は複雑ですので（しかも近代図書館史の一般向けの本は他にもありますので）、古代図書館史の本を書こうと思い立ちました。

古代は通史である『図書館の日本史』で少しふれていますが、本書ではより詳しく日本における「図書館」の発生と展開について明らかにしていきたいと考えています。

古代の「図書館」は設立理由も役割も現代とは大きく異なっていました。その一方で類似した点も確かに見出すことができます。また本書は図書館発生の問題についても取り上げています。なぜ古代日本人は「図書館」を必要としたのか、それを解き明かすことで、「不要不急」の施設と現代で一般から思われている図書館の存在意義を考えることができると思います。

**【参考文献】**

新藤透『図書館の日本史』勉誠出版、ライブラリーぶっくす、二〇一九年
内藤湖南『日本文化史研究』下巻、講談社、講談社学術文庫、一九七六年

もくじ

# 第一章　前近代日本図書館史研究の視点

本章では本書の主題に入る前に、江戸時代以前における前近代の日本図書館史研究ではどのような視点が重要なのか、またどのような研究手法がとられるべきなのか、考えていきたいと思います。さらに日本史学の研究とどう差別化をはかるべきかについても私見を表明したいと思います。

## 第一節　「図書館史」と「日本史」

私は日本図書館史の本を三冊、日本史学の本を二冊上梓してきました（令和四年現在）。本書は日本図書館史の四冊目にあたります。

いずれも「歴史」をテーマとした書籍ですが、前者は図書館情報学の一分野である日本図書館史の本で、後者は日本史学の本です。一般の方には、両者の違いは区別がつきにくいと思われますが、実は似て非なるものです。

日本の公共図書館の九〇パーセント以上で採用されている図書館蔵書を分類する規則に、「日本十進分類法」（以下NDCと略記）というものがあります。これを見ると一目瞭然なのですが、図書館史と日本史ではジャンルがまったく別の本だとわかります。拙著五冊に分類記号を割りふると次のようになります。

①『松前景広『新羅之記録』の史料的研究』　211
②『北海道戦国史と松前氏』　211
③『図書館と江戸時代の人びと』　010・21
④『図書館の日本史』　010・21
⑤『戦国の図書館』　020・21

ちょっと解説をしてみましょう。①・②の記号は211となっていますが、これはNDCでは「北海道の歴史」という意味です。確かに①・②は北海道の中世・近世について書いた本です。一桁の2が「歴史」、二桁の21になって「日本史」という意味になります。さらに三桁の211になると「日本史の北海道地方史」という意味になるのです。つまりこの二冊は日本史の本になるわけです。分類記号を見るだけで、その本のジャンルや内容までわかってしまうのです。

③・④・⑤は、頭一桁が0です。これは「総記」となり、図書館や書誌、百科事典、一般論文集などが分類される記号になります。③・④は01となっていますが、これは「図書館　図書館情報学」となり、さらに010・21となると「日本の図書館の歴史」という意味になります。⑤は02で

「図書・書誌学」、020・21になると「日本の図書および書誌学史」という意味になります。つまり③・④・⑤の本は、図書館では「日本史」の棚には置いておらず、「図書館」の棚に排架されているのです。ちなみに、NDCは国立国会図書館が付与したものです。

ということは、③〜⑤は日本史の本ではないということになります。同じ日本の歴史をテーマにしているのに、なぜこうした違いがあるのでしょうか。

それは①・②は日本史学の手法で研究された成果をまとめた本ですので、「日本史」の本となり、③〜⑤は図書館情報学の一分野である「日本図書館史」の視点で研究された本なので、「図書館」の本となるからです。「歴史」をテーマとしていても、学問が異なり研究手法に相違が生じているのです。両者にどのような違いがあるのでしょうか。もう少し詳しく見ていきましょう。

## 第二節　歴史学の視点と研究手法

### 明治期の近代歴史学の輸入

わが国の歴史学は明治になってドイツの歴史学者ルートヴィヒ・リースにより研究方法が導入されて、本格的に研究がはじまりました。

リースは、政府から明治二十年（一八八七）に帝国大学文科大学（現・東京大学文学部）史学科講師

ルートヴィヒ・リース
（Wikimedia Commonsより）

として招かれます。いわゆる「お雇い外国人」の一人だったわけです。

リースはドイツの高名な歴史学者レオポルト・フォン・ランケの弟子で、高齢なランケに代わって日本にやって来ました。リースは明治二十二年（一八八九）に日本初の歴史学の学会である「史学会」を設立しました。学会誌『史学会雑誌』（後に『史学雑誌』と改称し、現在に至っています）も創刊し、学会としての体裁を整えます。

歴史学者は史学会で発表し、それを学術論文としてまとめて『史学雑誌』に投稿して世に問うという研究発表のアウトラインが確立されました。江戸時代までの学者は、弟子に向けた講義、あるいは書状、著書などによって自らの学説を発表したのですが、リースは学会を創設することによって、きちんと学者が発表・討論できる場所を制度化したのです。

明治期に「歴史学」という学問が成立したのですが、大きく三つの分野に分かれます。国史学、東洋史学、西洋史学です。戦後は「国史学」という名称が忌避され、「日本史学」と呼ぶようになりますが、現在でも基本的に日本の歴史学はこの三つの領域で構成されています。東洋史は中国史が中心、西洋史はヨーロッパ史、アメリカ史が中心になるでしょうか。ここにオセアニア史やアフリカ史もなかば無理やり押し込んでいます。最近はさすがに無理が生じてきたので、これらは独立した存在として説明されてもいます。

さらに時代別に分野が細分化されています。日本史学では古代史、中世史、近世史、近現代史です。またテーマ別で文化史、女性史、対外関係史、宗教史、そして北方史などがあります。近年は新しく歴史を見る視点が増え、より分野が多彩になってきています。

さて歴史学の目的ですが、①当時書かれた文献を読解して史実を明らかにし、②その上で研究者の視点によりその史実を歴史的に評価すること、にあります。リースが研究手法として明治期に導入したのは、特に①の方です。これは歴史研究の基礎であり、これをおろそかにすると、誤った史実（事実）に基づいて歴史事象を評価することになってしまいます。大変重要なものです。

リースは史実を明らかにするためには、その事象が起こった当時の史料を多面的に批判的に読みこむことが必要だと言っています。

こういった歴史学の研究手法についてわかりやすく解説した本は、実はあまり数がありません。ただ戦前には初学者向け歴史学研究法の解説書が何冊か出版されています。戦後は学説史を概述したものは多いのですが、研究技法について書かれたものは学生向けに刊行されたものが少数あるだけで、それほど多くないようです。

## 歴史学と考古学・民俗学との違い

さて、歴史を研究しようと思ったら文献をもとに研究します。それが歴史学の基本です。実は歴史を研究するのは、歴史学の専売特許ではありません。考古学では発掘して出土した考古遺物を資料として歴史を研究しますし、民俗学ならば非文字の資料、例えば昔話であるとか民具であるとか、あるいは風俗習慣などを資料として過去を明らかにしようとします。研究で扱う資料の相違によって、アプローチする方法が自ずと異なり、学問分野はまったく別のものになっているのです。読者の方は、歴史学と考古学を同じようなものとして思っている方もおられるかもしれませんが、この二つはまったく別の学問です。ちなみに考古学は古代だけではなく、中世・近世・近代も研究対象にしています。近代考古学という分野もちゃんとあるのです。

歴史学では過去に記された文字記録（これを「史料」といいます）を手掛かりとして、歴史を明らかにします。ですから歴史学者が「古文書」とか「史料」に「こう書かれている」という論理で説明するのは、そこに書かれていることを最も重視するからです。逆にいえば史料が残されていない時代のことは研究できないので、邪馬台国が滅びて大和朝廷が成立するまでの期間は、まったくの「空白」なのです。つまり何が起こっていたのかさっぱりわからないのです。

こういう時代は考古学に頼るしかないのですが、ただ考古学の限界は出土遺物をいくら並べても、「この地方には有力な豪族がいた」とか「大陸と交易をしていた」ということしかわかりません。「有力な豪族」とはどんな名前で、どんな生涯を送ったのか、どのような政治を行ったのか、隣国と戦争したのかしなかったのか……など、「人間」がわからなければ歴史学では「歴史」とはみなされないのです（この点に関しては、戦後直ぐに「『昭和史』論争」という有名な論争が起こっています）。文献史料と考古学の発掘成果の両方を活用して史実を突き止めることが肝要です。

## 史料の「等級」

さて歴史学がいかに史料を重視しているのか、ご理解いただけたと思います。史料の取り扱いには非常に慎重を期しています。ひとくちに「史料」とはいえ、さまざまな性格のものがありますし、そこに書かれていることがすべて真実とは限りません。ですから歴史学では史料そのものの吟味も厳しく行っています。

この考えは現代ではかなり批判されているのですが、史料を重要度別に等級をふって整理した研究者がいます。坪井九馬三《つぼいくめぞう》氏がその考えを披露しています（坪井九馬三『史学研究法』改訂増補三版、三二一～三二四頁）。

坪井氏は史料を一等から五等、さらに等外にまで分類しています。では一つずつみていきましょう。

- 一等史料　歴史的事象が起こった当時、その事象に関係している人物が書き残した古文書《こもんじょ》、日記など。
- 二等史料　歴史事象が起こった際にその場に居合わせなかったが、やや離れた土地にいた者がその事象を書き留めたもの。同じ土地であってもやや隔たった時代に記された古文書、古記録など。
- 三等史料　一等と二等の部類のものをつなぎ合わせ、それに連絡をつけたもの。
- 四等史料　年代、場所、人物が特に問題ないと思われるが、いつ書かれたのか不明なもの。あるいは成立年代は判明しているが原本が伝わらず写本のみ残っており、原本の文章がどのように改竄《かいざん》されたのか不明のもの。

以上が「根本史料」といいます。以下はあまり信頼性が低い史料となります。

・五等史料　後世の人物がさまざまな史料を蒐集して編纂したもの。編纂物でもそれなりの人物が、しっかりとした編纂を行ったものに限る。

・等外史料　しっかりとした編纂ではない編纂物。系図。伝説。歴史画その他。『平家物語』『太平記』などの文学作品も入る。

現在では坪井氏のように詳細に史料を区分して研究に供しているわけではありませんが、同時代の関係者が記した史料（一次史料）と、後世に編纂された史料（二次史料）とは厳密に区分をしています。例えば織田信長という戦国大名を研究するのに、祐筆であった太田牛一が著した『信長公記』を最も重視しているのは、著者の太田が信長をよく知っている人物であり、また成立年代も信長が没してから比較的近いからです。

似たような書物に江戸初期の儒学者小瀬甫庵《おぜほあん》が、『信長公記』を元にして著したという『信長記』（『甫庵信長記』とも）という本がありますが、こちらの方は成立過程から考えても信憑《しんぴょう》性は高くないと言われています。事実、甫庵の創作も多く織り込まれているようですが、江戸期に出版されて広く世間に流布したので、庶民の「信長像」に大きな影響を与えたということです（柳沢昌紀「信長公記と信長記、太閤記」）。

歴史を研究しようとしたら、後世に編纂されたような史料は極力排除し、歴史事象が起こった当時に関係者が記した良質な史料のみを活用して、史実を明らかにすることが重要です。

しかし一次史料だけを集めれば史実が再現できるかというと、必ずしもそうとはいえません。当事者が書き残した古文書でも、錯誤や虚偽が含まれているかもしれません。またその書き手の主観が入り込んでいて、史実に妙なバイアスを加えて記録している可能性もあります。

歴史学ではそのような要素を排除して、史料に書かれている真実のみを洗い出す作業を必ず行っています。これを「史料批判」と呼んでいます。

## 史料批判

イギリス史が専門の今井登志喜氏が著した本に、『歴史學研究法』という本があります。この本は、私が学生時代には史学科の学生が最初に読むべき本だと教わりました（古い本なので今の学生は知らないかもしれません）。もとは戦前の「岩波講座　日本歴史」に書かれたものです。

今井氏は史料批判を、「その聚集された多くの史料がはたして証拠物件として役立つや否や、またもし役立つとするもはたしていかなる程度に役立つかを考察する」（今井登志喜『歴史學研究法』三十五頁）ことであると明快に説明しています。

史料批判について少し詳しく説明しておきましょう。史料批判とひとくちに言っても、外的批判と内的批判の二つに大別できます。

外的批判は、①真純性の批判、②来歴批判、③本原性の批判の三つに分けることができます。①は

「史料として提供されるものは屢々全部もしくは一部が真実のものでなく、あるいは又従来承認されていたものでないことがある」（今井登志喜『歴史學研究法』三十六～五十三頁）ので、それを明らかにすることです。古文書には偽書といって後世に捏造されたものや、著者が勘違いをして誤ったことが記されていることが多々ありますが、こういう点を他の一次史料を活用して明らかにすることをいいます。②はその史料の成立過程を明らかにして、どの程度まで内容に信憑性《しんぴょう》があるか考察することです。例えば、織田信長の祐筆が執筆した『信長公記』は確かに一次史料ですが、信長の家臣が書いたものですので信長にとってマイナス評価になることは記述されていない可能性があります。そこを他の史料で補う必要があります。

内的批判については、①可信性の批判、②史料の価値の差別の二点があります（今井登志喜『歴史學研究法』五十三～七十頁）。②は史料の等級の話ですので前述しました。①は史料が「どの程度に信ず可きか、どの程度の証拠力をもつか」（今井登志喜『歴史學研究法』五十四頁）を見極めることです。その方法はいろいろありますが、例えば同じ史料で矛盾した記述はないか、史料を書いた執筆者が当時置かれた立場なども考慮して、どこまで信ずべき内容があるかなどを判断することです。

この外的・内的批判を行ってから、歴史家ははじめて歴史研究ができるのです。例えば源平時代を研究するのに、江戸時代に書かれた史料にいくらおもしろいことが書かれてあっても、ほとんど参考にはなりません。また『平家物語』も鎌倉期に成立した文学作品ですので、歴史研究の史料にはなりえません。当時書かれた古文書などが一次史料となるのです。

このような歴史学研究の技法は、図書館史の研究でも大いに参考になります。技術的なことは図書館史の研究者も知っておいたほうが良いと思います。

## 現代の「常識」を過去に持ち込むな

それともう一点、歴史学の研究では重要なことがあります。それは史料を読んで解釈する時に、「現代の視点」を持ち込まないことです。

ひとつ例をあげます。中世まで武家の女性は立て膝で座りましたが、正座が正式な座り方だと思い込んでいる現代人からみれば、立て膝はかなりお行儀が悪い座り方に映ります。しかし中世は畳敷きが一般的ではなく、身分の高い公家や大名の邸宅でも板張が普通でした。正座だととても痛くて長時間座っていられません。そこで立て膝で座ったのです。

昔大河ドラマで女性が皆立て膝で座っているのを見た視聴者が、「お行儀が悪い」というクレームをNHKに寄せたそうですが、これなどは「現代の常識」で過去を「評価」してしまった典型的な例です。「現代の常識」は「過去の非常識」です。

また古い時代になればなるほど、その時代に生きた人たちの「常識」や「感性」も大きく違います。例えば戦国時代によくみられた村同士の紛争解決の手段として解死人《げしにん》というものがあります。これはその村の構成員ではない流れ者を村で養い、他村との間で紛争が発生した際に、その流れ者を村人だと偽って命を差し出し、紛争を解決することです（藤木久志『戦国の作法：村の紛争解決』）。これは中世で広く行われた紛争解決の慣行ですが、現代人の私たちからすると罪もない流れ者がかわいそうに思えて仕方ありません。明らかに「人権」を「蹂躙」する「暴挙」だといえます。

しかし当時は人権という概念もありませんし、人の命は平等でもありませんでした。それが「当たり前」だったのです。同じ共同体の村人の命を差し出すことはできませんが、余所から流れて来た者の命などどうでもよかったのです。命はみな同じという発想は、人権が確立した近代以降の所産です。野蛮な行為と映りますが、当時はこれがいちばん良い方法だと思われていたのです。

安易に「現代の観念・常識」で過去を裁定してはいけないのです。いくら良質な一次史料を活用して史実を明らかにしても、最後に「解死人は人権無視の慣行であり、つまり戦国期は野蛮な時代であった」と結論付けては、戦国時代をほんとうに理解したことにはならないのです。

もっとも、最近では敢えて「現代の感覚」を過去に持ち込む研究者もいるようです。特に近現代史に多いような気がしますが、そういう研究手法もあるのでしょう。

さて、歴史学研究の技法をおわかりいただけたと思います。次に図書館史研究の視点について考えてみたいと思いますが、その前に図書館とはどんな役割を現代社会では果たしているのか、そして図書館を研究対象とする図書館情報学とはどのような学問なのか確認をしてみましょう。その上で図書館史とはどのような研究をする学問なのか考えてみたいと思います。

# 第三節　図書館情報学における図書館史研究

## 図書館とはなにか

日本中には図書館がたくさんありますが、海外に比べるとまだまだ数が少ないようです。特に欧米諸国と比較すると、日本の図書館はまだ十分その存在意義を国民に認知されていないといえます。海外の図書館も大いに参考にする必要があります。

ただ「海外」とか「欧米諸国」とひとくちに言っても、図書館行政は千差万別で、同じ国であっても地域によっては図書館の充実にかなり差が開いているところもあります。冷静に海外の図書館事情を分析し、「お手本とすべき点」と「反面教師にするべき点」を見極める必要があるでしょう。

さて日本中にある図書館ですが、改めて「図書館」とはどのような施設なのかと問われれば、スラスラと答えが出てくる人は非常に少ないと思います。「本がたくさんある」「無料で本を借りることができる」などというイメージは誰しも持っているかと思いますが、それ以上の回答は出てこないようです。

実は図書館とひとくちに言ってもさまざまな種類があります。公共図書館、学校図書館、国立図書館、大学図書館、専門図書館、その他の図書館などです。それぞれの図書館には法的根拠があるのですが、ここでは公共図書館の法的根拠である「図書館法」（昭和二十五年四月三十日法律第一一八号）の条文から図書館の定義を確認しておきます（傍線引用者）。

第二条　この法律において「図書館」とは、図書、記録その他必要な資料を収集し、整理し、保存して、一般公衆の利用に供し、その教養、調査研究、レクリエーション等に資することを目的とする施設で、地方公共団体、日本赤十字社又は一般社団法人若しくは一般財団法人が設置するもの（学校に附属する図書館又は図書室を除く。）をいう。

公共図書館とは、①公立図書館（都道府県立図書館・市区町村立図書館）、②日本赤十字社や一般社団法人・一般財団法人が設立した一部の私立図書館を指します。公立図書館を公共図書館と思っている方も多いようですが、それは大いなる勘違いです。私立図書館でも法的に公共図書館に含まれる館もあります。

## 現代の図書館の役割

さて図書館法第二条の傍線を引いた箇所に着目してみましょう。すると公共図書館の定義が書かれており、図書館はただ資料を収集するだけではなく、一般公衆に利用させることが目的だと読めます。さらに「図書」だけではなく、「記録その他必要な資料」とあり、図書以外も収集して整理・保存し、市民に利用してもらうことを目的としていることがわかります。これは公共図書館だけではなく、他館種の図書館にも共通しています（細部ではもちろん違うところもありますが）。

図書館法第三条では、もう少し詳しく図書館の活動について規定しています（傍線引用者）。

第三条　図書館は、図書館奉仕のため、土地の事情及び一般公衆の希望に沿い、更に学校教育を援助し、及び家庭教育の向上に資することとなるように留意し、おおむね次に掲げる事項の実施に努めなければならない。

一　郷土資料、地方行政資料、美術品、レコード及びフィルムの収集にも十分留意して、図書、記録、視聴覚教育の資料その他必要な資料（電磁的記録（電子的方式、磁気的方式その他人の知覚によつては認識することができない方式で作られた記録をいう。）を含む。以下「図書館資料」という。）を収集し、一般公衆の利用に供すること。

二　図書館資料の分類排列を適切にし、及びその目録を整備すること。

三　図書館の職員が図書館資料について十分な知識を持ち、その利用のための相談に応ずるようにすること。

四　他の図書館、国立国会図書館、地方公共団体の議会に附置する図書室及び学校に附属する図書館又は図書室と緊密に連絡し、協力し、図書館資料の相互貸借を行うこと。

五　分館、閲覧所、配本所等を設置し、及び自動車文庫、貸出文庫の巡回を行うこと。

六　読書会、研究会、鑑賞会、映写会、資料展示会等を主催し、及びこれらの開催を奨励すること。
七　時事に関する情報及び参考資料を紹介し、及び提供すること。
八　社会教育における学習の機会を利用して行つた学習の成果を活用して行う教育活動その他の活動の機会を提供し、及びその提供を奨励すること。
九　学校、博物館、公民館、研究所等と緊密に連絡し、協力すること。

傍線を付した箇所に注意してみると、第一項には図書以外の資料について、例を挙げながらこのようなものまで収集するようにと規定されています。第六項は図書館主催の行事を活発に開催すること、第八項は社会教育施設として社会人の学習発表の機会なども設けることと記されています。公共図書館には、さらに詳細に活動を規定した「図書館の設置及び運営上の望ましい基準」（平成二十四年十二月十九日文部科学省告示第一七二号）というものがあります。現行は民主党政権時の田中眞紀子文部科学大臣名で出されたものです（傍線引用者）。

三　運営の基本
1　図書館の設置者は、当該図書館の設置の目的を適切に達成するため、司書及び司書補の確保並びに資質・能力の向上に十分留意しつつ、必要な管理運営体制の構築に努めるものとする。
2　市町村立図書館は、知識基盤社会における知識・情報の重要性を踏まえ、資料（電磁的記録を含む。以下同じ。）や情報の提供等の利用者及び住民に対する直接的なサービスの実施や、読書活動の振興を担う機関として、また、地域の情報拠点として、利用者及び住民の要望や社会の要請に応え、地域の実情に即した運営に努めるものとする。

3　都道府県立図書館は、前項に規定する事項に努めるほか、住民の需要を広域的かつ総合的に把握して、資料及び情報を体系的に収集、整理、保存及び提供すること等を通じて、市町村立図書館に対する円滑な図書館運営の確保のための援助に努めるとともに、当該都道府県内の図書館間の連絡調整等の推進に努めるものとする。

2には市町村立図書館、3は都道府県立図書館の役割が規定されています。傍線に注目してみると「地域の情報拠点」「地域の実情に即した運営に努める」とあり、公共図書館はさまざまな情報が集積している「情報拠点」「情報センター」であると読み取れます。

無料で本を貸してくれる場所、というのは図書館のかなり一面的な「顔」にしか過ぎないのです。したがって、近年の司書課程では次のように図書館の機能を説明しているのです（傍線引用者）。

図書館とは、人類社会が生産し記録した様々な情報を、収集・組織化・保存して、利用要求に応じて積極的に提供する社会的サービス機関である。

（安部衒巳・菅原春雄『新図書館学の基礎』新版三版、十三頁）

図書館は本だけではなく、ありとあらゆる「情報」を無料で利用者に提供する施設といえるでしょう。最近の公共図書館は無料でインターネットを利用できるコーナーを設けているところもありますし、電子書籍に関しても積極的な姿勢をみせています。それは紙媒体の本に特に拘泥する必要はないと考えているからです。

図書館の役割はひと昔前とはかなり変化していることがおわかりいただけたと思います。では、そのような図書館を研究する学問である図書館情報学とはどんな学問なのでしょうか。

## 図書館情報学とはどのような学問か

そもそも図書館を研究する学問は「図書館学」(library science)と呼ばれていました。図書館が世界に誕生したのは紀元前のことですが、その図書館を研究対象にする学問は長らくはっきりとした形では存在していませんでした。ただ、資料保存の観点から、司書が利用しやすいように分類法や目録法などは発達してきました。

一六四四年、フランス王国のマザラン図書館の司書、ガブリエル・ノーデは『図書館建設のための助言』を著し、近代的な図書館思想を示しました。その後、ゴットフリート・ヴィルヘルム・ライプニッツも図書館管理と知識の組織化の斬新な提言を行っています。ライプニッツは物理学者として有名ですが、実はハノーファの宮廷司書も務めており、図書館司書としても活躍した人なのです。

私はノーデが図書館学の創始者だと考えていますが、通説では一八〇八年に『図書館学全教程試論』を刊行したドイツ人のマルティン・シュレッティンガーだとされています。シュレッティンガーは初めて「図書館学」という名称を用いて大系的に論じました。以降図書館学は図書館と共に発展してきました。

図書館学は図書館という機関におけるサービス、技術、歴史を研究対象にしました。図書館が社会的に有意義な制度だということを前提にして、これを支えるためのさまざまな技術と知識の総体を図書館学と呼んだのです（根本彰「6　図書館情報学をつくる」二二一頁）。

アメリカでは一九六〇年代末期から一九七〇年代にかけて情報学と図書館学が結びつき、「図書館情報学」(library and information science)と改称されました。わが国ではアメリカよりも少し遅れて改称され、現在に至っています。

なぜ情報学と結びついたのでしょうか。図書館は膨大な蔵書を所有していますが、その管理は多大な労力を司書に要求します。ある程度の年齢を重ねた人ならば記憶にあるでしょうが、かつて図書館にあったカード目録の作成、管理だけでも、司書にとってはものすごく大変なことです。また利用者もカード目録を使って手作業で蔵書検索を行うことは、なかなか体力的にキツかったのではないでしょうか。

そのような事情で、コンピュータが一般社会に広まるよりもはるか前から、図書館界では業務にコンピュータを導入する議論が行わ

**ガブリエル・ノーデ**
（Wikimedia Commons より）

れていました。現在では図書館業務の多くがコンピュータによって行われています。図書館というとアナログの紙の本のイメージが一般には強いですが、実は司書にはデジタルの知識が要求されるのです。

根本彰氏は図書館学から図書館情報学への転換を次のように簡潔にまとめています（傍線引用者）。

> 20世紀までの図書館情報学が印刷物を中心としたパッケージ系メディアの流通・組織化・保存・提供を対象としていたのに対して、21世紀の図書館情報学は加えてネットワーク上の情報の流通・組織化・保存・提供を対象とする学問になったということができる。
> （根本彰「第4章　図書館情報学からみる図書館の姿」四十三頁）

さらに根本氏は図書館情報学になったら、「情報の生成から流通、消費の全体的な過程のなかに図書館を位置づけ、とくに図書館の利用者のコミュニケーションや情報ニーズを重視」した、「図書館が属する公共セクターにも私的セクターの考え方の影響が強まり、経営学的な概念を取り入れたり、情報市場に関わりを持ったりするようになった」「社会調査や統計的な方法を導入した実証的な研究」（根本彰「6　図書館情報学をつくる」二三三〜二三四頁）が大幅に増大したと指摘しています。

このように図書館情報学自体はますます発展していますが、では図書館史はどうなのでしょうか。図書館史は図書館学の時代から存在しているきわめて伝統的な領域ですが、図書館情報学になってからはあまり振るわない感があります。「図書館情報学時代」にふさわしい図書館史とはどのようなものでしょうか。

## 前近代日本図書館史研究の視点

新しい時代の研究の話に入る前に、今までの図書館史の研究を概観しておきましょう。最初に「図書館史」とはどのようなことをするのか、図書館情報学の辞典に立項されているので確認をします。

図書館にかかわる現象を歴史学的方法で捉える研究領域。または図書館の歴史の記述。図書館の思想史、制度史、個々の図書館や館種、サービス別の歴史、図書館にかかわった人物の研究などを含み、起源や発達過程、および種々の社会現象との相関が探求され、図書館学研究の中で主要な位置を占めている。

（『図書館情報学用語辞典』第五版、一七八頁）

短く簡潔に説明されていますが、「図書館史」とはどのような学問なのか押さえた文章となっています。

ここで問題となるのは、図書館は西洋で誕生して世界に広まったものだということです。西洋から図書館が紹介される以前にも、世界各地には図書館と類似した施設が存在していました。しかしそれが図書館の前身だとは誰も思っていませんでした。

わが国でも同じです。近代以前には図書館と似た施設に「文庫」がありましたが、当初は誰もそれが図書館の前身だとは思ってもみなかったのです。

まずどこの誰が、西洋にあった図書館を日本に持ち込んだのか押さえておきましょう。実は初めて紹介した人物は、慶應義塾の創立者福沢諭吉です。慶応二年（一八六六）に版行された『西洋事情初篇』で福沢は図書館を取りあげました。

福沢は「西洋諸国の都府には文庫あり。「ビブリオテーキ」と云ふ」」（『福澤諭吉全集』第一巻、三〇五頁）と記し、今まで日本には存在しない施設として「ビブリオテーキ」（英語では library）を紹介しました。福沢は日本にあった従来の文庫とは違うものと認識していたのです。「ビブリオテーキ」を、「衆人来りて随意に之を読むべし」（『福澤諭吉全集』第一巻、三〇五頁）と福沢は説明しており、その公開制を高く評価していました。

福沢が最初に日本に紹介し、政府が図書館建設策を取ったことで各地に図書館が開館しました。この当時に開館し、現在まで続いている図書館もあります。明治以降の図書館史は現在の図書館と直接結びついているのです。

近現代図書館史はかなり研究が進み、現在では戦後まで研究が及んでいます。また、近現代に関しては、奥泉和久『図書館史の書き方・学び方』（日本図書館協会、二〇一四年）という研究方法について論じた本もありますので参考になります。

では「図書館」というものが存在していなかった前近代についてはどうでしょうか。実は、日本でも前近代の図書館史研究は古くから行われていました。最初期の図書館学者に東京帝国大学文学部教授和田萬吉氏という人がいます。和田氏は国文学者としても有名で、近世国文学を専攻し、こちらの方面でも著作があります。

和田氏は単著で『図書館史』（芸艸会、一九三六年）を著していますが、西洋図書館史が中心で日本のことについてはまったくふれていません。現在の大学等で開講されている司書課程に、「図書・図書館史」という選択必修の科目がありますが、その教科書は最初に西洋、次に日本という順番で書かれています。これなどは「図書館」が明治時代に西洋から輸入された名残でこのような順番になっているのです。もっとも他の学問でも同様で、みな西洋発祥なものですから、経済史も法制史も医学史も、だいたい教科書は西洋の記述から始めているのです。これは明治時代に作成された教科書から現在までずっと変わらない傾向です。

ですから和田氏も、「図書館史」といえば西洋しか頭になかったのでしょう。ただ、この本には入ってはいませんが、『図書館雑誌』に連載された「我国図書館の沿革略」「我国及世界図書館の沿革略（承前）」という日本図書館史の概説も執筆しています。

和田氏は「我国の如く上古固有の文籍なかりし国に於ては早く図書館の発達すべき筈なし。而して稍図書館らしきもの、書に見えたるは、大納言石上宅嗣の芸亭を始とす」（「我国図書館の沿革略」九頁）と、日本の図書館の嚆矢を奈良時代に石上宅嗣が開設した芸亭に求めています。しかしそれより前に朝廷は大宝律令に基づいて図書寮を設置していました。しかし和田氏は図書寮については「之を以て直に図書館といふこと能はざれど」（「我国図書館の沿革略」九頁）と述べ、図書館とはいえないとの見解を示しています。

それはなぜなのでしょうか。その差は「公開」にあると和田氏は考えていたようです。芸亭は公開していましたが、図書寮は天皇以外にはごく限られた人物のみが利用することが許されていました。和田氏は日本の図書館史を次のようにまとめています（傍線引用者）。

上世には官府の文書等を保管せるもの又は上流社会の私有に係りて一般人士の閲覧に供せられざりしもの多く、中頃寺院に附属して多少公開の趣をなし、近世に進むに及びて徐に公開の態を作るに至れり。これを一括するに、真正の意義に於ける図書館の萌芽は、教育の普及及文化の開進を企図せる明治維新以後の時代に発せりと謂はざるべからず。

（和田萬吉「我国及世界図書館の沿革略（承前）」十頁）

傍線を付した箇所にみられるように、やはり和田氏は「公開」を最重視していたと考えられます。図書館において誰でも自由に閲覧できることは、必要な条件なのです。これは現在でも変わりません。ただ和田氏の日本図書館史は極めて概説的なもので、あまり詳しいものではありませんでした。

本格的に日本図書館史を著したのは小野則秋氏です。小野氏は昭和十七年（一九四二）に『日本文庫史』（教育図書）、同十九年（一九四四）に『日本文庫史研究』上巻（大雅堂）を出版しています。また明治以降の図書館史が中心ですが、昭和十八年（一九四三）に竹林熊彦氏が『近世日本文庫史』（大雅堂）を上梓しています。小野・竹林両氏が戦前の日本図書館史研究を牽引したのですが、小野氏は古代から図書館史を叙述しており、近代以降に特化した竹林氏とは対照的です。

さて古代から図書館史をはじめた研究者に和田氏と小野氏がいたことがわかりました。ここで重要なのは、和田・小野両氏は明治以前に存在した「文庫」を図書館に結びつけたことです。両氏は明治以前にも存在していた「文庫」のなかに、公開しているものがあることを見出し、そこに西洋のlibraryとの共通性を「発見」したのです。その結果、日本の図書館の歴史は一挙に奈良時代まで遡ることができました。

明治以前は「図書館」など日本にはなかったのだから、似たような施設（文庫）があったからといって、文庫の歴史を研究するのはおかしいと思った読者の方もいらっしゃるかと思います。確かにそのような見方は研究者の中にも存在しています。

例えば、細井岳登氏による次のような批判もあります（傍線引用者）。

> 日本の前近代の文庫研究においても、無前提に近代と比較するのではなく、時代の社会構造や思想的背景などを踏まえて、まずは固有の歴史的存在として検討していく必要がある。（中略）公開利用等の機能面のみを抽出して「公共図書館」「市民的図書館」の先駆などと評価されていることに対して、地域社会との関係を踏まえた「文庫」の「公共性」についての議論をしていく

必要がある。

（細井岳登「射和文庫における運営の基盤と財源」六十二、七十三頁）

細井氏の批判はいちいちもっともなことだと思うのですが、ただこれは「歴史学の視点からの批判」ではないかと私は思います。歴史学では現代の概念・常識を安易に過去に持ち込んではいけないと、本章でも詳しく説明しました。

しかし日本図書館史は歴史学の範疇ではなく、図書館情報学の一分野です。史料の取り扱いは歴史学に倣うとしても、視点まで「まったく同じ」では図書館情報学の歴史研究として意味があるのでしょうか。同じだとしたら、すべて歴史学者に研究を「委任」した方が良い、という極論まで成立しそうです。

歴史学者ではできない、図書館情報学の研究者だからこそできる、「独自の視点」が要求されると思います。私はそれが「現代の図書館の概念」を敢えて過去に当てはめることだと思います。和田氏や小野氏は、敢えてその歴史学での「禁じ手」を用いて前近代の図書館史研究を始めました（両氏が「禁じ手」と認識していたのかどうかは不明ですが……）。そのような柔軟な視点を持ち込んだことで、わが国では古代から図書を集積して公開する一連の流れがあることを「発見」できたのです。

もちろん細井氏が指摘するように「安易」に当てはめることはよくありません。そこは慎重な態度が求められますが、禁欲的に捉え過ぎていては研究が深まりません。「共通点」を「発見」して、そこに現代図書館の「萌芽」を見出すことは図書館史として重要だと考えられます。

そのように考えると、文庫だけが図書館史に組み込まれているというのは、現代の図書館の定義から考えると狭いような気がします。前述したように、図書館は今や図書だけを扱う施設ではなく、情報を扱う場なのです。そうであるならば、書籍の閲覧・貸出機能だけではなく、「情報」の流通、「情報」を媒介とした他者同士の結びつき（コミュニケーション）の役割も、図書館史研究に取り入れるべきではないかと考えています。それが図書館情報学としての図書館史研究のオリジナリティとなるはずです。

古代史家であり図書館史研究者でもある小川徹氏は、「文庫」や「図書館」といった組織になっていなくとも、各時代のさまざまな人びとが「生活と仕事に必要な知識・情報をえ、蓄積・共有」しているものがあれば、それを「図書館史」の範疇に加えるべきだと主張していますが（小川徹「前近代における図書館史はどう描けるのか：方法としての「図書館文化史」私考」二一〜二三頁）、この指摘は極めて重要です。「文庫」という組織だった形態をもっていないからといって、今日の図書館に近い働きをしていた事例を無視するのではなく、積極的に図書館史のなかに位置づけようとする姿勢はきわめて大切だと思います。

和田・小野両氏は「文庫」というカタチをもったモノに拘り、それを図書館史に組み込みましたが、「情報集積場所」として図書館を見てそれを過去に適応するならば、もっと対象を広げる必要があるでしょう。まさに小川氏が指摘する「従来のいわゆる図書館史とは全く別のフレームを用意せねばならない」ことなのです。「あれは図書館ではない。これも図書館とは無関係だ」と即座に切り捨てるのではなく、一度検討の俎上に乗せてみるだけでも格段の進歩だと私は思います。
私は上記のような観点で、今まで三冊の単著を出版してきました。通史、中世（戦国）、近世と書いてきましたので、近現代を除くとあとは古代しか残っていません。古代図書館史がなぜ重要なのかは、「はじめに」でふれました。では早速、次章から日本古代図書館史の本論に入っていきましょう。

**【参考文献】**

安部巽巳・菅原春雄『新図書館学の基礎』新版三版、杉山書店、二〇〇〇年
今井登志喜『歴史學研究法』新装版第二刷、東京大学出版会、一九九二年
小野則秋『日本文庫史』教育図書、一九四二年
小野則秋『日本文庫史研究』上巻、大雅堂、一九四四年
奥泉和久『図書館史の書き方・学び方：図書館の現在と明日を考えるために』日本図書館協会、JLA図書館実践シリーズ二十四、二〇一四年
小川徹「前近代における図書館史はどう描けるのか：方法としての「図書館文化史」私考」（『図書館文化史研究』十三号、一九九六年）
慶應義塾編『福澤諭吉全集』第一巻、岩波書店、一九五八年
竹林熊彦『近世日本文庫史』大雅堂、一九四三年
坪井九馬三『史学研究法』改訂増補三版、京文社、一九三〇年

日本図書館情報学会用語辞典編集委員会編『図書館情報学用語辞典』第五版、丸善、二〇二〇年
根本彰「6　図書館情報学をつくる」(根本彰編『シリーズ図書館情報学1　図書館情報学基礎』東京大学出版会、二〇一三年)
根本彰「第4章　図書館情報学からみる図書館の姿」(逸村裕・田窪直規・原田隆史編『図書館情報学を学ぶ人のために』世界思想社、二〇一七年)
藤木久志『戦国の作法：村の紛争解決』講談社、講談社学術文庫、二〇〇八年
細井岳登「射和文庫における運営の基盤と財源」『史苑』六十二巻二号、二〇〇二年
柳沢昌紀「信長公記と信長記、太閤記」(堀新編『信長公記を読む』吉川弘文館、二〇〇九年)
和田萬吉「我国図書館の沿革略」『図書館雑誌』二十六号、一九一六年三月
和田萬吉「我国及世界図書館の沿革略(承前)」『図書館雑誌』二十七号、一九一六年七月

# 第二章　書物以前の「図書館」

## 第一節　図書館とは「情報」を扱う施設

　現代の図書館の機能と役割については、第一章でふれましたのでここでは繰り返しませんが、近年改正された「図書館の設置及び運営上の望ましい基準」には「地域の情報拠点」であると記されています。つまり今日の図書館の役割とは紙媒体だけではなく、電磁的記録も含むさまざまな資料を収集して市民に提供する「情報拠点」であるのです。「本」ではなく「情報」を主体に取り扱う施設であること、この点は重要なことですので再度指摘しておきます。

　以上は公共図書館を対象とした話ですが、小中高・特別支援学校などに設置が義務付けられている学校図書館や、大学・短大・高等専門学校などに設置が義務化されている大学図書館、また専門図書館なども概ね同様の役割を担っています。「本」だけではなく、種々の「情報」を提供する「情報センター」という役割が現代の図書館の役割であるといえるでしょう。

この「情報センター」という図書館の役割を、本書では日本の古代に投影したいと思います。古代ではどのような組織が、あるいは個人が「情報センター」の機能を果たしていたのでしょうか。

## 第二節　語り部とその機能

人類が他者とコミュニケーションを取れるようになったのは、言語の習得が大きな理由の一つでしょう。動物も鳴き声などで他の個体とコミュニケーションをとっていますが、人類は複雑な言語を身につけたことで、より高度な意思疎通が他者と取れるようになったのです。その進歩は非常に大きかったと思います。

しかし言葉は直接会わないとコミュニケーションはとれません。遠隔地にいる人とは意思疎通ができないのです。

また「今日あったことを未来に残す」こともできません。非常に重要なことが起こったとして、その教訓を後世の人類に残そうと思っても、「記録」することができないので未来に伝えることができないのです。

そこで「語り部」と呼ばれる人たちが誕生しました。

## 語り部とは

語り部とはなんでしょうか。インターネット上で利用できる事典「コトバンク」によれば、次のように解説されています。

古代、文字のなかった時代に語り伝えられて来た神話・歴史・伝承等を口誦で語り伝えることを職掌としていた人々、ないし集団。日本の古代では、各地の首長の下に隷属した部民（べみん）であった。平安時代には大嘗祭などの儀式のときに、諸国から召集されて〈古詞〉を奏した。〈古詞〉は祝詞（のりと）に似たかたりごとで、一部は歌曲風であったという。《古事記》を誦習した稗田阿礼（ひえだのあれ）も語り部に類する存在であったと推測される。

（「語り部」「コトバンク　百科事典マイペディア」）

大筋はこの解説で間違ってはいないのですが、ここではもう少し詳しくみていきましょう。語り部とひとくちに言っても、実は広義の語り部と狭義の語り部があったと考えられています。

## 広義と狭義の語り部

語り部といっても、先の大戦の惨状や大規模な自然災害を語り継ぐ現代の「語り部」はここでは対象に含みません。古代社会に存在した語り部を検討対象にします。

広い意味での語り部は、社会集団内に存在していました。その社会集団内において代々語り継いでいかなければならない伝承を任意に、あるいは義務として語り伝えていくことを職能としていた人びとのことをいいます。狭い意味では大和朝廷によって組織化された語り部のことで、部制の一環としての語りごとの専従者と、それらの人びとを主として経済的に支える下部集団民で構成されています。

おそらく初めに広義の語り部が自然発生的に生まれ、社会集団がより大きな権力者の下に組み込まれるに従って組織化され、各地の豪族の配下になっていったのでしょう。その豪族たちも朝廷に従っていったので語り部たちも部民になっていったと推察されます。大和朝廷に編入された語り部を、「語部《かたりべ》」と本書では呼ぶことにします。

朝廷に従った語部の存在を示す有名な史料として、しばしば挙げられるのが『延喜式』（九二七年成立）です。天皇の代替わりの儀式である大嘗祭《だいじょうさい》の際に、語部が美濃から八人、丹波から二人、丹後から二人、但馬から七人、因幡から三人、出雲から四人、淡路から二人が呼び寄せられたとあります。これらの国にはもともと語り部が存在していたことがうかがえます。

ただ語り部のことを伝える史料は非常に数が少なく、特に古い時代の語り部についてはよくわかっていません。断片的な史料から推測も交えながらみていきましょう。

## 広義の語り部

文字が日本に伝来する以前、語り部はどのような活動を行っていたのでしょうか。断片的な記述から、大和朝廷が天下を統一する以前の語り部たちの姿をのぞいてみましょう。斎部広成《いんべのひろなり》が大同二年（八〇七）に、時の平城《へいぜい》天皇に撰上した『古語拾遺《こごしゅうい》』によると次のように記されています。斎部氏は代々中臣氏と共に祭祀を司る官職に任命されていました。

蓋し聞けらく、「上古の世に、未だ文字有らざるときに、貴賤老少、口口に相伝へ、前言往行、存して忘れず」ときけり。書契より以来《このかた》、古を談《かた》ることを好まず。浮華《ふか》競《きほ》ひ興りて、還《また》旧老《くろう》を嗤ふ。遂に人をして世を歴《へ》て弥新《いよいよあらた》に、事をして代を遂ひて変改せしむ。顧みて故実を問ふに、根源を識ること靡《な》し。

（斎部広成撰・西宮一民校注『古語拾遺』十三頁）

菅田正昭氏による現代語訳はこのようになっています。

おそらく、皆様も聞いていることでしょうが、遠く遡った（上古《しょうこ》）の昔、まだ文字というものが無かった時代には、高貴な者も、そうでない者も、年老いた者も、若者も、口々に伝承して、昔の人びとの言葉や行動を決して忘れることがなかった。しかし、文字が書かれる時代に入って以来、古《いにしえ》のことを談義することは好まれなくなった。浮かれた花を誉めるような競争が興って、さらに古のことを知る老人を小馬鹿にするようになった。ついに人をもって世の中が移り変わってますます新しく、事（世に現われる現象）をもって代（時世）を追いかけて変え改めさせてしまった。昔の儀式・習慣などを振り返って問うてみても、その根源を識ることができない。

（菅田正昭『現代語訳　古語拾遺』十二頁）

『古語拾遺』の記述からは文字が伝来する以前、共同体の伝承は「語ること」によって継承されていたことがわかります。身分の上下、年齢に関わらず過去のことを覚えて後世に伝えていくことが日常的に行われていたようです。しかし、文字が伝わってからは過去のことを話すことはなくなり、昔のことを知っている老人を小馬鹿にするような風潮がみなぎってきた、と記されています。

「語ること」を仕事とする集団、それを語り部と呼んでいるわけですが、どのように誕生したのでしょうか。誕生の経緯については文字記録がない時代のことですので、はっきりとはわかっていません。ただこの点について、国文学者・民俗学者の折口信夫《おりくちしのぶ》氏はこのような自説を展開しています。

## 語り部の起源

折口信夫（一八八七〜一九五三）という人物は、かなり有名な学者ですので説明は不要かと思います。日本の上代文学と民俗学に多大な功績を残しました。また釈迢空《しゃくちょうくう》という号で歌人としても名を残しています。筆者が現在勤務している國學院大學の卒業生でもあり、教員としては大先輩にあたります。また慶應義塾大学でも教授を務め、そちらの方でも後進を育てました。

さて折口氏は語り部の発生についてこのように述べています。共同体の外から決まった時期に、「常世《とこよ》」から来臨した「神」（まれびと）がその土地の精霊に人びとの安寧と秩序を約束させます。その約束は「神の言葉」として特定の人びとに憑依して発せられます。「神の言葉」は尊いので記憶されて何回も繰り返されるので、詞章の定型化が生まれ、それを発する時には「歌」として節をつけて唱えられました（折口信夫『古代研究V　国文学篇』1）。

この「神からの言葉」（折口氏は「神言《かみごと》」と言っています）を語ることができる人が語り部となりました。折口氏は語り部の誕生を次のように指摘しています。

神語すなわち託宣は、人語をもってせられる場合もあるが、任意の神託を待たずに、答えを要望する場合に、神の意志は多く、譬喩《ひゆ》あるいは象徴風に現れる。そこで「神語」を聞き知る審神者——さにわ——と言う者が出来るのである。

（折口信夫「国文学の発生（第一稿）」『古代研究V　国文学篇』1、七十七〜七十八頁）

語り部たちが語り伝えていた内容までは、先に引用した『古語拾遺』では言及されていません。ただ折口氏は次のように述べています。

一人称式に発想する叙事詩は、神の独り言である。神、人に憑《かか》って、自身の来歴を述べ、種族の歴史・土地の由緒などを陳《の》べる。

（折口信夫「国文学の発生（第一稿）」『古代研究Ⅴ　国文学篇』1、七十五頁）

「神言」は神の一人言であり、その内容は神自身の来歴と種族の歴史、土地の由緒であると折口氏はいいます。

おそらくその社会集団の始祖に関する説話など、共同体の結束を維持するのに不可欠な内容のものであったと思われます。その伝承も「信ずべきもの」であり、疑いを挟むことは許されない神聖不可侵なものであったと推測されます。つまり伝承は共同体のアンデンティティー保持にかなり重要な役割を果たしていたと考えられるのです。それが「歴史」として記憶されたのでしょう。折口氏は次のように述べています。

種族の歴史は、歴史として伝えられて来たのではない。ある過程を経た後、「神言」によって知ったのである。それすら、神の自ら、いかに信仰せられて然るべきかを説くための、自叙伝の分化したものであった。祭祀を主とせぬ語部が出来ても、神を離れては意味がなかった。単に、史籍の現れるまでの間を、口語に繋ぎ止めた古老の遺伝ではなかったのである。

（折口信夫「国文学の発生（第一稿）」『古代研究Ⅴ　国文学篇』1、七十九～八十頁）

折口氏は、語り部とは宗教的・呪術的な要素と深く関わっていた存在であったと指摘しています。神からの言葉を受け取ることができる特殊な能力をもつ人びとであると、周囲の一般人からは畏敬されていたのでしょう。

そのような語り部は同業者同士で固まって生活をしていたと考えられますが、やがて各地で勃興してきた豪族に服属するようになりました。さらに豪族たちは天皇家に従ったので、語り部たちも朝廷の臣下となります。

## 「記憶装置」としての語り部

天皇家に仕えた語り部たちが「記憶装置」としてどのような仕事を行っていたのでしょうか。残念ながらそれを直接伝える史料はありません。もっとも文字記録がない時代のことですので当たり前の話ではあります。ただ『日本書紀』には「記憶装置」として語部が活躍していた時代のことがうかがわれるエピソードがいくつか収録されています。

第十五代応神天皇が崩御し、本来ならば皇太子である兎道稚郎子《うじのわきいらつこ》が即位するはずでした。しかし郎子は、弟の大鷦鷯尊《おおさざきのみこと》が天皇に相応しいと即位しませんでした。譲られた大鷦鷯尊も「はいそうですか」とすんなり即位するわけにもいかず、皇位に空白が生じてしまいました。おそらくその頃の話だと思われます。ここからは『日本書紀』の現代語訳を引用します。

このとき、額田大中彦皇子《ぬかたのおおなかつひこのみこ》が、倭の屯田《みた》と屯倉《みやけ》（天皇の御料田や御倉）を支配しようとして、屯田司《みたのつかさ》の出雲臣の先祖、淤宇宿禰《おうのすくね》に語って、「この屯田はもとから山守りの司る地である。だからいま自分が治めるから、お前にその用はない」といわれた。淤宇宿禰は太子（皇太子のこと。すなわち兎道稚郎子：引用者注）に申し上げた。太子は「大鷦鷯尊に申せ」といわれた。淤宇宿禰は大鷦鷯尊に、「私がお預かりしている田は、大中彦皇子が妨げられて治められません」と申し上げた。大鷦鷯尊は倭直祖麻呂《やまとのあたいのおやまろ》に問われて、「倭の屯田は、もとより山守りの地というが、これはどうか」といわれた。「私には分りません。弟の吾子籠《あごこ》が知っております」と答えた。吾子籠は韓国《からくに》に遣わされてまだ還っていなかった。大鷦鷯尊は淤宇にいわれるのに、「お前は自ら韓国に行って、吾子籠をつれて来なさい。昼夜兼行で行け」と。そして淡路の海人《あま》八十人を差向けて水手《かこ》とされた。淤宇は韓国に行って、吾子籠をつれて帰った。屯田のことを尋ねられると、「伝えきくところでは、垂仁《すいにん》天皇の御世に、御子の景行《けいこう》天皇に仰せられて、倭の屯田を定められたといいます。このときの勅旨《ちょくし》は『倭の屯田は時の天皇のものである。帝の御子といっても、天皇の位になければ司ることはできない』といわれました。これを山守りの地というのは間違いです」と。大鷦鷯尊は吾子籠を額田大中彦皇子のもとに遣わして、このことを知らされた。大中彦皇子は言うべき言葉がなかった。

（宇治谷孟『日本書紀　全現代語訳』上巻、二二六～二二七頁。一部、引用者によって訳を改めた。）

額田大中彦皇子は応神天皇の息子です。即ち皇太子兎道稚郎子と大鷦鷯尊の兄にあたる人物ですが、母親がちがっていました。兄弟仲があまり良くなかったのかもしれません。それで突然、屯田と屯倉を自領にしようと企んだのでしょう。

皇太子は弟の大鷦鷯尊に裁定を依頼し（こういった行動からも兎道稚郎子は即位する気がなかったとわかります）、倭直祖麻呂に聞きます。おそらくこの祖麻呂という人物が語り部であったのでしょう。しかし祖麻呂は屯田の由来については知りませんでした。

そこで朝鮮半島に渡っていた吾子籠をわざわざ日本に呼び戻して聞いたところ、「第十一代垂仁天皇の勅旨によって、たとえ皇子といえども天皇でなければ屯田を治めることができない」と答えた、というものです。この吾子籠も語り部であったと思われます。

山田孝雄氏はこの事例を引いて、語り部の意義を次のように強調しています（傍線引用者）。

> 日本では昔は、所謂文書に依つて政治をすることが極く古い時代にはないのでありまして、所謂法治主義と云ひますか、文書で書いたもので政治を行ふことはずつと後になります。古い時代は唯言ひ伝へを土台にして居つた。朝廷の言ひ伝へを職務にして居るのが所謂語部であります。語部の言ひ伝へが政治の源をなして来たらうと思ひます。（中略）
>
> 此の語部と云ふのは、今の言葉で言へば、飯を食ふ六法全書であると思ふ。昔は書物がないので、何でも分らんことがあると、人間を呼び出して、あれはどうだ、斯うでしたと云ふので決まる。

（山田孝雄『古事記概説』一一八、一二〇頁）

戦時中に刊行された本をそのまま引用しましたので、現代の表記とは少し違っていますが、山田氏のこの指摘は間違っていないと私は考えています。傍線を付した箇所に全面的に賛同します。文字記録がない時代に語り部が「記憶装置」として活躍していたことがわかる良い事例だと思います。

後日談として、この大鷦鷯尊による理路整然とした反論に、長兄である額田大中彦皇子は逆恨みを抱きます。そして皇太子兎道稚郎子を謀殺しようと密かに兵を差し向けます。しかしその陰謀を事前につかんでいた大鷦鷯尊は、兄である皇太子に通報し、さらに伏兵を潜ませ額田大中彦皇子を討ち取ってしまいました。皇太子はこの事件の後、皇位を大鷦鷯尊に譲ろうと何度も言いますが大鷦鷯尊は承知しなかったので、とうとう皇太子は自決してしまうのです。それで大鷦鷯尊が皇位に就き、第十六代仁徳天皇となります。

## 第三節　各国の語り部が伝えた伝承

ここでは各地の『風土記』にみられる断片的な記述から、語り部とその伝承された内容についてみていきたいと思います。

井上辰雄氏は、諸史料に断片的に記されている語り部の名と、現存している『風土記』の中から語り部が伝えていた伝承内容を明らかにしようとされています（井上辰雄『古代王権と語部』）。本節では井上氏の研究に依拠しながら、各国の語り部の伝承についていくつか取り上げて例示したいと思います。

## 出雲国の語り部

一般的に語り部の名を詳らかにすることは極めて難しいと言わなければなりません。ただ名前が明らかになっている者が出雲国には一人います。

『出雲国風土記』によると、意宇郡《おうのこおり》安来《やすき》郷《ごう》に、「語臣猪麻呂《かたりのおみいまろ》」なる人物がいたと記されています。猪麻呂は天武天皇の御代《みよ》の人物で、天武天皇三年（六七四）に自分の娘を殺したワニ（サメ）に対して、神に祈って復讐した人物と記されています。息子に語臣与《かたりのおみあたう》がいたそうです（中村啓信監修・訳注『風土記　現代語訳付き』上巻、一二九～一三〇頁）。

他にも出雲国には、語り部が多く在住していた痕跡が史料からはうかがえます。『延喜式』では語部は四人と記されていますが、出雲神話が伝承されていたことから実際にはもっと多くいたと考えられます。

天平六年（七三四）の「出雲国計会帳《いずものくにけいかいちょう》」には「意宇郡人語部広麻呂《おうぐんのひとかたりべのひろまろ》」（『大日本古文書』編年之一、六〇二頁）という名前が確認されます。この広麻呂もおそらく語り部だと思われます。

また天平十一年（七三九）「出雲国大税賑給歴名帳《いずものくにたいぜいしんごうれきめいちょう》」には、西出雲の健部《たけるべ》、漆沼《しつぬ》、出雲の各郷、神戸《かんど》郡《ぐん》の伊秩《いち》、滑狭《なめさ》の両郷、ならびに狭結《さゆう》駅にも語り部らしき人物の名前が確認できます。

何人か名前を挙げてみましょう。健部郷では「語部刀良」「語（部脱カ）君小村口健部臣御毛売」「語部君瓔口語部滔津女」、漆沼郷では「出雲臣得麻呂口語部荒石」「語部奈久矢女」、出雲郷では「語部礼手女」、伊秩郷では「語部牛麻呂」「語部乃止志」「語部麻呂」など、狭結駅では「物部牛麻呂口語部佐流売」、滑狭郷では「神門臣家麻呂口語部道女」などの名前が確認できます（『大日本古文書』編年之二、二〇一～二四五頁）。古代の人たちの名前はどう読んで良いのかわからず、ここは日本古代史の専門家にお任せするとして、ただ名前を挙げるのみにしたいと思います。

語り部らしき人物の名前が確認できる例はわずかですが、彼らはどのようなことを語り伝えていたのでしょうか。その内容は『出雲国風土記』で、一部分ですが記されています。

## 語り部が伝えた伝承

『出雲国風土記』の意宇郡の由来について述べた箇所などは、その地を治めていた豪族の伝承であると考えられます。書き下し文を次に掲げます。

意宇《おう》と号《なづ》けし所以《ゆゑ》は、国引き坐《ま》しし八束水臣津野命《やつかみづおみづののみこと》、詔《の》りたまひしく、「八雲《やくも》立つ出雲国は、狭《さ》布《ぬ》の稚国在《わかくにな》るかも。初国《はつくに》小さく作らせり。故《かれ》、作り縫《ぬ》はむ」と詔《の》りたまひて、「栲衾《たくぶすま》志羅紀《しらき》の三《み》埼《さき》を、国の余り有りやと見れば、国の余り有り」と詔《の》りたまひて、童女《をとめ》の胸鉏《むなすき》取らして、大魚《おふを》のきだ衝き別《わ》けて、はたすすき穂振《ほふ》り別《わ》けて、三身《みつみ》の綱打ち挂《か》けて、霜黒葛《しもつづら》くるやくるやに、河船のもそろもそろに、国来国来《くにこくにこ》と引き来縫へる国は、去豆《こづ》の折絶《をりたえ》より、八穂尓支豆支《やほにきづき》の御埼《みさき》なり。此《ここ》を以《もち》て、堅《かた》め立てし加志《かし》は、石見国《いはみのくに》と出雲国《いづものくに》の堺有る、名は佐比売山《さひめやま》、是なり。亦《また》、持ち引ける綱は、薗の長浜、是なり。（後略）

（中村啓信監修・訳注『風土記　現代語訳付き』上巻、一二五～一二六頁）

書き下し文にしても現代人にはわかりにくい文章ですが、読者のみなさんはぜひ一度試しに音読をしてみてください。一読して韻律的曲調をもっていることはなんとなくおわかりいただけるのではないかと思います。

これは出雲神話では有名な国引き神話（の一部）なのですが、『出雲国風土記』の筆録者が「古老が伝承している旧聞や、異《かわ》った事がらは、史籍に記載して報告せよ」（『続日本紀』）という勅命に忠実に従っていることがうかがえます。出雲国の語り部が伝えていた伝承を語っている雰囲気がわかるように筆録しているのです。

この部分の現代語訳は次のとおりです。橋本雅之氏の訳を引いてみます（以下、『出雲国風土記』の現代語訳は橋本氏を引きます）。

意宇と名付けた理由は、国をお引きになった八束水臣津野命が「（八雲立つ）出雲の国は、幅の狭い布のような未完成の国だ。国の初めは、小さく作ったことだなあ。ならば、作り縫おう」とおっしゃって、「(たくぶすま)新羅の三埼を、国の余りがあるかと見てみると、国の余りがあるぞ」とおっしゃって、童女の胸を抄《すく》いとるような鋤を手に取られ、大魚のいきいきしたえらを突くように土地に突き刺して、大魚の肉を(はたすすき)捌《さば》くように、土地を切り取り、三本縒りの綱を打ち掛けて、霜つづらを操るように、たぐり寄せて、河船を、にごり酒のような白い水泡《みなわ》の軌跡を曳きながらゆっくりと曳き上げるように、「国よ来い、国よ来い」と掛け声を上げながら引いて来て縫いつけた国は、去豆《こず》の折絶《おりたえ》から(やほに)杵築の御埼までだ。このようにして国を、固定するためにしっかり立てた杭は、石見の国と出雲の国との境にある、名は佐比売山がこれなのだ。また手に持っていた曳き綱は、薗の長浜がこれなのだ。(後略)

(中村啓信監修・訳注『風土記　現代語訳付き』上巻、一三一頁)

八束水臣津野命が、土地が少ないので新羅から余っている土地を引っ張ってきたという内容で、結構有名な神話なのですが、この国引き神話は『古事記』『日本書紀』には見られないものです。出雲の語り部が伝えていたものなのでしょう。

また「賀茂の神戸《かんべ》」も、語り部が伝えた話ではないかと指摘しています(井上辰雄『古代王権と語部』一七八〜一七九頁)。

賀茂《かも》の神戸。郡家《こおりのみやけ》の東南三十四里。天の下をお造りになった大神の命《みこと》の御子、阿遅須枳高日子《あじすきたかひこ》の命は葛城《かつらぎ》の賀茂の社にご鎮座している。この神の神戸である。だから、鴨といった。神亀三年（七二六）、字を賀茂と改めた。正倉がある。

（中村啓信監修・訳注『風土記　現代語訳付き』上巻、二三六〜二三七頁）

井上辰雄氏によれば、古くから賀茂氏と語り部は関係が深かったことから、かれらが伝承していたことであろうということです。「賀茂」とは現在の島根県安来市大塚町のあたりに比定されています。出雲は神話の国譲りの舞台になった国でもあるので、他国とは異なり独自な神話が多く伝わっています。記紀にみられない神話が多く、それらが語り部によって伝承されてきたことがうかがえます。

## 常陸国の伝承

次に常陸国における語り部の伝承についてみていきましょう。『常陸国風土記』にも、語り部が語った伝承をそのままの形で筆録したと思われる箇所がいくつかあります。その冒頭は次のような文言で始まっています。

常陸国司《ひたちのくにのつかさ》、解《げ》す。古老《おきな》の相伝ふる旧聞《ふること》を申す事。国郡《くにこほり》の旧聞を問ふに、古老答へて曰はく、古《いにしへ》は、（後略）

（中村啓信監修・訳注『風土記　現代語訳付き』上巻、二十二頁）

中村啓信氏による現代語訳を次に引用します。以下、『常陸国風土記』の現代語訳はすべて同氏によるものです。

常陸の国司の報告書。古老が代々伝えている古伝承を申す事。
国や郡の昔の事を尋ねたところ、古老が答えて言うことには、（後略）
（中村啓信監修・訳注『風土記　現代語訳付き』上巻、六十四頁）

『常陸国風土記』の特徴として、古老が伝えている古伝承の話をそのまま記録したとはっきり記されていることです。この「古老」とは語り部のことを指していると考えられます。現存している他国の風土記には、あまり明確に語り部の存在が示唆されていません。

『常陸国風土記』には「古老《ふるおきな》曰はく……」で始まる物語が多いのですが、ここでは語り部が伝えていた話をいくつかピックアップしてみましょう。

次に示すのは、香島郡に伝わる古伝承の一部です。

古老《ふるおきな》曰はく、難波長柄豊前大朝馭宇天皇《なにはのながらのとよさきのおほみやにあめのしたをさめたまひしすめらみこと》の世《みよ》、己酉《つちのとのとり》の世《みよ》、（後略）
（中村啓信監修・訳注『風土記　現代語訳付き』上巻、四十四頁）

香島郡は「古老曰はく」で始まっているように、明らかに土地の語り部が語った伝承であることがわかります。この箇所の現代語訳は次のとおりです。

古老が言うには、難波長柄豊前大朝で天下を統治なさった天皇（孝徳天皇）の御世の、己酉の年（大化五年・六四九）に、（後略）

（中村啓信監修・訳注『風土記　現代語訳付き』上巻、八十二頁）

伝承のその内容はここでは詳しく見ていきませんが、中には「古老」が語った言葉をできるだけそのままの形で記録したような箇所も散見されます。

俗《くにひと》云はく、「豊葦原水穂国《とよあしはらのみづほのくに》を依せ奉《まつ》らむと詔《の》りたまへるに、荒振《あらぶ》る神達、又、石根《いはね》・木立、草の片葉も辞語《ことと》ひて、昼は狭蠅《さばへ》なす音声《おとな》ひ、夜は火の光明《かがや》く国なり。此《こ》を事向け平定《やは》す大御神《おほみかみ》と天降《あまくだ》り供《つか》へ奉りき。

（中村啓信監修・訳注『風土記　現代語訳付き』上巻、四十五頁）

「俗云はく」とあるように、これも土地の語り部が語った内容でしょうが、音読をするとわかるように韻律的な語調で記されています。この箇所の現代語訳も中村訳で見てみましょう。

土地の人が言うには「（天神《あまつかみ》が皇孫に）豊葦原の水穂の国の統治を委任なさると仰せられたところ、（豊葦原の水穂の国の）荒々しい神等《ども》や岩石・木々・草の葉片までもが物を言い、昼は五月の蝿のように音声がうるさく、夜は火がちらちらと燃え光る国であった。これを説き従わせ平定する大御神として皇孫にお仕え申し上げた」という。

（中村啓信監修・訳注『風土記　現代語訳付き』上巻、八十二頁）

大和朝廷が常陸国の豪族を従わせる過程のことが記述されていると思われます。この後に常陸国を攻略したのは第十代崇神天皇だと書かれていますので、豪族が割拠していたのはそれ以前の話ということになります。常陸の豪族たちはなかなか朝廷に従わず、武力をともなった抵抗活動も激しかったのではと推測されます。

古代の関東地方は都から非常に遠く、朝廷に服属したのは遅れていました。臣従する以前の関東の様子がうかがえる常陸の語り部たちの伝承は、非常に貴重であるといえます。

## 美濃国の語り部と伝承

次に美濃国の語り部についてみていきましょう。同国には日本でいちばん古いとされる大宝二年（七〇二）の戸籍が残されています。

「御野国味蜂間郡春日里《みののくにみはちまぐんかすがのり》」の戸籍には「上政戸国造族稲麻呂《くにのみやつこのやからいなまろ》」の戸口として「戸主妻語部善売《こしゅのつまかたりべのよしめ》」

の名前が確認できます（『大日本古文書』編年之一、五頁）。「御野国」とは美濃国のことです。「味蜂間郡」とは美濃国安八《あはち》（磨《ま》）郡のことで、「春日里」とは岐阜県揖斐郡揖斐川町《いびぐんいびがわまち》・池田町付近であると比定されています（井上辰雄『古代王権と語部』七十二頁）。この一帯は巨大な前方後円墳が集中している地域で、有力な豪族が存在していたことが想像され、それは美濃国造《みののくにのみやつこ》の可能性が高いと思われます。

『日本書紀』景行天皇四年二月条に次の記述があります。

この月に天皇は、美濃の国造で名は神骨《かむぼね》という者の女《むすめ》で、姉は兄遠子《えとおこ》、妹は弟遠子《おととおこ》というのが、共に美人であると聞かれて、大碓命《おおうすのみこと》を遣わされて、その女の容姿を見させられた。

（宇治谷孟『日本書紀　全現代語訳』上巻、一五四～一五五頁）

美濃国造の「神骨」の姉妹に景行天皇が好意をもったので、皇子の大碓命を派遣してその容姿を確認したという箇所です。美濃国造は「神骨」という人物であることがわかりますが、『古事記』では次のように描写されています。

是《ここ》に天皇、三野の国造《くにのみやつこ》が祖、大根王《おほねのみこ》の女、名は兄比売《えひめ》・弟比売《おとひめ》二《ふたり》の嬢子《をとめ》、其の容姿麗美《かたちうるは》しと聞こし看《め》し定めて、其の御子大碓命を遣はして、喚《め》し上げたまふ。

（中村啓信訳注『古事記　現代語訳付き』新版、一三二頁）

実は『古事記』の方では様子を見に行かされた大碓命が、姉妹のことを好きになってしまい関係をもってしまいます。大碓命と姉妹との間に生まれた子どもたちは、美濃の有力豪族の祖になったといいます。おそらく「神骨」と「大根王」は同一人物であろうと思われます。

さて、大碓命は姉妹と関係をもち子まで設けているのですから、父である景行天皇に真実を報告するわけにはいきません。そこで「別の女性を探し、偽って、天皇のお求めの乙女たちであると名告《なの》らせて、天皇に差し出した」（中村啓信訳注『古事記　現代語訳付き』新版、三五二頁）のですが、天皇は大碓命の奸計に気づいてしまいます。しかし「長い間、大碓命への恨みを自ら抑制なさり、その女たちとの婚姻もなさらず、お悩みになった」（中村啓信訳注『古事記　現代語訳付き』新版、三五二頁）とあります。この逸話も『古事記』にのみ記されているものです。美濃国の語り部が伝えていた話なのではないでしょうか。

井上辰雄氏はこの話を紹介し、これは采女《うねめ》の貢上のことを指しているのではないかと指摘されています（井上辰雄『古代王権と語部』七十七頁）。采女とは天皇のそば近くで近侍し、身の回りの世話などをする若い女性のことです。井上氏は、地方の国造から采女を朝廷が献上させていたことを神話化して、語り部が伝承していたというのです。また采女は大嘗祭にも深く関わっており、豪族の臣従を確認する意味で重要であったとされています。

さらに『古事記』には、大根王の出自について、開化天皇条に次のような記述があります。

日子坐王《ひこいますのみこ》（中略）天之御影神《あめのみかげのかみ》の女、息長水依比売《おきながのみづよりひめ》に娶ひて、生める子（中略）次に神大根王《かむおほねのみこ》、またの名は八爪入日子王《やつめいりひこのみこ》

（中略）

神大根王は、三野《みの》の国の本巣国造《もとすのくにのみやつこ》、長幡部連《ながはたべのむらじ》が祖。

（中村啓信訳注『古事記　現代語訳付き』新版、一一一～一一二頁）

「日子坐王」は第九代開化天皇の皇子で、「神大根王」はその子供にあたります。つまり大根王は天皇の孫にあたるとされています。そして「神大根王」は本巣国造と長幡部連の祖先にあたるとされています。美濃国の有力豪族の祖先が、先祖をたどると天皇から分かれた家系なのです。この話は『古事記』のみに伝わっている話で、『日本書紀』には記されていません。

さて、大根王は長幡部連の祖といわれていますが、『常陸国風土記』にはまた別の伝承も確認できます。

（久慈《くじ》：引用者注）郡《こほり》の東七里《ひむがしななさと》にある太田郷《おほたのさと》に、長幡部之社あり。古老《ふるおきな》曰はく、珠売美万命《すめみまのみこと》、天《あめ》より降りましし時に、御服《みけし》を織らむとして、従《したが》ひて降《くだ》りし神、名は綺日女命《かむはたひめのみこと》、本《もと》、筑紫国《つくしのくに》の日向《ひむか》

の二折《ふたをり》の峰より、三野国の引津根之丘《ひきつねのをか》に至る。後に、美麻貴天皇《みまきのすめらみこと》の世《みよ》に及《いた》りて、長幡部が遠祖《とほつおや》多弓命《たてのみこと》、三野より避《さ》りて久慈に遷り、機殿《はたどの》を造り立てて、初めて織りき。

（中村啓信監修・訳注『風土記　現代語訳付き』上巻、五十七～五十八頁）

中村啓信氏による現代語訳も次に掲げます。

（久慈：引用者注）郡役所の東七里の太田の郷に、長幡部神社がある。古老の言うには、天照大神《あまてらすおおみかみ》のみ孫の瓊瓊杵尊《ににぎのみこと》が天降《あまくだ》っていらっしゃった時に、ご料衣を織るために、つき従って天降った神の名綺日女命は、はじめ筑紫の日向の二折の峰に降り、それから美濃国の引津根《ひきつね》の丘に移った。後に美麻貴天皇（崇神）の御世になって、長幡部氏の遠い祖先の多弓命は美濃から去って久慈に移り、機織屋《はたおりや》を建築し、初めて織物を織った。

（中村啓信監修・訳注『風土記　現代語訳付き』上巻、九十二頁）

『常陸国風土記』によれば、長幡部の祖は開化天皇の孫である大根王ではなく、天孫《てんそん》瓊瓊杵尊の供として地上に天下った綺日女命を指していると読めます。これは常陸の語り部が伝えていた話なのでしょう。

## 丹波国の語り部と伝承

律令制以前の古代の丹波国《たにわのくに》は、現在の京都府の北部・中部と兵庫県北部、そして大阪府の一部も加えた広大な領域を有していました。

『延喜式』には丹波国からは二人の語り部が大嘗祭に参加することになっていましたが、どの地域から貢進されたのか不詳になっています。

『日本書紀』の仁徳天皇十六年七月一日条に次のような話が掲載されています。

天皇は女官の桑田玖賀媛《くわたのくがひめ》(丹波国桑田郡の出)を、近習の舎人らに見せられていわれるのに、「自分はこの女を可愛がりたいと思うが、皇后(磐之媛)の嫉妬が強いので召すことができない。何年も経って、徒らに盛年を見送るのが惜しい」と。(後略)

(宇治谷孟『日本書紀　全現代語訳』上巻、二三五頁)

そこで天皇は歌で「誰か桑田玖賀媛をもらってくれる者はいないか」と問われます。そうすると播磨国造の先祖の速待《はやまち》が妻としたいと言って進み出ます。しかし玖賀媛は速待の妻になることを拒み、出身地の丹波に送り返される途中で病没してしまいます。

玖賀媛は丹波国桑田郡の豪族から仁徳天皇に貢上された采女であると考えられます。この話も丹波国の語り部が伝承していた話の範囲でしょうか。

仁徳天皇の皇后磐之媛は嫉妬深い性格だったようで、夫婦仲は険悪だったようです。仁徳天皇三十年に皇后が熊野に行って留守の間に、天皇は異母妹の八田皇女《やわたのひめみこ》を宮中に入れてしまいました。それを聞いた磐之媛は激怒し別居してしまい、その地で崩御してしまいます。天皇は八田皇女を立后して皇后としました。

## 三輪山説話

最後にもうひとつ、語り部が伝えていたと思われる内容を紹介します。『古事記』の崇神天皇条に収録されている、三輪君《みわのきみ》と鴨君《かものきみ》の始祖説話、いわゆる「三輪山説話」です。この「三輪山説話」とは次のような話です。

崇神天皇の御代に疫病が全国に流行り、国民が絶えてしまいそうになった。そこで天皇は大変心を痛め、神の託宣を得るために就寝した。そうしたら夢に大物主神《おおものぬしのかみ》が現れ、「意富多々泥古《おおたたねこ》が私（大物主神）を祀れば病は収まるであろう」と言った。天皇は国の四方に早馬を遣わして意富多々泥古を探させたところ、河内国美努村《かわちのくにみぬむら》に住んでいることを突き止めた。早速天皇のもとに連れて行かれ、「お前は誰の子だ」と天皇が問うと、意富多々泥古は「私は大物主神が活玉依毗売《いくたまよりびめ》と結婚して産んだ子の子孫に当たる者です」と言った。それを聞いた天皇はたいそう喜び、「天下は平安になり。人民は繁栄するだろう」と仰せられた。そして意富多々泥古を神主として御諸山《みもろのやま》に、大三輪大神《おおみわのおおかみ》である大物主神をお祀りになった。

意富多々泥古が神の子孫であると知ったわけは、さらに次のような話が『古事記』に記されていたからです。

活玉依毗売は、その容姿が端麗であった。そこに一人の若い男がいた。その容貌と整った身なりは、当時比肩するものが無いほどだった。その男が、夜中に忽然とやって来た。そこで、活玉依毗売とその男とは互いにいつくしみ合い、共寝して、一緒の時を過ごす間に、まだ何ほども経たないうちに、その乙女は妊娠した。そこで両親は、娘の妊娠を不思議がって、娘に問いただして、「おまえは自然に妊娠した。夫がないのにどうして妊娠したのか」と言うと、娘は答えて、「立派な若い男で、その氏も名も知りません。毎夕やって来て、一緒に過ごすうちに、おのずと妊娠したのです」と言った。そこで、娘の両親は、その男が誰かを知りたいと思って、娘に教えて、「赤土を寝床の前に散らし、糸巻に紡いだ麻糸を針孔に通し、男の着物の裾に刺せ」と言った。娘が教えどおりにして、朝になってみると、針に著けた麻糸は、戸の鉤穴から引き抜き通り抜け出て、残った麻糸はただ三巻《みまき》だけであった。このように、鉤穴から出ていったありさまを知って、糸に従って後をつけて行くと、三輪山に到って、神の社の中で止まっていた。そこで、娘の腹の中の子は、この社の大物主神の子と知れたというわけである。その麻糸が三巻分だけ遺ったということによって、その地を名付けて三輪《みわ》というのである。この意富多々泥古命《おおたたねこのみこと》は、神君《みわのきみ》・鴨君《かものきみ》の祖先である。

（中村啓信訳注『古事記　現代語訳付き』新版、三三七～三三八頁）

神話の内容について特に本書では論評しませんが、このように特定氏族の始祖伝説は天皇家の語り部が伝えていた内容とは考え難く、やはり三輪氏や鴨氏の語り部が伝承していたと考えたほうが自然であると思われます（金井清一「語部」三七八頁）。

このように『古事記』『日本書紀』の中には、天皇家に臣従した他氏族の神話も多く含まれていると考えられます。

## 「図書館」としての語り部

発生当初の語り部は神の言葉を伝える特異な集団として、おそらく周囲の民衆からは畏怖の念を抱かれる存在であったと推測されます。時代が下るに連れて徐々に豪族や大和朝廷に取り込まれていきました。しかしながら語り部が組織化されて「語部」となった後も、王権の神話を伝える存在として重視されていたと考えられます。

語り部は現代の図書館とは大きく異なりますが、文字がない時代にものごとを記憶し、必要に応じてその記憶を語っていました。『日本書紀』に記されている、額田大中彦皇子の話などは語部の「記憶」が実際に活用された事例でしょう。

語り部は種々の情報を記憶し、必要に応じてそれを人びとに語っていました。そのことで紛争を解決し、あるいは政治の参考にしていたと考えられます。今日の図書館の役割のすべてではありませんが、共通する点が見いだせます。

## 第四節　漢字伝来以前のコミュニケーション

漢字が中国から伝来する以前に、文字が日本にまったくなかったとするのが現在の通説となっています。しかし文字が伝わる前の日本人は、直接会ってコミュニケーションをとる方法しかなかったのでしょうか。ここでは、文字が伝わる前の対人以外のコミュニケーションの様相について事例を紹介したいと思います。数少ない史料から、文字伝来以前にもなんらかのコミュニケーションの方法があったことがわかっています。

### 古代中国の結縄《けつじょう》

古代中国では、文字が誕生する以前は縄を結んだものを記録媒体として使用していたことがわかっています。『易経』にはつぎのような記述があります。

上古結縄而治。後世聖人易之以書契、百官以治、萬民以察、

（高田真治・後藤基巳訳『易経』下巻、二五五頁）

現代語訳は次のとおりです。

上古は縄を結んでその結び目の大小を物事の大小の目じるしにするだけで無事に治まった。後世の聖人がそのかわりに書契（文字や割り符）を用い、これによって役人たちは事務を治め人民たちも物事を察知するようになった（下略）

（高田真治・後藤基巳訳『易経』下巻、二五九～二六〇頁）

上古には縄を結んで治まっていたが、後世に聖人（伏羲《ふくぎ》のこと。古代中国神話に登場する伝説上の帝王）が「書契」（文字や割符）を教えたのでそれに代わったと記されています。

このように、縄の結び目によって他者と通信する手段を結縄《けつじょう》と呼びます。結縄はキープとも呼ばれ、インカ帝国など広く世界中にその使用例は確認されます。インカでは、基本となる一本の縄に、他の色つきの縄をたらして結び玉をつけ、縄の色、結び玉の位置、結び方によって記録していました。

## 古代日本の結縄

では古代の日本では文字が伝わる以前に結縄があったのでしょうか。『隋書』倭国伝にはこのような記事が確認されます（傍線引用者）。

文字無く、唯木を刻み、縄を結ぶのみ。仏法を敬し、百済より仏経を求め得て、始めて文字有り（藤堂明保・竹田晃・影山輝國全訳注『倭国伝：中国正史に描かれた日本』一九〇頁）

「倭国」には当初文字が無く、ただ木を刻んだり縄に結び目をつけたりして文字の代わりにしており、百済から仏教の経典が伝わって初めて文字を知ったと記されています。傍線を付した箇所から明らかなように、古代日本にも結縄があったことは確かなようです。また結縄の他にも、木に何か記号のようなものを刻んで他者との通信に使用していたらしい記述もあります。

このように日本でも結縄は漢字伝来以前にあったようなのですが、日本側の文献史料では記録されていません。ただ江戸中期に著された本居宣長の『玉勝間《たまかつま》』には讃岐国（香川県）の田舎の例として次の話が記されています。

## 慣習に残る結縄

本居宣長が紹介している事例はこのようなものです。縄ではなく藁を使って通信を行う手段ですが、一方の端に結び環をもった藁すじを二本、おのおの一方の端を他の藁すじの結び環に通して、若い男女が逢引きの通信をするというものです。男性が藁すじを女性に送るのですが、女性の返事が二通りあって受諾の場合と拒否の場合とを宣長は報告しています（本居宣長著・村岡典嗣校訂『玉勝間』下巻、一六一頁）。

また明治になってからの報告ですが、人類学者坪井正五郎氏は論文「結縄、書契の例」の中で、駿河国の例として次の話を紹介しています。

駿河の結縄、　静岡の久能山の近所では家々の勝手口に縄が一条下げて有つて、塩売りが塩を置いて行く時には、其量に随つて縄に結び玉を作り、勘定を受け取る時には此玉を数へるとの事、（後略）

（坪井正五郎「結縄、書契の例」四〇五頁）

直接塩売りと対面せずとも売買が成立していますので、はっきりと縄の結び目を使用して通信手段としています。これも結縄の一種でしょう。

坪井氏は当時の東京の事例としてこんなものもあげています。

東京の記憶法、　東京では用事を思ひ出す為に羽織の紐に紙切れを結び付ける事を致します、

（坪井正五郎「結縄、書契の例」四〇五頁）

結縄とはちょっといえないケースですので、坪井氏も「記憶法」と表現していますが、紐と紙の両方をうまく活用した方法といえるかもしれません。

## 北海道アイヌの結縄

また北海道のアイヌも結縄を用いていました。江戸時代に和人が記録した文献にそのことが確認されます。坂倉源次郎という人物が江戸中期に著した書物に次のように記されています（傍線引用者）。

又文字なしといへども物毎に記憶するは縄を結び置或は木に刻を付置心覚とす。何年過ても此心覚わするゝ事なし。商船蝦夷地へ至りて勘定入事あればかの結びたる縄と刻ある木とを取出して去年の事をも審に弁ずるは結縄の意なるべし。

（坂倉源次郎「北海随筆」四一〇頁）

アイヌは交易の際に結縄を使用していたことがわかります。傍線を付した箇所は、「何年経っても間違えることはない」と読め、さらに「去年のことも詳しく話すことができるのは結縄のおかげ」と書かれています。結縄が記録として立派に役立っていたことがうかがえます。

最上徳内《もがみとくない》が著した『渡島筆記《おしまひっき》』にも、アイヌの結縄のことが確認できます。これは十九世紀初頭の記録です（傍線引用者）。

書契といふことあらねは心記するに過す、久しきにいたることは縄を結（び）木に刻（む）。縄を結ふはたとへは千に一万に一なといふ心おほへありてむすひ、木に刻は各家伝ありてきさむ。但文字のことく通用の定製とてはなけれとも、己かまゝに作ることにてはなく、旧きならはしに従ふものなり。

（最上徳内「渡島筆記」五二八頁）

どうやら結縄による記録方法は各家に伝わっていたようです。しかし適当にやっているわけではなく、古くからのしきたりに従って結縄をつくっていると徳内は記録しています。記録媒体として結縄はアイヌ社会に根付いていたようです。

明治になって和人の研究者が数多く北海道に入り、アイヌと接触を試みました。彼らの目的はアイヌを人類学的、あるいは民族学的に研究することでした。坪井正五郎氏も先の論文でアイヌの結縄にふれています。

北海道の結縄、　アイヌは縄に結び玉を作つて数の覚えと致します、私は日高国沙流郡上ビラトリ村のコクカトクと云ふアイヌの拵へた物を東京へ携へて帰りました、只今は理科大学人類学室の蔵品と成つて居る筈でござります、

（坪井正五郎「結縄、書契の例」四〇五頁）

なんと坪井氏はアイヌの結縄を東京に持ち帰ってしまったようです。少なくとも近代に入ってから

もアイヌは結縄を使用していたということでしょう。文字をもたない民族であっても「記録媒体」はしかと存在していたのです。

もっとも、文字をもたないアイヌであっても「民族の記憶」を伝える語り部は存在しています。地球上ではさまざまな言語がありますが、文字をもっている言語は文字をもたない言語よりも実は少ないのです。アイヌ語も文字をもちませんが、アイヌの神話（ユカㇻ）やアイヌの昔話（ウエペケㇾ）を伝承している語り部が、長い年月をかけて今日に伝えてきたからこそ、アイヌ神話やアイヌの昔話の内容を私たちは知ることができるのです。

図書館というと、どうしても書物や記録といった発想をしてしまい、文字をもたない民族には無縁の存在だと思われがちですが、そうとも言い切れないと思います。語り部が立派に「図書館」の役割を果たしてきたからこそ、今日に伝わっている口頭伝承も数多くあります。

## 第五節　漢字の伝来と語り部の形骸化

### 漢字の伝来

語り部の機能が失われてしまったのは、漢字が伝来したことがその背景にあることは間違いないと思われます。

日本列島に文字が持ち込まれた記録としては、『後漢書』東夷伝の奴国《なのくに》の条が最古のものです。

建武中元二年、倭の奴国、奉貢朝賀す。使人自ら大夫と称す。倭国の極南界なり。光武、賜うに印綬を以てす。

（石原道博編訳『魏志倭人伝・後漢書倭伝・宋書倭国伝・隋書倭国伝』新訂、五十七頁）

建武中元二年とは西暦五十七年のことです。後漢の光武帝から「漢委奴国王《かんのわのなのこくおう》」と陰刻《いんこく》された金印を下賜されました。これが文献上、漢字が伝来した初見の記録です。ちなみに「陰刻」とは文字が凹形に彫られた印のことで、粘土などに押し付けた際に凸形に文字が浮き上がるようにできております。紙に捺印する目的で製作されたものではありません。

次に文献上確認されるものとしては、『魏志』倭人伝です。正確には、正史である『三国志』のうちの一つ『魏志』の東夷伝の中にある倭人の記述です。

邪馬台国の女王卑弥呼《ひみこ》は、二三九年に魏の明帝に使者を派遣し朝貢します。その返礼として明帝は卑弥呼に「詔書」を送って「親魏倭王《しんぎわおう》」に任じ、「金印紫綬《きんいんしじゅ》」を授けます（石原道博編訳『魏志倭人伝・後漢書倭伝・宋書倭国伝・隋書倭国伝』新訂、五十～五十一頁）。

「詔書」とは書状のことですので、魏は邪馬台国の中に漢字を解する者がいることを前提にして送っているのです。

**漢委奴国王印**
（Wikimedia Commons より）

他にも魏の皇帝が邪馬台国に書状を送った事例があります。例えば、二四七年には次のような記述がみられます。

> 太守王頎《おうき》官に到る。倭の女王卑弥呼、狗奴国《くなこく》の男王卑弥弓呼《ひみここ》と素より和せず。倭〔の〕載斯烏越等を遣わして郡に詣り、相攻撃する状を説く。塞曹掾史《さいそうえんし》張政等を遣わし、因って詔書・黄幢を齎《もたら》し、難升米に排仮せしめ、檄《げき》を為《つく》りてこれを告諭す。
> （石原道博編訳『魏志倭人伝・後漢書倭伝・宋書倭国伝・隋書倭国伝』新訂、五十三頁）

卑弥呼は狗奴国王卑弥弓呼とは長年にわたって不和でしたが、遂に戦争になってしまいました。おそらく邪馬台国は劣勢だったのでしょう。宗主国である魏に和睦の斡旋を求めたのです。そこで魏の皇帝は塞曹掾史の張政を派遣して、邪馬台国の難升米《なしめ》に「檄」を授けます。おそらく狗奴国と交戦中だったので、卑弥呼のところにまで張政は行けなかったのでしょう。難升米に与えた「檄」というのは「中国で、戦争や兵乱などに際し緊急に出され、敵方の悪と味方の正義を述べて徴兵や同意を促す文書」（鐘江宏之「文字の定着と古代の社会」二十六頁脚注）のことです。これも邪馬台国側に漢文を読解できる者がいると前提しての魏の皇帝の行動です。

後漢の光武帝の頃は金印を贈っただけでしたが、邪馬台国の時代になると日本側にも長い文章を読める人材が存在していたと考えられます。

## 有銘鉄剣の文字記録

考古学的な発掘からは文字の伝来はわからないのでしょうか。ここ最近の成果からみると、およそ二世紀から四世紀以前の遺物から文字とおぼしき痕跡が発見されています（鐘江宏之「文字の定着と古代の社会」二十七～二十八頁）。

一字だけ記された文字は早い時代から出土していました。代表的なのが土器に墨で一文字だけ記される墨書土器《ぼくしょどき》でしょう。しかし一字だけでは「記録」とはいえません。

ある程度の長さの文章として記されたものに、鉄剣に銘文が刻まれた有銘鉄剣があります。いちばん古いものとしては、五世紀中頃に作成されたと思われる千葉県市原市稲荷台一号古墳出土の「王賜」銘鉄剣があります。この鉄剣は「王賜」で始まる推定十二文字の銘文が刀身に刻まれています。表に「王賜□□敬□（安カ）」、裏に「此廷□□□□」と確認でき、これは国内最古の銘文が刻まれている鉄剣だとされています（平川南編『古代日本の文字世界』一一二～一一三頁）。「王賜」と記されている点を考えると、おそらく時の大王《おおきみ》（天皇）から下賜されたものではないでしょうか。

次に確認される有銘鉄剣は、有名な埼玉県行田《ぎょうだ》市の稲荷山古墳出土の鉄剣と、熊本県玉名郡和水《なごみ》町の江田船山古墳出土の鉄剣です。稲荷山古墳出土鉄剣には「辛亥年」「獲加多支鹵大王」と刻まれており、これは第二十一代雄略天皇治世の四七一年と比定されています。「獲加多支鹵大王《わかたけるおおきみ》」の名は先に出土していた江田船山古墳出土鉄剣にも確認されていることから、こちらもほぼ同年代のものと考えて良いでしょう。

稲荷山古墳出土鉄剣は一一五文字、江田船山古墳出土鉄剣はおよそ七十五文字であったと確認されています。どのようなことが記されていたのでしょうか。簡単に内容をみましょう。

まず稲荷山古墳出土鉄剣には、地元の豪族「意富比垝《おほひこ》」から始まる八代の系譜が記されていて、その最後に「乎獲居臣《ヲワケのおみ》」の名が見え、「乎獲居臣」が「獲加多支鹵大王」を佐治《さじ》したと記されています。つまり「乎獲居臣」が雄略天皇を助けた自らの功績を後世に残すために鉄剣を作らせ、文字を刻ませたと考えられます。

江田船山古墳出土鉄剣は、典曹人《てんそうにん》として雄略天皇に仕えた「无利弖《むりて》」が有明海の航海権を掌握していた熊本県菊池川流域の在地豪族に、この鉄剣を与えたといわれています（平川南編『古代日本の文字世界』一一五頁）。また「无利弖」自身が雄略天皇から鉄剣を賜った熊本の在地豪族ではないかという説もあるようです。

両者ともに鉄剣の由来が刻み込まれているのですが、どちらも雄略天皇の御代のことです。その頃には、大和朝廷の版図は埼玉県から熊本県までは広がっていたのでしょう。

これらの鉄剣は、どちらもその土地の有力豪族と一緒に埋葬されていたわけですから、後世に残すために製作されたものと考えられます。文字によって記録して後世に残す措置が五世紀には行われていたことが、鉄剣銘からもうかがえます。

## 書籍の伝来

漢字が伝来し、それが刀剣などに文字として記録された例をみてきましたが、では書籍はいつわが国にもたらされたのでしょうか。『日本書紀』や『古事記』によると、書籍の伝来は次のように記されています。

まずは『日本書紀』から見てみましょう。応神天皇十五年秋八月六日条に次のような話が掲載されています。

（応神天皇：引用者注）十五年秋八月六日、百済王は阿直岐《あちき》を遣わして、良馬二匹を奉った。それを大和の軽の坂上《さかのうえ》の厩で飼わせた。阿直岐に掌らせて養わされた。その馬飼いをしたところを厩《うま》坂《ざか》という。阿直岐はまたよく経書を読んだ。それで太子菟道稚郎子《うじのわきいらつこ》の学問の師とされた。天皇は阿直岐に、「お前よりもすぐれた学者がいるかどうか」といわれた。「王仁《わに》というすぐれた人がいます」と答えた。上毛野君《かみつけのきみ》の先祖の荒田別《あらたわけ》・巫別《かむなぎわけ》を百済に遣わして、王仁を召された。阿直岐は阿直岐史《あちきのふびと》の先祖である。

十六年春二月、王仁がきた。太子菟道稚郎子はこれを師とされ、諸々の典籍を学ばれた。すべてによく通達していた。王仁は書首《ふみのおびと》らの先祖である。

（宇治谷孟『日本書紀　全現代語訳』上巻、二二七～二二八頁）

これに対応する『古事記』の記事は次のとおりです。

百済の国王の照古王《しょうこおう》が、牡馬《ぼば》一頭・牝馬《ひんば》一頭を阿知吉師《あちきし》に添えて献上した。この阿知吉師は、阿直史《あちのふひと》らの祖先である。また、大刀《たち》と大鏡とを献上した。また、（応神：引用者注）天皇は百済国に、「もし賢人がいるならば献上せよ」と仰せられた。そして百済国王がこの仰せを受けて献上した人は、名は和迩吉師《わにきし》である。論語十巻と千字文《せんじもん》一巻、併せて十一巻を、この人に副《そ》えて献上した。この和迩吉師は文首《ふみのおびと》らの祖先である。

（中村啓信訳注『古事記　現代語訳付き』新版、三八五頁）

百済王が阿直岐（『古事記』では阿知吉師）を遣わして皇太子菟道稚郎子の師となったのが応神天皇十五年のことで、王仁（『古事記』では和迩吉師）が師匠になったのは同十六年のことであったと『日本書紀』には記されています。また『古事記』には和迩吉師が伝えたのは『論語』と『千字文』であると具体的に書名まで挙げられています。これがわが国に書籍が伝わった最初だと言われています。

この応神天皇十五年や十六年が、具体的に西暦何年に該当するのでしょうか。手がかりとなるのが百済王の名前です。『古事記』では「照古王」、『日本書紀』では引用した箇所には出てきませんが「肖古王」とあります。これはおそらく第十三代百済王近肖古王《きんしょうこおう》のことではないかと比定されています。近肖古王は三四六年から三七五年に在位していました。このことから、日本に漢字が伝わったのは四世紀後半と考えられる、ともいえます。

もちろんこれには異論も古くから複数提起されており、実際応神天皇十五年をはっきりと西暦の何年と言えるのかは、現段階では不可能です。おおまかな目安として考えたほうがよいでしょう。

## 語り部の限界

いずれにしても漢字が中国から伝来したのは確かなことです。それまで語り部たちが伝承していたことが、文字として記録されることになったことは、自然な流れだったでしょう。語り部は記憶することを生業としていた、いわばプロフェッショナルだったわけですが人間ですのでどうしても忘れてしまうこともあったでしょう。また病死や戦死などで突然亡くなることもあり、そうした場合長年伝えてきたモノがいきなり途絶えてしまう危険性も常にあったわけです。その点、文字はきちんと記録媒体を保存しておけば未来に残せますから、その信頼感は相当高かったと考えられます。

古代日本の話ではありませんが、古代ローマの笑い話に「イテリウスの図書館」という話がありま す。かなり長くなりますがおもしろい話ですので、斎藤正二氏の著書から引用してみます。

ローマ時代になってからのことです。ローマの都にイテリウスという名の金持がいました。ひとくちに金持といっても、イテリウスの邸宅は都の人びと全部がはいれるくらい大きかったといいますから、ちょっと想像もできないくらいです。

毎日、夕食には三百人ものお客が集まりました。イテリウスは、お客に、いちばんおいしい食べ物をごちそうするのでした。

しかし、その時代のならわしとして、ごちそうというのはりっぱな食べ物ばかりでなく、お客におもしろい話をして聞かせるような心づかいが必要でした。自分でお話のできないばあいは、手で写した書物を読んで聞かせなければなりませんでした。

イテリウスは何でもたくさんもっていましたが、たった一つ、教養に欠けていました。イテリウスは怠け者で、机の前で落ちついて本を読む根気がないために、おもしろい話をおぼえることができなかったのです。それで、せっかくおいしい物をごちそうしても、お客のほうでは少しも有り難がらないばかりか、満足な口のきけないイテリウスをひそかにさげすむようすでした。

これはがまんのならないことでした。しかし、何事にもいっしょうけんめいになれない性格のイテリウスには、いまさら読書などしようにもできない相談です。そこで、いろいろ考えたすえに、やっと名案を思いつきました。——それは、たくさん使っているどれいたちのなかで、記憶力のよい者を二百人ほど選んで、そのひとりひとりに一冊ずつの本を暗記させることでした。ある者には『イリアス』をおぼえさせ、ある者には『オデュッセイア』をおぼえさせればよい、と考えたのでした。

けれども、どれいに一冊の本を暗記させるということは、執事にとって、なかなか困難な仕事でした。執事は、どれいを何度もむちでなぐったすえ、やっと一冊の「人間書物」ができあがりました。

そうなれば、イテリウスはもう何も自分で本を読む必要がなくなりました。二百冊の「人間書物」ができたからです。世界広しといえども、「生きている図書館」をもっているのはこのおれ様ぐらいのものだろうと、イテリウスは内心で得意になっていました。

ごちそうの席で、話の時間がきたときにも、イテリウスのしなければならぬことといったら、執事に合図して、壁のそばにだまって並んで立っているどれいたちのなかのひとりを呼びよせることだけでした。どれいたちは、それぞれ暗誦した本の名前をとって、『イリアス』とか『エネアデス』とかいうふうに呼ばれていました。

この「生きている図書館」は、ローマの都じゅうの評判になりました。イテリウスもたいへん得意でした。

ところが、ある日、こまったことがおこりました。――

いつものようにごちそうが終わって、お客たちのあいだで、古い時代にはどんなふうに宴会がおこなわれたかについての議論がはじまりました。

イテリウスは、このときとばかり、「みなさん、それについて書かれた『イリアス』のなかの有名な文句があります」といって、執事に合図しました。

しかし執事は、どれいの名前を呼ぶかわりに、イテリウスのまえにひざまずいて、おそるおそるいいました。

「だんなさま、おゆるしください。『イリアス』は本日は胃病で寝ているのでございます」

みんなは大笑いしました。そして、そのために、このおろかな百万長者はローマじゅうのもの笑いになりました。

(斎藤正二『書物と印刷の文化史』十〜十二頁)

長々と引いてしまいましたが、実は斎藤正二氏の『書物と印刷の文化史』は、筆者が中学生の頃に初めて読んだ書物史の本なのです。それまで歴史といえば政治史しか知らなかったのですが、大好きな本にも「歴史」が存在していると知って知的刺激を受けました。今から考えれば、この本から昔の書物に関心が向き、後に図書館にも興味をもつようになったのですから、子ども時代の読書というのは大人になってからのものよりも、はるかに影響が大きいです。

さて筆者の個人的な体験の話は措くとして、「イテリウスの図書館」は語り部の欠点を鋭く突いた話と言えるでしょう。語り部に覚えさせた「情報」は、いつでも安定的に引き出せるわけではなく、死亡してしまったら情報自体が消滅してしまうことを物語っているのです。

文字ならば記憶と違って半永久的に残るので、信頼性が高いということもありますが、この記憶と文字の関係については古代ギリシアの哲学者プラトンが言及しています。

## 記憶と文字との関係

次に引用するのは、ソクラテス（プラトンの師）とその友人パイドロスとの対話の一部で、以下はソクラテスが語ったものです。

エジプトのナウクラティス地方の神に、テウトという神がいました。この神は、初めて算術と計算、幾何学と天文学、さらに将棋と双六まで発明したのですが、中でも最大の発明は文字でした。一方、エジプト全体に君臨していた神はタモスといいました。テウトはタモスを訪問してさまざまな技術を披露し、他のエジプト人にもこれらの技術を広く伝えなければいけませんと言いました。タモスはその技術の一つ一つについて細かく質問し、その良い点を褒め、悪いところを批判しました。しかし話が文字のことに及んだとき、テウトはこう言いました（傍線引用者）。

「王様、この文字というものを学べば、エジプト人たちの知恵はたかまり、もの覚えはよくなるでしょう。私の発見したのは、記憶と知恵の秘訣なのですから。」――しかし、タモスは答えて言った。

「たぐいなき技術の主テウトよ、技術上の事柄を生み出す力をもった人と、生み出された技術がそれを使う人々にどのような害をあたえ、どのような益をもたらすかを判断する力をもった人とは、別の者なのだ。いまもあなたは、文字の生みの親として、愛情にほだされ、文字が実際にもっている効能と正反対のことを言われた。なぜなら、人々がこの文字というものを学ぶと、記憶力の訓練がなおざりにされるため、その人たちの魂の中には、忘れっぽい性質が植えつけられることだろうから。それはほかでもない、彼らは、書いたものを信頼して、ものを思い出すのに、自分以外のものに彫りつけられたしるしによって外から思い出すようになり、自分で自分の力によって内から思い出すことをしないようになるからである。じじつ、あなたが発明したのは、記憶の秘訣ではなくて、想起の秘訣なのだ。また他方、あなたがこれを学ぶ人たちに与える知恵というのは、知恵の外見であって、真実の知恵ではない。すなわち、彼らはあなたのおかげで、親しく教えを受けなくてももの知りになるため、多くの場合ほんとうは何も知らないでいながら、見かけだけはひじょうな博識家であると思われるようになるだろうし、また知者となる代りに知者であるといううぬぼれだけが発達するため、つき合いにくい人間となるだろう。」

（プラトン著・藤沢令夫訳『パイドロス』一六三〜一六四頁）

プラトンが師匠であるソクラテスの口を借りて言っているのは、文字の登場によって記憶力が減退してしまい、それによって「真実の知恵」は身につかなくなるだろうということのようです。「真実の知恵」とは書き記された文字からではなく、「自分で自分の力によって内から思い出すこと」で呼び起こされるものであると主張しています。

印刷術が発明されたとき、印刷された本はまがい物であり、ほんとうの本は手書きの写本であるという考えが洋の東西を問わず起こりましたが、記憶から文字への転換期にも同じようなことが言われていたというのは、おもしろい現象であると言えます。

さて、海外の話で少し脱線してしまいました。日本の話に戻しましょう。

### 国史《ふみひと》の設置

漢字が大陸から伝わって以降、語り部の記憶から文字による記録へと大きく変化しました。『日本書紀』の履中天皇《りちゅうてんのう》四年秋八月八日条に次のような記事があります。

始めて諸国に国史《ふみひと》（書記官）を置かれた。これは事を記し諸国の情報を報告するものである。

（宇治谷孟『日本書紀　全現代語訳』上巻、二五七頁）

第十七代履中天皇の御代には、諸国の情報を文字によって記録し、中央に報告させる体制を築いたのです。これが西暦の何年に比定されるかは難しい問題ですが、このような政策が実行に移されたことを考えると、この頃には語り部の存在が軽視され始めていたのではないかと思われます。

また第二十一代雄略天皇の治世初期のこととして、次のようなことが書かれています。

この月（雄略天皇二年十月：引用者注）史戸《ふみひとべ》・河上舎人部《かわかみのとねりべ》を設けられた。天皇は自分の心だけで専決されるところがあり、誤って人を殺されることも多かった。天下の人々はこれを誹謗して、「大変悪い天皇である」といった。ただ可愛がられたのは、史部《ふみひとべ》の身狭村主青《むさのすぐりあお》・桧隈民使博徳《ひのくまのたみのつかいはかとこ》らだけである。

（宇治谷孟『日本書紀　全現代語訳』上巻、二八八頁）

雄略天皇は気性が激しい性格で、世間の評価は低く「大悪なる天皇」と『日本書紀』に記されています。ここまで悪しざまに書かれている天皇も珍しいです。

家臣も「お気に入り」の者だけ傍近くに仕えさせていたようです。二人の名前が挙げられていますが、「史部」に属していました。この「史部」は五世紀末から六世紀にかけて編成された専門職集団（伴《とも》）のうちの一つで、単に「史」とも呼ばれ文筆技術をもって天皇に奉仕する存在だったようです（加藤謙吉『大和政権とフミヒト制』）。雄略天皇の時代に伴が組織され始めたといわれていますので、この記事は創設間もない史部の記事なのでしょう。

## 五経博士の渡来

第二十六代継体天皇七年（五一三）に初めて五経博士《ごきょうはかせ》が百済からやって来ました。『日本書紀』にはこうあります。

七年夏六月、百済は姐弥文貴《さみもんくい》将軍・州利即爾《つりそに》将軍を遣わして、穂積臣押山《ほづみのおみおしやま》に副えて、五経博士段《だん》楊爾《ように》をたてまつった。

（宇治谷孟『日本書紀　全現代語訳』上巻、三五三〜三五四頁）

この五経博士段楊爾という人物が、初めて「五経」をわが国に伝えたと考えられています。「五経」とは『詩経』『書経』『礼記《らいき》』『易経』『春秋《しゅんじゅう》』の儒学の経書五点の総称です。もともとは『楽経《がっけい》』も合わせて「六経《りくけい》」と言っていたようですが、『楽経』は秦の始皇帝が行った焚書坑儒によって焼かれてしまい早くから失われたといわれています。

五経博士は、漢の武帝により組織された五経を伝える学官です。『日本書紀』では、穂積押山が使者として百済に派遣されて帰国する際に、百済王が五経博士段楊爾を継体天皇に献上したとあります。継体天皇十年（五一六）に段楊爾は百済に帰国し、代わりの五経博士が来日したと『日本書紀』には記されています。

（継体天皇十年秋九月：引用者注）別に五経博士漢高安茂《あやのこうあんも》をたてまつって、博士段楊爾に替えたいと願ったので願いのままに交代させた。

（宇治谷孟『日本書紀　全現代語訳』上巻、三五八頁）

百済は段楊爾に替え、五経博士に漢高安茂を献上したいと申し出てきたので、それを許可したと記しています。

相次ぐ五経博士の来日は、「五経」をわが国にもたらしました。おそらく木簡や竹簡というメディアだったと推測されます。

漢字の伝来、文字によって記録せよとの勅命、そして儒書の輸入と、五世紀から六世紀の日本では語り部の記憶から文字記録へと一大転換が進行していたようです。

## 外交文書の読解

史部が成立するのは、六世紀中頃からといわれています（加藤謙吉『大和政権とフミヒト制』）。では史部たちの読解能力はどの程度のものだったのでしょうか。それをうかがえるエピソードが、『日本書紀』の敏達天皇条にあります。敏達天皇は第三十代天皇で、この一挿話は六世紀後半頃と推定されています。

（敏達天皇元年五月：引用者注）十五日、天皇は高麗《こま》の国書をとって、大臣《おおおみ》に授けられた。多くの史《ふびと》（文書係りの役員）を召し集めて、解読させられた。このとき史たちは三日かかっても、誰も読むことができなかった。そのとき船史《ふねのふびと》の祖先、王辰爾《おうじんに》が読み解いてたてまつったので、天皇と大臣は共にほめられて、「よくやった。辰爾。立派なことだ。お前がもし学問に親しんでいなかったら、誰がこの文章を読み得ただろうか。今後は殿内に待って仕えるように」といわれた。そして東西の（大和・河内の）史に、「お前たちの習業はまだ足りない。お前たちの数は多いが、辰爾一人に及ばないではないか」といわれた。また高麗のたてまつった文書は、烏の羽に書いてあった。字《もじ》は烏の羽の黒いのに紛れて、誰も読める人がなかった。辰爾は羽を炊飯の湯気で蒸して、帛《ねりきぬ》（柔かい上等の絹布）に羽を押しつけ、全部その字を写しとった。朝廷の人々は一様にこれに驚いた。

（宇治谷孟『日本書紀　全現代語訳』下巻、五十七頁）

「高麗」とは当時朝鮮半島に存在した国家、高句麗のことを指すのでしょう。高句麗の国書を史部に解読させようとしましたが、三日経っても誰も読めませんでした。そこで同じく古代朝鮮の国家である百済の王族の血を引く王辰爾が読解して、敏達天皇に奉ったところ、天皇と大臣・蘇我馬子《そがのうまこ》から褒められた、という話です。

ここで注目したい点は、大和・河内の史部が読解できず（高句麗がカラスの羽に文字を書いてそれを外交文書にしたという点も、読めない原因としてあったのでしょう）、渡来人である王辰爾の力を借りなければならなかったことです。倭人の史部たちの実力は、外交文書の読解と文書作成能力はそう高いものではなかったと思われます。

このエピソードからは、六世紀中葉では外交も口頭ではなく文書によってやりとりをするのが一般的になっていたことがわかります。かつてのように語り部が種々記憶して政治外交の役に立っていたことがなくなりつつあったのでしょう。

## 狭義の語部

各地の豪族が大和朝廷に臣従すると、豪族に仕えていた語り部も朝廷の組織に組み込まれていき、職制上きちんと位置づけられるようになります。

大和朝廷の職制は五、六世紀頃に形成されていったと考えられますので、語部も朝廷に従属する品《しな》部《べ》の職業部《しょくぎょうべ》として置かれた職掌のひとつになったと思われます。語り部は部民《べみん》となり「語部」となったわけです。これが前述した「狭義の語り部」となります。

しかし民間にあった語り部のすべてが大和朝廷に仕えたわけではありません。民間にとどまった語り部も存在していたと思われます。その一部が中世になると「漂泊者」になったという説もあります。

# 第六節　『古事記』の成立と語部・稗田阿礼

このように語り部は漢字の伝来によって存在意義自体が失われていき、形式的なものになっていきます。そして語り部が伝えていた内容は、文字によって記録されるようになるのです。

## 『古事記』の編纂理由

『古事記』の成立はその「序文」によって知ることができます。まず基礎知識として、『古事記』という歴史書がどのような経緯で編纂されたのか、「序文」から確認していきましょう。その端緒は意外にも壬申の乱に求められます。

天武天皇元年（六七二）六月から七月にかけて、ちょうど一ヶ月にわたって繰り広げられた壬申《じんしん》の乱《らん》は古代日本最大の内乱といわれています。

この内乱は第三十八代天智天皇の死後、皇太弟《こうたいてい》の大海人皇子《おおあまのおうじ》と、天智天皇の皇子である大友皇子《おおとものおうじ》（現代の皇統譜では天智帝崩御後即位したとされ、明治三年（一八七〇）に第三十九代弘文天皇と諡号を贈られました）との皇位継承を巡る戦いです。二十四歳と若かった大友皇子は東国の豪族を多く味方につけてきた大海人皇子に勝てず、最期は首を吊って自決しました。

戦いに勝利した大海人皇子は、都を近江京から飛鳥浄御原宮《あすかきよみはらのみや》に遷都し、天武天皇二年（六七三）二月二十七日に即位して天武天皇となりました。

天皇は壬中の乱によって低下した朝廷の権威回復に努め、中央集権国家体制を敷くことに尽力しました。種々の改革をおこないましたが、中でも天武天皇三年（六八四）に八色《やくさ》の姓《かばね》を定めたことは重要です。

従来は臣《おみ》・連《むらじ》・伴造《とものみやつこ》・国造《くにのみやつこ》という身分があったのですが、この臣・連の中から皇族と縁の深い者だけを抽出して、新たに真人《まひと》・朝臣《あそん》・宿禰《すくね》の姓を与え、皇族の地位を高めました。宿禰の下に、渡来系氏族に多く与えた忌寸《いみき》を定め、さらにその下位に道師《みちのし》・臣・連・稲置《いなぎ》をおきました。ただ道師と稲置は賜姓された事例がないそうです。八色の姓は天皇家を中心とした身分序列を再構築したといえるでしょう。

天皇の権威を高めるために尽力した天武帝でしたから、異伝が多数あった豪族たちの系譜と来歴の整理にも着手しました。『古事記』「序文」には次のように天皇は詔を発したと記されています（傍線引用者）。

> 自分が聞くところによると、多くの氏族が持っている帝紀（天皇の正史）と本辞（諸氏族の家伝）はまったく真実と違い、多くの虚偽が加えられているという。今この時に、その誤りを改めないと、何年も経たないうちに、その真実は失われてしまうであろう。この正しい帝紀と本辞こそ国家組織の骨格となるものであり、天皇徳化の基礎となるものである。そこで帝紀を選び記し、本辞を調べ究めて、偽りを削り真実を定めて、後世に伝えたいと思う。
>
> （中村啓信訳注『古事記　現代語訳付き』新版、二五二頁）

豪族たちが語り伝えている「本辞」は、天皇家の正史である「帝紀」とはだいぶ違うものも多く虚偽も含まれている。正しい「帝紀」と「本辞」は国家組織の骨格となるべき重要なものである。そのような認識を天武天皇は示しています。天皇家と豪族家で語り伝えられている話が混乱している現状では、天皇を中心とする国家はつくれないと述べているのです。そのための整理が必要だということです。

## 「帝紀」と「旧辞《きゅうじ》」

さて、ここに出ている「帝紀」と「本辞」とはなんなのでしょうか。後者は「旧辞」と一般に呼ばれているものと同一だと解されています。

まず「帝紀」ですが、「天皇家の系譜」といわれています。その編纂は六世紀前半に天皇の系譜を編纂する機運が盛り上がり、天皇家の祭司たちの手によってまとめられたと考えられています。天皇の代替わりと、皇統譜の整理は密接な関係にあったようです。六世紀初頭には、天皇が崩御した後に行う殯《もがり》の行事の内容が整備されつつありました。それは天皇が崩御してから遺体を古墳に納めるまでの一連の行事のことです。

殯の行事のなかに「日継《ひつぎ》」の読み上げというものがありました。これは天照大神から崩御した天皇までの系譜を唱えることによって、先帝を神の位に上げようという意味がある重要なものでした。

武光誠氏は、「六世紀前半に当時の大王《おおきみ》（天皇のこと：引用者注）であった宣化《せんか》天皇もしくはその弟欽明《きんめい》天皇のつたえる系譜が正統のものとされて「帝紀」になった。そのことは、他の王系の系譜のなかの「帝紀」に合わない部分を捨て去ることでもあった」（武光誠『古事記・日本書紀を知る事典』一三八〜一三九頁）と指摘し、さらに「「帝紀」の大筋である殯でよまれる「日継」は、宣化朝にいったん完成したが、そのあとあれこれ改変された。つまり、四世紀末から六世紀初頭にかけての歴代の大王の名称の中に、「帝紀」完成時以来、新たに加えられた者もいたことになる。しかし、六世紀中葉からつぎつぎに「帝紀」の異本が生じた。それらの間には、王子王女の名称の相違が甚だしかった」（武光誠『古事記・日本書紀を知る事典』一三九頁）と指摘しています。

宣化・欽明朝のどこで「帝紀」が編纂されたのかは不明としつつも、完成後も定まったわけではなく、その後も改変され続けたというわけです。おそらくこの頃から各地の豪族に仕えていた語り部たちが天皇家に仕えはじめ、語部として組織化されたのではないでしょうか。豪族たちが語り伝えていた伝承を「天皇家の物語」に取り込む際に、内容や人名などに異同が生じてしまっていたのでしょう。天皇家と豪族たちにそれぞれの「帝紀」が乱立していた時代になったのです。

『古事記』「序文」によれば、それを正そうとした人物が天武天皇になるのですが、実はその前にもう一人同じことを考えた人物がいました。聖徳太子です。太子が史上初めて歴史書を編纂したのですが、それはまた後ほど取り上げたいと思います。

さて、次に「旧辞」を見てみましょう。天皇家の系譜が「帝紀」なのに対して、「旧辞」は天皇家に古くからつたわった歌物語や起源説話であるとされています。『古事記』で物語性が強く出ている箇所ほど、「旧辞」の影響が強いと言えます。

津田左右吉《つだそうきち》氏によると、記紀の記述に共通する点として第二十五代武烈《ぶれつ》天皇頃の記述までは物語性が強く出ており、おそらくここまでが「旧辞」の影響を受けていると指摘しています（津田左右吉『日本古典の研究』上・下巻)。具体的には、『古事記』では顕宗天皇の話、『日本書紀』では武烈天皇の話として収録されている平群真鳥《へぐりのまとり》・鮪《しび》父子の滅亡にまつわる話あたりが「旧辞」としては最後であろうというのです。

平群父子の話というのはこうです。まだ顕宗天皇として即位する前の袁祁命《をけのみこ》時代のことです。

平群臣《へぐりのおみ》の祖先の、名は志毗臣《しびのおみ》が歌垣《うたがき》の場に立ち、弟の袁祁命が求婚しようとしていた乙女の手を先に取った。その乙女は、菟田首《うだのおびと》らの娘で、名は大魚《おおお》である。そして、袁祁命も歌垣の場にお立ちになった。そこで、志毗臣が歌っていう。

(中村啓信訳注『古事記　現代語訳付き』新版、四四六頁)

平群志毗(『日本書紀』では「鮪《しび》」と表記されています)と袁祁命が、菟田大魚(『日本書紀』では「影媛《かげひめ》」)をめぐって争っているのですが、互いに歌で応酬して、夜が更けていきました。さて、その翌日のことです。

その明けた日の早朝、兄の意祁命《おけのみこ》(意富祁命《おおけのみこ》とも)と弟の袁祁命と、二人相談して、「すべての宮仕えの官人たちは、早朝には朝廷に参勤し、昼には志毗宅に集まる。ただ、今、志毗はきっと寝ている。またその家の門にも誰もいないだろう。だから、今をおいては、志毗を謀殺することは難しい」とおっしゃった。すぐに軍を起こし、志毗臣の家を包囲し、お殺しになった。

（中村啓信訳注『古事記　現代語訳付き』新版、四四八頁）

恋敵だからという理由だけで、袁祁命は平群志毗を殺害したわけではありません。志毗の父である平群真鳥《へぐりのまとり》は天皇をも凌ぐ権勢を当時誇っており、息子の志毗を皇位に就けさせようと企んでいたといいます。皇室の危機を防ぐために意祁命・袁祁命兄弟は平群本家を滅ぼしたのです。

血生臭い政争の話なのですが、そこに一人の女性をめぐって歌をかけあって争うという描写が、いかにも「物語性」を感じさせます。

ところが『日本書紀』では、袁祁命ではなく小泊瀬稚鷦鷯尊《おはつせのわかさざきのみこと》（即位して武烈天皇）の話になっています。また娘も物部麁鹿火《もののべのあらかい》の娘ということになっています。

おそらく「旧辞」が編纂された時代では、有力豪族の娘をめぐって平群志毗と皇子が「物語」として歌の応酬をしたことは伝わっていたのでしょうが、それが皇族の誰であったのか伝わっていなかったのでしょう。それゆえ、『古事記』では顕宗天皇、『日本書紀』では武烈天皇の即位前の一挿話として収録したのだと考えられます。

武光誠氏によると「武烈朝以前の伝承は断片的な歌物語や起源説話の形でつたえられることになった。それらをまとめて時代順にならべる企てがはじまったのは、七世紀なかばごろになってからのことではあるまいか」（武光誠『古事記・日本書紀を知る事典』一四二頁）と推測されています。語り部が伝えていたのは「物語」であり、何年何月の出来事とは記憶されていなかったのでしょう。ですから平群志毗殺害譚のように、記紀の間で相違が生まれてしまったのでしょう。

このように、『古事記』の元になったといわれる「帝紀」と「旧辞」はさまざまなバリエーションが多くあり、いつの時代のことなのかも伝わっていなかったのです。それを整理して語部に改めて記憶させる作業が行われたと考えられます。

## 稗田阿礼による暗誦

整理された「帝紀」と「旧辞」は、稗田阿礼《ひえだのあれ》という人物によって暗誦させられました。『古事記』の本文を確認してみましょう。

その時一人の舎人《とねり》がいた。氏は稗田、名は阿礼。年は二十八歳であった。生まれながらに聡明で、目にした文章は暗誦でき、耳に聞こえた言葉は記憶することができた。そこで阿礼に（天皇が：引用者注）仰せられて、帝皇《ていこう》の日継（天皇代々の継承）と先代《さきつよ》（諸家代々）の旧辞《ふること》（古伝）とを誦み習わさせられたのであった。しかしながら年月もめぐり移り、天皇の御代も変わって、まだその事業の成就をみるに至らなかった。

（中村啓信訳注『古事記　現代語訳付き』新版、二五三頁）

天武天皇は舎人の稗田阿礼に命じて「帝紀」と「旧辞」を記憶させましたが、天皇の代も変わったこともあり、当初計画していた事業は未完成のままであったと記されています。

この「誦み習わさせられた」という表現ですが、山田孝雄氏によるとこれは「暗誦」のことを指し、暗誦とは「只空で覚えるだけでなく、空で声を挙げてよむこと」であって、さらにただよむだけではなく節を付けてよまなければならないと指摘しています。天武天皇は、稗田阿礼に帝皇の日継や先代の旧辞を、そこはこういう風によめ、ここはそういう風にやれと指示をして暗誦させたと山田氏は考えています（山田孝雄『古事記概説』一二八〜一二九頁）。

ちなみに「舎人」とは皇族や貴族に使えて身の回りの雑務をする人物のことです。「語部」とは明確に記されていませんが、稗田阿礼が天武天皇から命じられた仕事は語部そのものですので、阿礼も名前が明らかになっている語部だといえるでしょう。

### 天武天皇の「帝紀」の校定

天武天皇は稗田阿礼に「帝紀」「旧辞」を暗誦させましたが、その後に文字として記録させています。天武天皇十年（六八一）三月十七日の『日本書紀』の記事には、次のように記されています。

（三月：引用者注）十七日、天皇は大極殿にお出ましになり、川嶋皇子《かわしまのおうじ》・忍壁皇子《おさかべのおうじ》・広瀬王《ひろせのおう》・竹田王《たけだのおう》・桑田王《くわたのおう》・三野王《みののおう》・大錦下上毛野君三千《かみつけののきみみちぢ》・小錦中忌部連首《いんべのむらじおびと》・小錦下阿曇連稲敷《あずみのむらじいなしき》・

難波連大形《なにわのむらじおおかた》・大山上中臣連大嶋《なかとみのむらじおおしま》・大山下平群臣子首《へぐりのおみこびと》に詔して、帝紀および上古の諸事を記し校定させられた。大嶋・子首が自ら筆をとって記した。

（宇治谷孟『日本書紀　全現代語訳』下巻、二八六頁）

天皇は川嶋皇子ら六人の皇族と上毛野三千ら六人の官人に命じて、「帝紀」と「上古の諸事」を記録させました。記録者は中臣連大嶋と平群臣子首であると記されています。これは稗田阿礼に暗誦させたものを筆記したのか、もしくは天武帝はまったく別に「帝紀」やその他の記録を校定させてそれを記録させたのかは不詳です。ただ天武天皇は歴史書編纂に強い関心を示し、実行に移したことは確実のようです。

『古事記』「序文」にも記されていますが、天武天皇は歴史書の完成を見ずに朱鳥元年（六八六）九月九日に崩御してしまいます。

## 持統天皇による記録提出の命

天武天皇によって企画された歴史書編纂の機運は、次代にも引き継がれました。持統天皇五年（六九一）八月十三日、持統天皇は十八の氏に命じて祖先の記録を提出するように命じています。

八月十三日、十八の氏（大三輪《おおみわ》・雀部《さざきべ》・石上《いそのかみ》・藤原・石川・巨勢《こせ》・膳部《かしわで》・春日・上毛野《かみつけの》・大伴・紀伊・平

群・羽田・阿倍・佐伯・采女《うねめ》・穂積・阿曇《あずみ》）に詔して、その先祖の墓記《おくつきのふみ》（先祖の事蹟をのべたものか）を上進させた。

（宇治谷孟『日本書紀　全現代語訳』下巻、三三〇～三三一頁）

この事業はやはり歴史書編纂を意図したものでしょう。天武天皇の遺志は持統天皇にも引き継がれていたことがわかります。この「墓記」とはおそらく文字記録によって提出させたのではないかと思われます。

## 『古事記』の成立

持統天皇の次々代にあたる元明天皇も、天武天皇の遺志を引き継ぎます。元明天皇は、稗田阿礼に暗誦させていた「帝紀」と「旧辞」を太安万侶《おおのやすまろ》に命じて文字で記録させました。これが『古事記』です。

（元明天皇は：引用者注）旧辞の誤り乱れたままであることを惜しまれ、先紀の誤り違ったままであることを正しくしようとして、和銅四年九月十八日、臣安萬侶に仰せられたことは、

稗田阿礼が誦んだところの飛鳥浄御原宮天皇《あすかきよみはらのすめらみこと》（天武天皇）の勅語の旧辞を選び記して献上せよ。

と仰せられたので、謹んで仰せの趣旨に従って、細部にまで目配りを行き届かせて正しいものを採録した。

（中略）

和銅五年正月廿八日

（中村啓信訳注『古事記　現代語訳付き』新版、二五四頁）

元明天皇は和銅三年（七一〇）に藤原京から平城京に遷都し、藤原不比等《ふじわらのふひと》らの有力貴族の力を借りて天皇中心の中央集権国家を目指しました。その過程で天武天皇がやり残した歴史書編纂事業を引き継ぎ、『古事記』を完成させます。

完成したのは和銅五年（七一二）正月でした。注目すべきは「細部にまで目配りを行き届かせて正しいものを採録した」とありますので、稗田阿礼が暗誦していたものすべてをそのまま文字記録に起こしたというわけではなく、正しい史実と思われるもののみを選択して記録していることです。語部が伝えていた内容も無批判で信じて筆録するのではなく、吟味した上で記録するという、なかなか「学問的」な態度で安萬侶は記述したのです。

## 『風土記』の撰進

和銅六年（七一三）五月二日、元明天皇は「古老が伝承している旧聞や、異《かわ》った事がらは、史籍に記載して報告せよ」（宇治谷孟『続日本紀　全現代語訳』上巻、一四〇頁）との詔を発しています。

これは『風土記』撰進を命じている詔です。古老が記憶していたことを元にして、『風土記』が編纂されたことがわかります。「古老」のなかには語部も含まれていたことでしょう。記憶から記録への転換作業はこのように活発に行われています。

## 『日本書紀』の編纂

さらに元明天皇は、『古事記』とは別の歴史書の編纂も命じています。『続日本紀《しょくにほんぎ》』の和銅七年（七一四）二月十日に次のような記事がみられます。

二月十日　従六位上の紀朝臣清人《きのあそんきよひと》と正八位下の三宅臣藤麻呂《みやけのおみふじまろ》に詔し、国史（日本書紀か）を選修させた。

（宇治谷孟『続日本紀　全現代語訳』上巻、一四九頁）

紀清人と三宅藤麻呂に命じて「国史」を編纂させたという記事ですが、これは坂本太郎氏によれば『日本書紀』のことを指しているそうです（坂本太郎「日本書紀の撰修」）。そうであるならば、『古事記』成立直後から元明天皇は新たな歴史書の編纂を命じたことになります。その真意はなんであったのか、現在でもはっきりとした理由はわかっていません。

『日本書紀』完成の記事は、『続日本紀』養老四年（七二〇）五月二十一日条にみられます。

五月二十一日（中略）

これより先に一品《いっぽん》の舎人親王《とねりしんのう》は、勅をうけて日本紀の編纂に従っていたが、この度それが完成し、紀（編年体の記録）三十巻と系図一巻を奏上した。

（宇治谷孟『続日本紀　全現代語訳』上巻、二一二頁）

『日本書紀』完成時には、元明天皇の次代である元正天皇の御代となっていました。『日本書紀』が完成して以降、『続日本紀』『日本後紀《にほんこうき》』『続日本後紀《しょくにほんこうき》』『日本文徳天皇実録』『日本三代実録』と引き継いで歴史書が編纂されていきます。いわゆる「六国史《りっこくし》」です（ちなみに六国史の後は、『大日本史料』です。現在、東京大学史料編纂所がその事業を行っています）。

これによって『古事記』は江戸後期に国学者本居宣長によって再評価されるまで、なかば忘れ去られた存在になっていました。

## 日本で文字が定着しなかった理由

文字、書籍の伝来からわが国で歴史書が編纂されるまでをみてきました。しかしここでひとつ疑問が浮かばなかったでしょうか。

それは漢字の伝来が西暦一、二世紀頃なのに対して書籍が伝わったのが四世紀頃、そしてわが国で書籍がつくられたのが六世紀頃とだいぶブランクがあることです。なぜ漢字が早い時期に伝わっていたのに、それを駆使して書籍が書かれなかったのでしょうか。美術史家の田中英道氏はユニークな説を提示しています。

第一に指摘すべきは、（中略）話し言葉としての日本語の成熟です。

縄文前期から複雑な文様を描いた土器を焼き、そして二、三世紀の古墳時代に入ると円墳や前方後円墳といった墳墓を日本列島のほぼ全土にわたって築いてきた日本人は文字などなくても十分やっていけるだけの口承文化を確立していたのです。それゆえ、文字の必要性はさほど感じていなかったと思われます。だからこそ文字の使用が数百年も遅れることになったのです。

二番目に考えられることは、（中略）平穏な社会です。

島国・日本には外からの侵略者も少なく、また強大な権力者もいなかったため、われらの祖先は限られた土地のなかで仲良く暮らしてきたと考えられます。何ごとも話し合いで決め、不要な争いごとは避け、そしてみなが共存共栄できる枠組みをつくっていたと思われます。そのため、契約や掟や法律のための文字などあまり必要としなかったにちがいありません。

（田中英道『美しい「形」の日本：文字では表せなかった美の衝撃』三十五頁）

田中氏によれば、①話し言葉が高度に発達していたのでわざわざ漢字で記録する必要はなかった、②日本は争いの少ない社会だったので、法律などを文字で記して住民に周知するような事態にはおこらなかったのが理由だと主張しています。

西洋で文字が発達したのは、契約という文化があったからでしょう。『旧約聖書』には神と人間の間で契約を結び、人間が破ったので神が怒って神罰を下すという話が多く収録されています。

東洋ではどうでしょう。中国ではなぜ漢文が誕生したのでしょうか。それは話し言葉が中国の各地方で外国語のように異なっており、会話でコミュニケーションをとることが不可能なため「書き言葉」として漢文が発明されたのです。中国民衆は漢文を全く読めず、その読解・作文能力を身につけた一部のエリートが「読書人」と呼ばれ、官吏などに就いたのです（岡田英弘『漢字とは何か：日本とモンゴルから見る』三十九〜一四二頁）。

つまり西洋も中国も文字を必要としており、かなり重視した社会だったわけです。

翻ってわが国では文字よりも「言霊《ことだま》」などといって、口から発する言葉に霊的な力があると長らく信じられてきました。現代でも文字よりは言葉の方が重視されている感があります。もともと日本人は文字よりも言葉を重んじていたのでしょう。

# 第七節　儀礼構成員としての語部

## 語部の「変容」

文字が伝わったことによって語り部が記憶させられていたことは、文字によって記録されることになりました。書籍が重視されるようになったのに反比例して、語部の存在意義は低下していきました。そして最終的には大嘗祭の構成要員としてのみ存在価値が許されるものになってしまいました。

文字は語部という職能集団の仕事を事実上奪ったことになりますが、これも世の流れということでしょう。

## 平安中期の語部の実態

文字によって記録することが一般化した時代、語部はどのような仕事を行っていたのでしょうか。実は語部の仕事がはっきりとわかる史料は非常に少ないので、実態はよくわかりません。ただそれが垣間見える有名な史料に『延喜式』があります。

『延喜式』とは平安中期の延長五年（九二七）に完成し、康保四年（九六七）から施行された律令の格式《きゃくしき》（施行細則）です。その中の「巻七　神祇七　践祚大嘗祭《せんそだいじょうさい》」を見ると、大嘗祭の祭儀に諸国から語部を呼び寄せて参加させたとあります。『延喜式』の該当箇所を次に引いてみます。

凡そ物部・門部《かどべ》・語部は、左右衛門府、九月上旬に官に申し、預め程を量りて参集せしめよ。（中略）語部は美濃に八人、丹波に二人、丹後に二人、但馬に七人、因幡に三人、出雲に四人、淡路に二人。

（中略）

伴宿禰《とものすくね》一人・佐伯宿禰《さえきのすくね》一人、各語部十五人（中略）を引き、東西の掖門《わきのもん》より入り、位に就きて古詞《ふるごと》を奏《もう》せ。

（虎尾俊哉編『訳注日本史料　延喜式』上巻、四一九・四二三頁）

語部たちは伴宿禰や佐伯宿禰らに率いられて、大嘗宮の東西の掖門より入って「古詞」を奏したとあります。率いられた語部の出身は、美濃八人、丹波二人、丹後二人、但馬七人、因幡三人、出雲四人、淡路二人の計二十八人となっています。

「古詞」についてはよくわからないのですが、『江家次第』によると「語部古詞を奏す。其の音、祝《のりと》に似たり。又、哥声に渉る。出雲、美濃、但馬の（語）部、各々之を奏す」（井上辰雄『古代王権と語部』十七頁）とあり、その音は祝詞に似ており、歌謡を歌うように奏したとあります。さらに『北山抄』には「松明《たいまつ》を賜わりて之を読む」（井上辰雄『古代王権と語部』十七頁）とあるので、語部たちは暗誦しているのではなく、祝詞を奏するように古詞を書いたものを読み上げていたようです。『北山抄』とは十一世紀初頭に成立したとされる儀式書で、藤原公任《ふじわらのきんとう》の私撰です。

これらの史料の内容をまとめると、語部たちは普段は各国に暮らしていますが大嘗祭が挙行されると招集され、紙に認めた祝詞に似た歌謡を奏した、となります。語部たちが祝詞を暗記していないのが気になりますが、おそらく『北山抄』が成立した十一世紀には語部の機能は形ばかりとなっており、記憶して語り伝えていく能力もなくなっていたと思われます。ただ語部の発する祝詞が歌謡であったというのが、かつての語り部の姿を彷彿とさせます。

『延喜式』には語部が集められた国を挙げていますが、それらの国にはもともと語り部が多く存在していたのです。それゆえ大和朝廷に包摂されて語部となってからも、大嘗祭などの祭礼にその都度呼ばれていたと考えられます。『延喜式』が成立した平安中期には語部の本来的な役割は失われ、大嘗祭という儀礼を構成する一部になっていたことがうかがわれます。

つまり平安期の語部は、かつての「記憶装置」としてのそれとはまったく違う存在になってしまったといえます。この時代の語部は現代の図書館と類似した点はまったく見いだされません。

**【参考文献】**
池田源太『伝承文化論攷』角川書店、一九六三年

石原道博編訳『魏志倭人伝・後漢書倭伝・宋書倭国伝・隋書倭国伝：中国正史日本伝』新訂、一、岩波書店、岩波文庫、一九八五年
井上辰雄『古代王権と語部』教育社、教育社歴史新書〈日本史〉、一九七九年
斎部広成撰・西宮一民校注『古語拾遺』岩波書店、岩波文庫、一九八五年
宇治谷孟『日本書紀　全現代語訳』上・下巻、講談社、講談社学術文庫、一九八八年
宇治谷孟『続日本紀　全現代語訳』上巻、講談社、講談社学術文庫、一九九二年
岡田英弘著・宮脇淳子編『漢字とは何か：日本とモンゴルから見る』藤原書店、二〇二一年
折口信夫『古代研究Ⅴ　国文学篇』改版、1、KADOKAWA、角川ソフィア文庫、二〇一七年
折口信夫「国文学の発生（第一稿）」（折口信夫著・岡野弘彦編『精選　折口信夫』Ⅱ文学発生論・物語史論、慶應義塾大学出版会、二〇一八年）
加藤謙吉『大和政権とフミヒト制』吉川弘文館、二〇〇二年
金井清一「語部」（大久間喜一郎・乾克己編『上代説話事典』雄山閣出版、一九九三年）
鐘江宏之「文字の定着と古代の社会」（吉村武彦・吉川真司・川尻秋生編『文字とことば：文字文化の始まり』岩波書店、シリーズ古代史をひらく、二〇二〇年）
川内雅子「古事記」（大久間喜一郎・乾克己編『上代説話事典』雄山閣出版、一九九三年）
西郷信綱『古事記研究』未来社、一九七三年
斎藤正二『書物と印刷の文化史』国土社、日本少年文庫十三、一九八二年
坂倉源次郎「北海随筆」（『日本庶民生活史料集成』第四巻探検・紀行・地誌（北辺篇）、三一書房、一九六九年）
坂本太郎「日本書紀の撰修」（坂本太郎『坂本太郎著作集第二巻　古事記と日本書紀』吉川弘文館、一九八八年）

桜井良策『日本図書文化源流考』巌南堂書店、一九七八年
佐々木八郎『語り物の系譜』笠間書院、笠間選書、一九七七年
菅田正昭『現代語訳　古語拾遺』KADOKAWA、新人物文庫、二〇一四年
高田真治・後藤基巳訳『易経』下巻、岩波書店、岩波文庫、一九六五年
武光誠『古事記・日本書紀を知る事典』再版、東京堂出版、二〇〇〇年
田中英道『美しい「形」の日本：文字では表せなかった美の衝撃』ビジネス社、二〇一三年
津田左右吉『日本古典の研究』改版、上・下巻、岩波書店、一九七二年
坪井正五郎「結縄、書契の例」(『東京人類学会雑誌』第六巻第六十六号、一八九一年九月)
東京帝国大学文科大学史料編纂掛編『大日本古文書』編年之一、東京帝国大学、一九〇一年
東京帝国大学文科大学史料編纂掛編『大日本古文書』編年之二、東京帝国大学、一九〇一年
藤堂明保・竹田晃・影山輝國全訳注『倭国伝：中国正史に描かれた日本』講談社、講談社学術文庫、二〇一〇年
徳田浄『古事記研究』桜楓社、一九六九年
虎尾俊哉編『訳注日本史料　延喜式』上巻、集英社、二〇〇〇年
中村啓信訳注『古事記　現代語訳付き』新版五版、角川学芸出版、角川ソフィア文庫、二〇一二年
中村啓信監修・訳注『風土記　現代語訳付き』上巻、一〇版、KADOKAWA、角川ソフィア文庫、二〇二一年
平川南編『古代日本の文字世界』大修館書店、二〇〇〇年
プラトン著・藤沢令夫訳『パイドロス』第五七刷改版、岩波書店、岩波文庫、二〇一〇年
最上徳内「渡島筆記」(『日本庶民生活史料集成』第四巻探検・紀行・地誌(北辺篇)、三一書房、一九六九年)

本居宣長著・村岡典嗣校訂『玉勝間』下巻、岩波書店、岩波文庫、一九三四年
安本美典『日本神話120の謎：三種の神器が語る古代世界』勉誠出版、推理・邪馬台国と日本神話の謎、二〇〇六年
山田孝雄『古事記概説』三版、中央公論社、一九四二年
綿抜豊昭『図書・図書館史』学文社、ライブラリー図書館学一〇、二〇一四年

# 第三章　古代の蒐書と聖徳太子の「図書館」

前章ではわが国に文字が伝来する以前の「記憶装置」である語り部の役割と、彼らが伝えた伝承の内容、漢字が伝わって以降の語り部の衰退の様子をみてきました。

本章では七世紀の中央集権国家の成立過程にともなう漢籍輸入の状況と、それらを活用した聖徳太子の手になる各種事業について考えていきます。

## 第一節　漢籍の輸入と聖徳太子の事業

### 漢文作成能力者の存在

西暦五十七年に後漢の光武帝から「漢委奴国王《かんのわのなのこくおう》」印が奴国王に下賜された経緯を考えると、すくなくともその頃には日本列島に漢字が伝わっていたと思われます。

また日本側でも自在に漢字を操って文章をつくることができる人材が、為政者の周囲にいたことが推測されます。前章で詳しくみたように、邪馬台国女王卑弥呼に魏の皇帝が書状を送っていますし、また大和朝廷が成立してからも埼玉・稲荷山古墳出土鉄剣に記された銘文のような資料も残されています。そのような例をひとつ取り上げてみましょう。

## 「倭王武」の上表文

四七八年に「倭王武」という人物が、中国南朝の宋の順帝に上表文を奉りました。この「武」という人物がどの天皇に該当するのか諸説があるのですが、通説では第二十一代雄略天皇に比定されています。

さて「倭王武」の上表文は、『宋書』倭国伝に全文が掲載されています。中国の皇帝に奉っても恥ずかしくない立派な漢文です。そのような漢文を書けるブレーンが雄略天皇の周囲にいたと考えられます。

ただ立派な漢文を書くためには、いくらブレーンが優秀であってもそれだけでは無理だと思います。おそらく手本となったのは中国人の手になる漢文でしょう。当時の雄略朝は大陸から書籍を輸入して、必要な時にいつでも参照できるようにしておいたと考えられます。それが「図書館」と呼べるほどの機能をもっていたものかどうか、正直史料がなさすぎて私にはわかりませんが、少なくとも一巻や二巻だけ所蔵していたとは考えにくく、それなりの巻数を保有し、ある程度整理してある状態で保管されていたと想像できます。

前述したように、書籍が初めて日本にもたらされたのは、第十五代応神天皇の御代です。それから百年余りが経っている雄略朝ですので、それなりの書籍数はあったと考えられます。

ちなみに順帝は「倭王武」に対して、「使持節都督倭・新羅・任那・加羅・秦韓・慕韓六国諸軍事、安東大将軍、倭国王」（石原道博編訳『魏志倭人伝・後漢書倭伝・宋書倭国伝・隋書倭国伝』新訂、九十四頁）に任じています。

## 国づくりと書籍蒐集

日本列島に文字が伝わり、中国の皇帝に送る書状を作成できるほどの漢文作成能力を有している者がいても、日本人の手になる書籍は長いあいだ書かれませんでした。その理由はよくわかっていませんが、第二章では田中英道氏の指摘を取りあげました。

しかし隣国の中国では口頭による情報伝達の時代は遠く過ぎ去り、漢文による意思疎通、記録保存が一般化していました。中国は広大ですので各地に方言（別の言語といってもよいでしょう）がたくさんあり、特に北方と南方では言葉も文化もまったく違うため口頭での会話がなかなか難しかったのです。そこで全国共通の書き言葉として漢文が生まれました（岡田英弘『漢字とは何か：日本とモンゴルから見る』三十九〜一四二頁）。

日本も邪馬台国時代のように小国が乱立し群雄割拠していた時代はよかったのですが、大和朝廷が小国を従えて統一すると、「日本」としての国家の体裁を整えるためには、強力な中央集権国家を実現していた中国をお手本にすることが近道だと考えました。

『日本書紀』などの日本側の記録には一切見られませんが、『隋書』には西暦六〇〇年に日本から第一回の遣隋使が来たことが記されています。六〇〇年というと、わが国は推古天皇の御代で摂政として聖徳太子が政務を執っていました。ときの隋の皇帝文帝は、日本の制度について批判したため、『日本書紀』に載らなかったといわれています。

この第一回遣隋使以降、朝廷は推古天皇十一年（六〇三）に冠位十二階、翌十二年（六〇四）に十七条憲法を制定します。そして推古天皇十五年（六〇七）、『日本書紀』では「第一回」とされている遣隋使派遣という流れになっています。この時の遣隋大使は有名な小野妹子《おののいもこ》で、「日出ずる処の天子、書を日没する処の天子に致す。恙無しや、云々」との書き出しで始まる有名な国書を携えていました。隋の煬帝《ようだい》はこの国書に激怒したといいます。

さて天皇は、推古天皇十一年（六〇三）に明日香に小墾田宮《おはりだのみや》を造営します。小墾田宮は主に外交使節を接待するために新しく造られた宮殿で、おそらく蘇我馬子《そがのうまこ》の意見が通ったものと考えられます。この宮で小野妹子の遣隋使が正式に決まり命令されたのです。

室町時代に編集された『善隣国宝記』に引用されている、本自体は現在失われている『経籍後伝記』に次のように記されています（傍線引用者）。

小治田《おはりだ》の朝〈今、按ずるに推古天皇なり〉十二年歳次甲子正月朔、始めて暦日を用う。是の時、国家の書籍いまだ多からず。爰《ここ》に小野臣因高（妹子）を隋国に遣わし、書籍を買い求め、兼ねて隋の天子に聘す。

（田中健夫編『訳注日本史料　善隣国宝記・新訂続善隣国宝記』三十五頁）

推古天皇十二年（六〇四）時点では、日本にはまだ書籍は非常に少なかったことがうかがえます。遣隋使小野妹子の仕事の一つに「中国に行って本を買ってくること」が求められていたのです。おそらく「買い漁る」レベルに本を大量購入したと考えられます。書籍を買って中国の進んだ知識をどんどん日本に導入しようとしたのです。

そして日本人は、それらの書物を参考にしてさまざまな新しい書籍を生み出しました。

聖徳太子[1]

## 十七条憲法の制定

聖徳太子は推古天皇十二年（六〇四）に十七条憲法を定めます。『日本書紀』には「（推古天皇十二年：引用者注）夏四月三日、皇太子（聖徳太子のこと：引用者注）はじめて自ら作られた十七条憲法を発表された」（宇治谷孟『日本書紀　全現代語訳』下巻、九十二頁）と記されています。この

『日本書紀』に全文転載された十七条憲法がいちばん古い写本となっています。原本はおそらく木簡に記されていたのでしょう。

十七条憲法は、今日の Constitution の意ではなく、内容から考えると貴族や官吏などが守るべき道徳規範といった性格の法です。そもそも「憲法」とは、「憲《いつく》シキ法」のことで「厳然たる、威厳ある法」という意です。「法」には規範という意味があります。

憲法は小野妹子が隋に派遣される前に制定されたものです。では太子が好き勝手に適当に作成したかというと決してそんなことはありません。内容を仔細に検討した研究者によれば、多くの中国の書物の影響を受けて記されたことがわかっています。

## 十七条憲法の出典

十七条憲法は、儒教、仏教、法家《ほうか》の思想的影響を強く受けていると考えられます。いくつか例をあげてみましょう。

儒教では有名な第一条の「一に曰（く）、和グを以て貴（し）と為《す》」（家永三郎・築島裕校注「憲法十七条」十三頁）は、『礼記』の「礼之以レ和為レ貴」、あるいは『論語』の「礼之用、和為レ貴」が出典とされています（家永三郎・築島裕校注「憲法十七条」十二頁頭注）。

1 「聖徳太子二王子像　御物模写」奈良国立博物館所蔵、「ColBase」収録（https://jpsearch.go.jp/item/cobas-168416）

第四条「羣卿百寮、礼を以て本と為《せ》（よ）。其（れ）民《おほみたから》を治（むる）が本、要ず礼に在（り）」（家永三郎・築島裕校注「憲法十七条」十五頁）は、『孝経』の「安㆑上治㆑民、莫㆑善㆓乎礼㆒」が原典とされています（家永三郎・築島裕校注「憲法十七条」十四頁頭注）。

第六条「悪（しき）を懲（し）善（き）を勧（むる）は、古（の）良（き）典《のり》なり」（家永三郎・築島裕校注「憲法十七条」十五頁）は、『春秋左氏伝《しゅんじゅうさしでん》』の「懲㆑悪而勧㆑善」が元だと考えられています（家永三郎・築島裕校注「憲法十七条」十五頁頭注）。

他にも儒教の書物の影響はみられますが本書では割愛します。

次に仏教の影響を見てみましょう。

第二条の「篤く三宝を敬へ。三宝とは仏法僧なり」や、第十条の「忿《こころのいかり》を断ち瞋《おもてのいかり》を棄てて人の違うを怒らず」などは、明らかに仏教思想の影響を受けています。特に十条は『成唯識論《じょうゆいしきろん》』の影響が強く見受けられます（家永三郎・築島裕校注「憲法十七条」三八〇・三八三頁）。

最後に法家ですが、これは十一条の信賞必罰の法を説いたもので、『管子』に同じく信賞必罰が記されており、これが出典と考えられています（家永三郎・築島裕校注「憲法十七条」十九頁頭注）。

他にも『毛詩』『尚書』『孝経』『孟子』『墨子』『荀子』『韓非子』『史記』『文選』などから影響を受けた文章が確認されています（大庭脩『漢籍輸入の文化史：聖徳太子から吉宗へ』二十六頁）。さらに付け加えると『千字文《せんじもん》』『韓詩外伝』『老子』『詩経』『漢書』五行志などの影響も見受けられます。

これほどの書籍はすべて中国から輸入されたと考えられます。十七条憲法が制定される前の六世紀末期から七世紀初め頃にもたらされたのでしょう。当時としては結構な種類の書籍を参考にしており、聖徳太子の好学がよくわかりますが、これらの書物を保管しておく場所も太子の周囲にはあったと考えるべきでしょう。

## 第二節　聖徳太子の仏教研究

### 仏教伝来

中国から書籍が輸入された原因として、仏教がわが国に伝えられ経典が多く必要とされたからと考えられています。

仏教は大陸から宣化天皇三年（五三八）に伝わったといいます。これは聖徳太子の伝記である『上宮聖徳法王帝説《じょうぐうしょうとくほうおうていせつ》』に記された説で、『日本書紀』には欽明天皇十三年（五五二）だとされています。現在は五三八年説が有力視されているようです。最初は大陸から渡ってきた渡来人たちにより仏教は信仰されていたと考えられます。

『日本書紀』には仏教公伝以降の記事のところどころに、中国や朝鮮から僧侶が来日したり、経典がもたらされたことなどが散見されます。

例えば敏達天皇六年（五七七）には次のような記事があります（傍線引用者）。

百済国王は日本に還使《かえるつかい》の大別王らにつけて、経論《きょうろん》若干・律師《りっし》・禅師・比丘尼《びくに》・呪金師《じゅこんのはかせ》・造仏工《ほとけつくるたくみ》・造寺工《てらつくるたくみ》の六人を献上した。

（宇治谷孟『日本書紀　全現代語訳』下巻、六十二頁）

「経論若干」とあることから、経典が輸入されたことがうかがえます。

## 聖徳太子の仏教興隆

十七条憲法を先にみましたが、その第二条の文言に明らかなように、太子はかなり熱心な仏教徒でありました。義父である蘇我馬子が仏教を厚く信仰していましたので、その影響も大きかったのでしょう。

用明天皇二年（五八七）七月に、崇仏派の蘇我馬子と排仏派の物部守屋《もののべのもりや》との間で内乱が勃発しました（丁未の乱）。朝廷の主導権をめぐる争いですが、その原因に仏教受容の是非があったのです。

物部氏はもともと天皇家を軍事力で支えている一族でしたので、守屋は戦上手でした。『日本書紀』によれば、聖徳太子と蘇我馬子を中心とする討伐軍は苦戦したといいます。しかし太子が小さな仏像を造って誓を立て、守屋が指揮する声の方角に矢を飛ばすと見事に命中して守屋は討死にしました。そこで物部軍は総崩れになり、太子と馬子は勝利を収めることができたのです。太子は戦後、摂津に四天王寺という寺院を建立しました。仏との約束を守ったのです。

聖徳太子が直接建立したとされる寺院は七つあるといわれ、法隆寺、広隆寺、法起寺、四天王寺、中宮寺、橘寺、葛木寺が該当するといわれていますが、現在では廃寺になっている寺もあります。

また太子が摂政を務めていた推古朝では、上記の他にも数多く寺院が建立されました。『日本書紀』推古天皇三十二年（六二四）九月三日の調査では、寺院数が次のように判明しています。

秋九月三日、寺および僧尼を調査して、詳細に各寺の縁起、僧尼の入道の事由《ことのもと》、出家の年月日などを記録した。このとき寺は四十六ヵ所、僧八百十六人、尼五百六十九人、合せて千三百八十五人であった。

（宇治谷孟『日本書紀　全現代語訳』下巻、一一五頁）

太子は推古天皇三十年（六二二）に崩御しますので、その二年後の寺院数、僧、尼僧の人数となっています。これほど推古朝で数が増えたのは、聖徳太子の仏教興隆政策に起因していると思われます。

## 聖徳太子の仏教研究

最初の遣隋使が派遣されて以降は、おそらく漢籍や仏典の輸入が増大したと思われます。聖徳太子や蘇我馬子は仏教を保護して国づくりのために活かすことを意図していたので、仏教研究は大いに奨励されました。寺院が大量に増加し、僧侶の数が増えたことも書物量の増加を裏付けています。

残念ながらどのような書物がどの程度日本にもたらされたのか、詳細なことは史料が不足していてよくわからないのですが、聖徳太子自らが仏教を研究して講義も行っていました。『日本書紀』推古天皇十四年（六〇六）七月条にはこのような記事があります。

秋七月、（推古：引用者注）天皇は皇太子（聖徳太子のこと：引用者注）を招き、勝鬘経《しょうまんきょう》を講ぜしめられた。三日間かかって説き終られた。この年皇太子はまた法華経を岡本宮《おかもとのみや》で講じられた。

（宇治谷孟『日本書紀　全現代語訳』下巻、九十九頁）

太子は勝鬘経《しょうまんきょう》と法華経《ほけきょう》を講義したとあります。講義ができるほど、太子は仏教の専門知識を頭に蓄えていたことがわかります。おそらく大陸からもたらされた仏書や経典などを大いに参照して、この講義を太子は行ったものと推測されます。

また『上宮聖徳法王帝説』ではこの様子を次のように記しています。

戊午《ぼご》ノ年（推古天皇六年、五九八年：引用者注）ノ四月十五日に、少治田天皇《おはりたのすめらみこと》（推古天皇：引用者注）、上宮王《かみつみやノおほきみ》（聖徳太子：引用者注）に請《ま》せて、勝鬘経を講《と》かしむ。其ノ儀《よそほひ》、僧《ほふし》ノ如し。諸《もろもろ》ノ王《おほきみ》ト公主《ひめみこ》ト臣《おみ》ト連《むらじ》ト公民《おほみたから》ト、信受《う》ケて嘉《よ》みせずトいふコト無し。三箇日ノ内に講説《と》き訖《おわ》りぬ。

（家永三郎・築島裕校注「上宮聖徳法王帝説」三六一頁）

講義をした年がだいぶずれていますが、内容は似通っているので同一の事例だと思われますが、こちらのほうが若干詳しく書かれています。『上宮聖徳法王帝説』では太子が僧侶のように勝鬘経を講義したとありますので、その知識は本職の僧を凌駕するものだったのでしょう。推古天皇の御前で講義をしたのでしょうが、『上宮聖徳法王帝説』では皇族や有力豪族もその場にいたことがわかります。

## 「三経義疏」と聖徳太子

太子の仏教典に関する知識が玄人はだしだったことがわかりますが、事実、太子は「勝鬘経」「法華経」「維摩経《ゆいまきょう》」の三つの経典の注釈書である「三経義疏《さんぎょうのぎしょ》」を著したとされています（『維摩経義疏』は太子ではなく後世の別人の手になるという説も存在します）。うち『法華義疏《ほっけのぎしょ》』のみ聖徳太子直筆本が法隆寺に現存しています。

『法華義疏』の冒頭には次のような一文が認められています（傍線引用者）。

此は是れ、大委国上宮王《やまとのくにかむつみやのみこ》の私集《わたくしにあつむるところ》、海彼《わたのあなた》の本には非ず

（花山信勝校訳『法華義疏』上巻、九頁）

傍線に注目してください。聖徳太子の時代は「本」といえば中国や朝鮮の本しかなかったといってもよい状態でしょう。「海彼の本には非ず」とは、海の彼方の本ではないという意味です。日本で書

かれた書籍だと太子が高らかに宣言しています。

実はこの「三経義疏」には、古来より聖徳太子とは無関係に成立したという「太子偽作説」が根強くあります。現在でもこの説を支持している研究者は一定数いるようです。

仏教学者の花山信勝《しんしょう》氏は、若い頃は偽作と疑っていたようですが、「法華義疏」の研究を「進めるに従って、それまでの疑惑がしだいに雲散するようになった。そして、現在では上宮王以外の人物を考え得ない結論にまで到達している」（花山信勝校訳『法華義疏』下巻、三九〇頁）とまでいっています。花山氏は大著『聖徳太子御製　法華義疏の研究』（一九三三年）、『勝鬘経義疏の上宮王撰に関する研究』（一九四四年）を著しています。長年「三経義疏」の研究に取り組んできた人物の発言は傾聴に値するでしょう。

ちなみに花山氏は、東京裁判（極東国際軍事裁判）で死刑判決を受けた東条英機元首相らの教誨師を務めた人物としても知られており、『平和の発見：巣鴨の生と死の記録』（一九四九年）という回想録を著しています。また東洋大学、東京大学、國學院大學で教鞭を執りました。

さて、聖徳太子はまったく本を参照せずに「法華経」の注釈をしたわけではありません。金治勇《かなじいさむ》氏によると、中国・南朝の梁の学僧法雲の『法華義記』をベースにして太子自身の研究を進めたと指摘しています。

また『勝鬘経義疏』は僧侶の旻《みん》が著した『勝鬘経』の注釈である『勝鬘経疏』に、『維摩経義疏』は智蔵による『維摩経』の注釈に基づいて編纂されたと指摘しています（金治勇『上宮王撰三経義疏の諸問題』)。

他にはどのような文献を参考にしたのでしょうか。「三経義疏」の本文中に出典が記されている文献の数はあまり多くないのですが、本書では花山氏の研究を頼りにして概観しておきます(花山信勝『聖徳太子御製法華義疏の研究』十七〜二十二頁)。

『法華義疏』は、法雲の『法華義記』を最も参考にしていますが、その他に『維摩経』と『無量寿経』の影響が指摘されています。『勝鬘経義疏』では法雲の『法華義記』の影響が強く、他の文献の名前を直接挙げていることは少ないようです。

最後に『維摩経義疏』ですが、これは少し他の二書とは様子が違うようです。引用されている文献として『無量寿経』『乳光経』などの経典の名前が確認され、さらに二世紀にインドで産まれた僧侶の龍樹《りゅうじゅ》が著したと伝わる『大智渡論《だいちどろん》』も参考にしています。他にも儒書の『論語』『老子』『尚書』『春秋左氏伝』などからも引いています。

近年、東洋哲学者の石井公成氏はコンピュータによる比較分析法を用いて、「三経義疏」の分析を行いました。それによれば『法華義疏』をはじめとする「三経義疏」の文章は、正規の漢文ではなく変格漢文で記されており、法雲『法華義記』の言い回しが目立ち、語法がきわめてよく似ている特徴があったそうです。これほどの類似は、同じ著者か、師の文体が体にしみこんでしまった弟子くらいでないと考えにくいとのことでした(石井公成『聖徳太子:実像と伝説の間』一六九頁)。そうすると唯一太子作ではないとされる『維摩経義疏』も太子の手になる作品の可能性が高いでしょう。石井氏は最終的に、「三経義疏は、太子が百済ないし高句麗の僧から種本となった注釈の講義を受け、その注釈を略抄しながら自分の意見を加えていった、という状況を想定」しているとまとめています（石井公成『聖徳太子：実像と伝説の間』一七一頁）。

実はこのことは、『法華義疏』の冒頭に記された、先に引用した一文にも明確に書かれています。仏教経典の注釈は、ほとんどすべて先人たちによって解釈がつけられていました。したがって後世の人間は、それら先行研究の抜萃か敷衍したものを著すのが当時は一般的でした。いくつかの先人の注釈を参考にして、それらのなかから納得できるものを採用し簡潔にまとめたということに、意味があったのだとしています（花山信勝校訳『法華義疏』下巻、三九二頁）。

ただ太子は、先人の注釈と明確に意見を異にしている場合は、はっきりと書いています。例えば『勝鬘経義疏』の注釈には、「私の釈は少《すこし》き異なり」（早島鏡正・築島裕校注「勝鬘経義疏」五十五頁）という一文があり、先人たちの注釈とは意見が異なっていると書き出し、太子自身の私見を述べている箇所があります。それが太子の優れているところなのでしょう。

さて、「三経義疏」についてみてきましたが、聖徳太子は三経の注釈をつけるために多くの文献を参考にした可能性が高いということは指摘できると思います。ただ参考書は一点二点ではなく、おそらく複数の書物を参考文献として収集したと思われます。当時の書籍は巻物（巻子本《かんすぼん》）が一般的で、さらに紙だけではなく木簡や竹簡も多くあったと思われます。それらの書物を収蔵しておく施設が必要だったと推測されるのです。

## 第三節　聖徳太子の歴史書編纂

聖徳太子はさまざまなことに取り組み、「国づくり」を行ってきたわけですが、そのひとつとして歴史書の編纂を行っています。『日本書紀』によると、推古天皇二十八年（六二〇）十二月一日条には次のように記されています。

十二月一日、（中略）この年、皇太子と馬子大臣が相議《はか》って、天皇記および国記《くにつふみ》、臣・連・伴造・国造など、その外多くの部民・公民らの本記《もとつふみ》を記録した。

（宇治谷孟『日本書紀　全現代語訳』下巻、一一〇頁）

太子が大臣《おおおみ》蘇我馬子と相談して、『天皇記』『国記』『臣連伴造国造百八十部并公民等本記』を編纂したとあります。最後の『臣連伴造国造百八十部并公民等本記』に関してはさまざまな解釈が存在しており、臣・連・伴造と国造、その他の部民や公民らの本紀がそれぞれ編纂された、つまり五種作成されたという見解もあります。何種の歴史書が編纂されたのかもはっきりしていないのが現状なのですが、やはり現物が残っていないのがかなり痛手になっています。

二年後の推古天皇三十年（六二二）に太子は崩御しますが、亡くなる直前にこのような事業を起こしたというのは、天皇を中心とする国をつくろうとする上で、重要だと認識していたのでしょう。

この三種の本は不運な運命をたどります。馬子死後、蘇我氏は天皇を差し置いて専横を究めます。それに憤った中大兄皇子《なかのおおえのおうじ》と中臣鎌足《なかとみのかまたり》は同志を募り、皇極天皇四年（六四五）六月十二日に宮中において馬子の孫である入鹿《いるか》を暗殺します。その翌十三日、中大兄皇子は軍勢を率いて蘇我本家の館を攻撃し、馬子の子である蝦夷《えみし》は館に火を放って自害します（乙巳の変）。

これで蘇我本家は滅亡することになるのですが、実はその時に、『天皇記』をはじめとする聖徳太子が編纂した書物のほとんどが灰燼に帰してしまいます。

十三日、蘇我臣蝦夷《そがのおみえみし》らは殺される前に、すべての天皇記・国記・珍宝を焼いた。船史恵尺《ふねのふびとえさか》はそのとき素早く、焼かれる国記を取り出して中大兄にたてまつった。

（宇治谷孟『日本書紀　全現代語訳』下巻、一五五頁）

『日本書紀』によると、『国記』のみは船史恵尺によって救出されたとあります。しかし『国記』は現在伝わっておらず、『日本書記』のこの記述を最後にして行方不明となります。

奈良期に入ると朝廷は『日本書紀』をはじめとする六国史を編纂しますが、これらと『天皇記』『国記』がどのような関係にあるのかよくわかっていません。

ではこの三種の歴史書とはどういった内容のものだったのでしょうか。坂本太郎氏によれば、『天皇記』とは歴代天皇の系譜を筆録したものであり、『国記』については『魏書』の用例を参考にしながら「天皇記もしくは臣連伴造等記に載せられざる建国の由来、国政の発展、大陸諸国との交渉等々を記したもの」と解しています。最後に『臣連伴造国造百八十部并公民等本記』は、貴族や庶民に伝わってきた系譜について記されたものであろうとしています（坂本太郎『坂本太郎著作集第六巻　大化改新』二二一〜二二三頁）。

後に坂本氏は考察を進めて、『天皇記』は年紀によって排列されて記されており、『国記』は『天皇記』に記されない国家の歴史、外国との交渉や内政の発展などを叙述したものであると推測し、さらに『臣連伴造国造百八十部并公民等本記』は、臣・連・伴造・国造の本記の作成が試みられたが、結局は未完成で草稿のまま残されたとの見解を表明しています（坂本太郎『坂本太郎著作集第二巻　古事記と日本書紀』四十八〜五十五頁）。

語り部のところでふれましたが、古くから天皇家の系譜である『帝紀』や、説話と伝承部分を集めた『旧辞』というものがありました。これが「書物」の状態をとっていたのか、口頭伝承で語り部が伝えていたのかはよくわかっていません。またこれが『天皇記』や『国記』とどう関連しているのかもよくわかっていません。『帝紀』や『旧辞』は『古事記』の元になったものともいわれています。

さて、聖徳太子はその政権末期に『天皇記』『国記』『臣連伴造国造百八十部并公民等本記』を編纂しましたが、これらも当然なことですがすべて編纂者の創造によって記されたものではありません。

紙媒体であったかそれとも木簡であったのか詳細は不明ですが、多くの文献を集めて書物を編纂したことは確かなことだと思われます。当時は語り部によって多くの情報が記憶されていた時代なので、語り部が記憶していた情報を筆録したものもあったのではないかと推測されます。

そうしますと、それら文献を収蔵しておく場所が必要になってきます。ただ整理せずに乱雑に収蔵しておくだけでは、目的に応じて即座に文献を利用することはできません。したがってなんらかの基準で文献を分けて（敢えて図書館用語の「分類」という言葉を使いませんが）、整理をした状態でしまわれていたと思われます。それは今日の図書館と呼んでよいレベルとは思えませんが、その萌芽的なものであるといえるでしょう。

## 第四節　聖徳太子の「図書館」――書屋――

### 「書屋」の発見

聖徳太子は仏教研究や歴史書編纂を積極的に行っており、そのために大陸から大量に書物を輸入したことを明らかにしてきました。またそれらの書物を収蔵しておく施設も必要になってくることから、「図書館」のようなものもあったのではないかと推測しました。

では「図書館」があったことをうかがわせる証拠はあるのでしょうか。残念ながらそのような史料は発見されていません。ただその存在を匂わせるものは、平成三年（一九九一）に法隆寺金堂の釈迦三尊像から発見されました。修復のために釈迦三尊像を解体して台座を取り外したところ、その裏側に「書屋」と記された墨書が発見されたのです。

「書屋」とは何を意味する言葉なのでしょうか。詳細は後でふれますが、「書屋」が記されていた釈迦三尊像の台座とはどういったものなのでしょうか。またそれはいつ製作されたのでしょうか。まずこの点について解決していきたいと思います。

## 釈迦三尊像台座

台座というのは釈迦三尊像を安置するための台で木製です。おそらくかつて別の資材として使用されていたものを解体して、新しく台座につくり変えたものと考えられます。これには「辛巳年八月九日作」という年号も記されていました。この台座はおそらくこの年に製作されたとみてよいでしょう。「辛巳年」に関しては古来より二説提示されています。六二一年説と六八一年説です。後者ですと天武天皇十年に相当するので、この台座がだいぶ新しいものになります。前者ですと推古天皇二十九年になり、聖徳太子が存命中のことになるのでかなり古いものになります。

発見以来、研究者がさまざまな観点から研究を行い、推古天皇二十九年（六二一）か天武天皇十年（六八一）かで論争が行われていますが、現在では前者に傾きつつあるようです。

その根拠として舘野和己氏は、①墨書銘の書体に中国の六朝時代（二二二〜五八九年）の特徴が顕著

**法隆寺釈迦三尊像**
（Wikimedia Commons より）

に表れており、聖徳太子直筆とされる『法華義疏』にも同様の特徴が確認され同時期と推定されること、②台座が様式的にみて釈迦三尊像と同時期なこと、③その釈迦三尊像の光背に「推古天皇三十一年（六二三）に完成した」とあることを挙げています。筆者も舘野氏の意見に賛成します（舘野和己「釈迦三尊像台座から新発見の墨書銘」・市大樹「黎明期の日本古代木簡」）。

　釈迦三尊像の光背には、像がつくられた理由と仏師の名前も銘文によって明らかにできます。原文ではむつかしいので、大意を次に記しておきます。

　推古天皇二十九年（六二一）十二月に聖徳太子の生母である穴穂部間人皇女《あなほべのはしひとのひめみこ》が崩御し、さらに翌三十年（六二二）正月に太子自身と妃の一人である膳部菩岐々美郎女《かしわでのほききみのいらつめ》も病に倒れてしまった。太子の皇子である山背大兄王《やましろのおおえのおう》等と諸臣は太子と妃の病気平癒を祈願し、太子と等身大の釈迦像を造ることを発願した。しかしその願いも虚しく推古天皇三十年（六二二）二月二十一日に膳部菩岐々美郎女が崩御し、翌二十二日に太子も崩御してしまった。そこで鞍作止利《くらつくりのとり》に命じて釈迦像を造らせ、推古天皇三十一年（六二三）三月に完成した。

光背銘文によると、釈迦三尊像は太子崩御の直後に製作を鞍作止利に命じ、推古天皇三十一年（六二三）三月に完成したわけですので、台座のみそれから六十年後の木材を使用して作ったというのは考えにくいです。やはり台座に記されていた「辛巳年」は推古天皇二十九年（六二一）と見たほうがしっくりきます。

**書屋**

日本図書館史の先行研究では、「書屋」という単語のみを取り出して検討をしています。しかし本書では釈迦三尊像台座に記された墨書を、前後の単語も含めて見てみましょう。市大樹氏の釈文を次に引用します。

辛巳年八月九月作□□□□

…

辛

留保分七段

書屋一段

尻官三段　ツ支与三段

…

椋費二段

（市大樹「黎明期の日本古代木簡」七十六頁）

正確には「書屋一段」と書かれていたことがわかります。

まず「書屋」について市氏は、「「書屋」は、書物を収納した建物であろうが、「書」には文字を記すことに加え、図絵を描くことも含まれるため、文書や図絵を管理する建物と捉える方がよいかもしれない」（市大樹「黎明期の日本古代木簡」七十七頁）と指摘されています。

では次に「段」とはなんでしょうか。これも市氏によれば布の単位で、布の出納や管理に関わる記載になると指摘しています。台座に使用された木材は、以前には布などが収納されたクラの扉に使用された建材であった可能性が高いと述べています。

ではこのクラとはどこにあったものでしょうか。市氏は聖徳太子の夫人の一人である膳《かしわで》氏《し》の邸宅にあったクラではないかと推測しています。仮に膳氏とは関係なくとも、布の出納や管理に伴ってクラの扉材に墨書されたものであることはほぼ動かないとみてよく、本来はクラの扉板に書き付けられた一種のメモであったと指摘しています（市大樹「黎明期の日本古代木簡」七十七〜七十八頁）。

釈迦三尊像は、聖徳太子と妃である膳部菩岐々美郎女の御霊を慰めるために製作された仏像ですので、その台座に膳氏の邸内にあったクラの扉材を使用したとしても特におかしなことではないと考えられます。

「書屋一段」とは書屋で使用する布が一段、という意味でしょうか。メモ書きということですので、書屋で布が一段必要なのでクラの扉にちょっと書いておいたといった感じになるのでしょう。

## 第五節　飛鳥時代の「図書館」

古くから漢字は日本に伝わっていましたが、書物が中国から数多く輸入されわが国でも制作されるようになったのは七世紀頃からです。

ちょうどこの時期、推古天皇の御代で聖徳太子と蘇我馬子が政務をみていました。太子は中央集権の国家をつくるべく、十七条憲法を制定し、さらに仏教を重視し経典の研究も自ら率先して行いました。また『天皇記』『国記』という歴史書も編纂させています。

これらの事業を遂行するには、参考文献として大量に書籍を必要としました。それで大陸から輸入されたわけですが、ただそれらの文献を収蔵しておく施設が必要だと考えられます。

書物の収蔵施設の存在を裏付ける史料は、現在までのところ発見されておりません。ただ法隆寺の釈迦三尊像台座の裏側に発見された墨書の「書屋」が、書籍収蔵庫の存在を示す唯一の根拠となっています。

この台座は太子夫人の膳氏の邸宅内にあったクラの扉材を転用したものと考えられ、「書屋」が太子と近しい存在であったことは間違いないと思われます。

「書屋」について具体的なことは何も判明していませんが、大量に書物を収蔵して素早く目的の本を出納できるには、おそらくなんらかの基準でジャンルごとに分けられていたと想像できます。無秩序に乱雑にしまわれている筈はありません。書物を利用することを前提にして整理をして収蔵しておく、おそらく「書屋」とはこういった施設ではなかったかと思われます。

そうであるとすれば、「書屋」は語り部に代わって誕生した書物という記録媒体を保管した、古代の「図書館」の原始的な姿であるといえるでしょう。

**【参考文献】**

家永三郎・築島裕校注「憲法十七条」「上宮聖徳法王帝説」（家永三郎・藤枝晃・早島鏡正・築島裕校注『日本思想大系2　聖徳太子集』岩波書店、一九七五年）
石井公成『聖徳太子：実像と伝説の間』春秋社、二〇一六年
石原道博編訳『魏志倭人伝・後漢書倭伝・宋書倭国伝・隋書倭国伝：中国正史日本伝』新訂、一、岩波書店、岩波文庫、一九八五年
石原道博編訳『旧唐書倭国日本伝・宋史日本伝・元史日本伝：中国正史日本伝』新訂、二、岩波書店、岩波文庫、一九八六年
市大樹「黎明期の日本古代木簡」『国立歴史民俗博物館研究報告』第一九四集、二〇一五年三月
宇治谷孟『日本書紀　全現代語訳』下巻、講談社、講談社学術文庫、一九八八年

宇治谷孟『続日本紀　全現代語訳』上・中巻、講談社、講談社学術文庫、一九九二年
大庭脩『漢籍輸入の文化史：聖徳太子から吉宗へ』研文出版、研文選書、一九九七年
岡田英弘著・宮脇淳子編『漢字とは何か：日本とモンゴルから見る』藤原書店、二〇二一年
小川徹「日本最古の図書館「書屋」について」『図書館文化史研究』第十九号、二〇〇二年
小川徹・奥泉和久・小黒浩司『公共図書館サービス・運動の歴史』一、日本図書館協会、JLA図書館実践シリーズ四、二〇〇六年
小川徹「聖徳太子：著作者として姿を現した最初の人物、その書斎は最古の図書館」（小川徹・奥泉和久・小黒浩司『図書館と読書の原風景を求めて』青弓社、二〇一九年）
小野則秋『日本文庫史研究』改訂新版、上巻、臨川書店、一九七九年
金治勇『上宮王撰三経義疏の諸問題』法蔵館、一九八五年
坂本太郎『聖徳太子』新装版、吉川弘文館、人物叢書、一九八五年
坂本太郎『坂本太郎著作集第二巻　古事記と日本書紀』吉川弘文館、一九八八年
坂本太郎『坂本太郎著作集第六巻　大化改新』吉川弘文館、一九八八年
坂本太郎『坂本太郎著作集第九巻　聖徳太子と菅原道真』吉川弘文館、一九八九年
笹川尚紀『日本書紀成立史攷』塙書房、二〇一六年
新藤透『図書館の日本史』勉誠出版、ライブラリーぶっくす、二〇一九年
舘野和己「釈迦三尊像台座から新発見の墨書銘」『伊珂留我』第十五号、一九九四年四月
田中健夫編『訳注日本史料　善隣国宝記・新訂続善隣国宝記』集英社、一九九五年
土佐秀里「古代日本の蒐書と蔵書：日本上代文学形成の前提条件」『國學院雜誌』第一二〇巻第二号、二〇一九

年二月
土佐秀里『律令国家と言語文化』汲古書院、二〇二〇年
早島鏡正・築島裕校注「勝鬘経義疏」（家永三郎・藤枝晃・早島鏡正・築島裕校注『日本思想大系2　聖徳太子集』岩波書店、一九七五年）
花山信勝『聖徳太子御製　法華義疏の研究』東洋文庫、東洋文庫論叢第十八之一、一九三三年
花山信勝校訳『法華義疏』上・下巻、岩波書店、岩波文庫、一九七五年
花山信勝校訳『聖徳太子御製　勝鬘経義疏』第六刷、岩波書店、岩波文庫、二〇一三年

# 第四章　図書寮と朝廷の各種文庫

## 第一節　律令制定の経緯

### 律令制への道

皇極天皇四年（六四五）の乙巳の変によって蘇我本家を打倒した中大兄皇子、中臣鎌足らは、それまでの有力豪族の力関係によって左右される政治ではなく、天皇を中心とした中央集権国家の構築を目指しました。

実はそういった動きは、既に推古天皇のもとで聖徳太子が行っていた種々の改革にも萌芽がみられます。冠位十二階を制定して身分秩序を再編成し、さらに『天皇記』や『国記』といった歴史書も編纂し、天皇家と各豪族の系譜を明らかにしました。私が考えるに、主従の関係を明確にしたのでしょう。

しかし太子の改革は、蘇我馬子といった有力豪族の後ろ盾があってこそ成し遂げられたという側面も否定できず、必ずしも天皇中心の体制にすることができませんでした。

さて蘇我本家を倒した中大兄皇子たちは、大化二年（六四六）正月一日に改新《かいしん》の詔《みことのり》を発し、大化改新《たいかのかいしん》と呼ばれる政治改革を断行していきます。豪族の私有地や私有民をなくし、すべての土地・人民は天皇家に帰属する公地公民制を目標とし、班田収受法《はんでんしゅうじゅのほう》を実施しようと考えていました。また民衆を兵士として徴発し各地に軍団を作り、朝廷の直轄軍としたのです。

これらの改革は大化改新では完全には行うことはできず、後世の課題となります。

天智天皇二年（六六二）、即位せず称制《しょうせい》を行っていた中大兄皇子は、滅亡した百済救援のために朝鮮半島に出兵します。しかし唐・新羅連合軍に白村江《はくそんこう》の戦いで大敗し、逆に連合軍の日本侵攻を警戒しなければならなくなりました。この事態にいたって、朝廷は中央集権国家の構築を急ぎます。

さて中大兄皇子が即位して天智天皇になるのは、天智天皇七年（六六八）二月です。同年に、天皇は中臣鎌足に命じて「近江令《おうみりょう》」と呼ばれる全二十二巻の令を起草させたといわれています。しかし現存しておらず、また『日本書紀』にも記されていないので実在性が長年疑われている令です。

ちなみに律令とは律と令のことを指し、前者は今日の刑法、後者は行政法や訴訟法、民法なども含む「刑法以外の法」に相当します。

**飛鳥浄御原令《あすかきよみはらりょう》**

天智天皇の崩御後、壬申の乱と呼ばれる朝廷を二分する戦いが勃発します。それに勝利した大海人皇子《おおあまのおうじ》が即位して天武天皇となりました。天皇は、天武天皇十年（六八一）二月二十五日に詔を発して律令編纂を命じます。

二月二十五日、天皇・皇后ご一緒に大極殿にお出ましになり、親王・諸王および諸臣を召して詔し、「自分は今ここに律令を定め、法式を改めたいと思う。それ故皆この事に取りかかるように。しかし急にこれのみを仕事とすれば、公事を欠くことがあろうから、分担して行うようにせよ」といわれた。

（宇治谷孟『日本書紀　全現代語訳』下巻、二八六頁）

これが「飛鳥浄御原令」で、天武天皇在世中には完成できなかったようです。引き続き編纂が行われました。最終的に完成はしたようで、持統天皇三年（六八九）六月の『日本書紀』の記事でそれが確認できます。

（六月：引用者注）二十九日、中央の諸官司に令部《のりのふみ》一部二十二巻（飛鳥浄御原令か）を、分け下し賜わった。

全二十二巻からなる令のみ編纂されたようです。天武天皇は律編纂も命じているのですが、それは完成させることができなかったということなのでしょう。しかし、この飛鳥浄御原令も現存しておりません。実際どのようなものであったのかはよくわかっていないのです。

（宇治谷孟『日本書紀　全現代語訳』下巻、三二二頁）

## 大宝律令

飛鳥浄御原令完成後も、朝廷は律令編纂事業を継続しました。文武天皇四年（七〇〇）三月十五日の『続日本紀』の記事によれば、令が先に完成したとあります。

三月十五日　皇族・臣下たちに詔して大宝令の読習を命じ、また律の条文を作成させた。

（宇治谷孟『続日本紀　全現代語訳』上巻、三十頁）

大宝元年（七〇一）八月三日、大化改新から数えればおよそ半世紀に渡る朝廷の悲願である、わが国独自の律令が完成しました。大宝律令です。律は初めて編纂されました。

八月三日　三品の刑部親王《おさかべしんのう》・正三位の藤原朝臣不比等・従四位下の下毛野朝臣古麻呂《しもつけのあそんこまろ》・従五位下

の伊吉連博徳《いきのむらじはかとこ》・伊予部連馬養《いよべのむらじうまかい》らに命じて、大宝律令を選定させていたが、ここに初めて完成した。大略は飛鳥浄御原の朝廷の制度を基本とした。この仕事に携った官人に、身分に応じて禄を賜わった。

（宇治谷孟『続日本紀　全現代語訳』上巻、四十三頁）

大宝律令は律六巻と令十一巻からなっていました。刑部親王と藤原不比等が編纂の責任者でした。完成した律令は学者によって各地に広められます。

八月八日　明法博士《みょうぼうのはかせ》を六道〈分注。七道の中から西海道を除く〉に派遣して、新令（大宝令）を講釈させた。

（宇治谷孟『続日本紀　全現代語訳』上巻、四十四頁）

明法博士は、大宝令に規定されている大学寮《だいがくりょう》に所属している官人です。新しく律令が制定されたので、その内容を正確に地方に伝えるために中央官庁の役人が派遣されたのです。

この時大宝律令は公布されただけで、施行はまだされていませんでした。施行されたのは翌年の大宝二年（七〇二）のことです。

二月一日　初めて新律（大宝律）を天下に頒布した。

（宇治谷孟『続日本紀　全現代語訳』上巻、四十八頁）

十月十四日　大宝律令をすべての国に頒布した。

（宇治谷孟『続日本紀　全現代語訳』上巻、五十四頁）

このように最初に律を施行させて、半年空けて令も施行させたようです。

大宝律令は日本で初めての本格的な律令で、この制定をもって律令国家が誕生したといえます。天皇の下に二官（神祇官・太政官）を置き、太政官の下に八省（中務省・式部省・治部省・民部省・大蔵省・刑部省・宮内省・兵部省）を据え、官僚機構が整備されたのです。官庁では文書の書式が定められ、正式な文書には印が捺されなくてはならず、また元号使用も本格的に始まりました。わが国の元号は「大化」が第一号ですが、大宝以前の元号は連続して制定されていませんでした。それが大宝以降途切れることはなくなったのです。現代の令和にまでずっとつながっています。

地方には国・郡・里などの行政単位が決められ、中央から国には国司が派遣されてきました。その下の郡には在地豪族が任命される郡司がいました。

中央・地方ともに官僚機構がかっちりと決まり、それまでの口頭による伝達から文書による行政処理に転換しました。当然ながら紙、木簡、竹簡などの記録媒体も大量に製作され消費されました。文書主義なので、保管しておく必要も生じてきました。

このように大宝律令が制定された意義はかなり大きいのですが、残念なことに現存はしておりません。『続日本紀』や『令集解《りょうのしゅうげ》』などに、一部分が確認されているのみです。

## 養老律令

大宝律令が制定された後も、朝廷は律令の編纂事業を継続させました。大宝律令もいろいろと不備な点があったため、施行後も藤原不比等によって改定作業が継続されていたのです。

養老二年（七一八）に養老律令が完成されたといわれていますが、実はいつ完成したのか諸説があってはっきりとはわかりません。その二年後に不比等は死去してしまいますので、以降は律令の改定作業は行われなかったと考えられます。

養老律令が施行されたのは天平宝字元年（七五七）五月のことです。『続日本紀』に孝謙天皇の勅命が引用され、そこにこのように書かれています。

五月二十日（中略）
この頃、官人を選考して、位階を定めるのに、格（慶雲三年二月二十五日に出た）に依拠して進級する階数を定めているが、その結果人々の位階が高くなり、適当な官職に置かれることが難しくなった。そこで今後は新令に依ることにせよ。この令は朕（孝謙天皇：引用者注）の外祖父故太政大臣の藤原不比等が、勅命をうけて編修した律令である。これを諸司に布告して早く施行するようにせよ。

（宇治谷孟『続日本紀　全現代語訳』中巻、一四七〜一四八頁）

この「新令」というのが養老令のことを指します。この勅命によって不比等が編纂していた養老律令が施行されたと解釈されています。

養老律令は律十巻十二編、令十巻三十編から成っていましたが、実は戦国時代に散逸してしまい現存していません。ただし令については、その解説書である『令集解』や『令義解』などにみられ、また律についても逸文収集が積極的に行われた結果、今日では研究者によって復元されています。

この養老律令は、内容を補完する格式《きゃくしき》が制定され長く施行されました。しかし桓武天皇は、養老令に続く新しい律令編纂を命じて删定律令《さんていりつりょう》を公布しましたが、却って混乱して短期間で施行停止となり、再び養老律令にもどる事態になってしまいました。

平安中期以降は律令体制が形骸化しはじめ、養老律令は実質的にその役目を終えます。形式的には明治初期まで有効でした。

# 第二節　図書寮の組織と役割

## 中務省の仕事

日本で初めて法によって規定された文庫は図書寮です。また文献史料によって存在がはっきりと確認できる最古の文庫も図書寮になっています。

では図書寮とはどういった組織で、何を職務としていたのでしょうか。ここでは随時律令を引用しながら確認をしていきたいと思います。

「律令」と書きましたが、前述したように律は今日の刑法、令は行政法などに該当します。したがって、図書寮の規定は令に規定されています。大宝元年（七〇一）に制定された大宝令は現存していないので、養老令で図書寮の条文を読んでいきます。

まず図書寮は、太政官の下部に属している中務省《なかつかさしょう》の管轄になっています。この役所はどういった役割を担っていたのでしょうか。

養老令の職員令第二には、中務卿《なかつかさきょう》（長官）の職務として次のように書かれています。なお養老令の引用は、書き下し文に直されている『日本思想大系』（岩波書店）本を使用します。

中務卿

（中略）

卿一人。掌らむこと、侍従《おほとづかへ》せむ、献《たてまつ》り替《す》てむ、礼儀《らいぎ》を賛《たす》け相《みちび》かむこと、詔勅の文案を審署《しんじょ》し、事を受けて覆奏せむこと、宣旨、労問のこと、上表受け納れむ、国史を監修せむこと、及び女王《にょわう》、内外の命婦《みゃうぶ》、宮人《くうにん》等の名帳《みゃうちゃう》、考叙《かうじょ》、位記のこと、諸国の戸籍、租調帳、僧尼の名籍《みゃうじゃく》の事。

（井上光貞・関晃・土田直鎮・青木和夫校注『日本思想大系3　律令』一六〇～一六一頁）

中務卿の仕事をまとめると、このようになります。

①天皇の側近くに仕えて是非を献言すること。
②宮中での礼儀について天皇を補佐すること。
③内記が作成した詔勅の文案を審査し、問題なければ署名して天皇に上げること。
④天皇の命を受けて相違ないか確認を取ること。
⑤宣旨、労問（天皇が臣下を慰労すること）などの取次。
⑥天皇に奉る上表の確認。
⑦図書寮が監修する国史を更に監修すること。
⑧女王、命婦、宮人などの名帳（名簿）、考叙（勤務評定と叙位）、位記（位を授けられる者に与えられる文書）の管理

⑨諸国の戸籍、租・調の税帳、僧尼の名簿を管理。

つまり天皇の補佐を行う機関だということでしょう。天皇が出す命令や天皇に奉る書もすべて中務卿を経由して行うことと定められていますので、かなり重要な役職であったことがうかがえます。したがって中務省のトップである卿は、平安時代以降は親王から選ばれていました。奈良時代も正四位上相当ですから、かなり高い位階をもっている人物が選抜されました。

また、中務省は後宮女官の人事や宮中の警備や行幸の際の警護役なども務めていました。天皇の政務に関して広く全般的に補佐する政府機関であったのです。

図書寮はそこに所属していたという事実を踏まえて、その役割を考えなくてはなりません。

## 図書寮の名称

図書寮の上部機関である中務省の職務がわかったところで、いよいよ図書寮についてみていきましょう。

まずこの役所の読み方ですが、『和名類聚抄』によると「不美乃豆加佐」と書いてあり、これは「ふみのつかさ」と読みます。一方で「図書」は当時一般的に「ずしょ」と発音していたので、「ずしょりょう」とも読まれていました。

役所の位置は、『官職備考』によれば平城京の上東門大路の西右近衛府の東にありました。

ちなみに図書寮は、橘奈良麻呂の乱の計画が密議された場所でもあります。天平宝字元年（七五七）七月四日、謀反の陰謀を図書寮の倉の近くの庭で行ったと、小野東人《おののあずまひと》が自白しています（宇治谷孟『続日本紀　全現代語訳』中巻、一五六頁）。

奈良麻呂一派を排除したあとに政権を握ったのが藤原仲麻呂でした。仲麻呂は政権を掌握していた時期に、国家機関の名称をすべて唐風（中国風）に改めたことがあります。図書寮とその上級官庁である中務省も改名させられました。天平宝字二年（七五八）八月二十五日のことです。『続日本紀』には次のように記されています。

この日、大保・従二位兼中衛大将の藤原恵美朝臣押勝、（中略）勅を奉じて、官職名を以下のように改易した。

（中略）

中務省は勅語を宣べ伝えるのに、必ず信用がなければならない。故に信部省と改める。（中略）図書寮は典籍を管理して、内裏に奉仕することを掌る。故に内史局と改める。

（宇治谷孟『続日本紀　全現代語訳』中巻、二〇七〜二〇八頁）

官職をすべて唐風に変更したのは勅をもって発せられました。当時の天皇は「淡路廃帝《あわじはいたい》」と後に称される淳仁天皇でしたが、事実上は藤原仲麻呂が実権を掌握していました。「勅」とはいえ仲麻呂の強い意向であったわけです。

図書寮は内史局と改称させられました。ただこの勅には、ごく簡単に役所の機能を説明しているところがあります。内史局は「典籍を管理して、内裏に奉仕すること」であるとされています。ところが内史局の名称は長くは続きませんでした。淳仁天皇・藤原仲麻呂と、先代の孝謙上皇とその寵愛を受けた弓削道鏡《ゆげのどうきょう》との関係が悪化し、遂に仲麻呂は天平宝字八年（七六四）九月に挙兵をしますが上皇方に敗北してしまいます。仲麻呂は九月十八日に斬殺されました。

仲麻呂の乱に天皇は加担をしませんでした。早くも九月二十二日には次のような勅を出しています。

九月二十二日　高野天皇（淳仁天皇：引用者注）は「反逆人恵美仲麻呂が政治をとっていた時、奏上して官名を改称したが、よろしくもとの官名に戻すようにせよ」と勅した。

（宇治谷孟『続日本紀　全現代語訳』中巻、三二五頁）

この勅により信部省は中務省に、内史局は図書寮にと元の名称に戻りました。天皇としては上皇に恭順の意を表したのでしょうが、上皇は納得しなかったようです。反乱が終結した翌月、天皇は淡路国に流されてしまいます。ここから「淡路廃帝」と後世呼ばれるのです。天皇を流したあとに孝謙上皇は重祚《ちょうそ》して称徳天皇となります。称徳天皇・道鏡の政権となるのです。

以降、図書寮の名前は変更されず明治維新にいたりますが、その機能は律令制の崩壊とともに早くから機能不全に陥ってしまっていたようです。

次に図書寮の組織についてみていきましょう。

## 図書寮の組織

養老令には次のように規定されています。

- 図書頭《ずしょのかみ》……図書寮の長官　一名
- 図書助《ずしょのすけ》……長官の補佐　一名
- 大允《だいじょう》　一名
- 少允《しょうじょう》　一名
- 大属《だいぞく》　一名
- 少属《しょうぞく》　一名
- 写書手《しゃしょしゅ》　二十名
- 装潢手《そうこうしゅ》　四名
- 造紙手　四名
- 造筆手　十名
- 造墨手　四名
- 使部《つかいべ》　二十名
- 直丁《じきてい》　二名

・紙戸《かみへ》

職員は七十名配置されていたようです。もっともこれは、あくまで養老令に規定されている数字ですので、ほんとうに七十名いたのかどうかはまた別の話です。

ではどのような仕事をしていたのでしょうか。

## 図書寮の職務

養老令には図書寮の仕事についても記載があります。トップである図書頭の仕事は次のように書かれています。

掌らむこと、経籍《きやうじやく》図書《づしょ》のこと、国史を修撰《しゅせん》せむこと、内典、仏像、宮の内の礼仏《らいぶち》のこと、校《けう》写《しゃ》、装潢、功程《くうぢゃう》のこと、紙筆墨給はむ事。

(井上光貞・関晃・土田直鎮・青木和夫校注『日本思想大系3 律令』一六二頁)

ひとつひとつ確認をしていきましょう。「経籍図書」の「経籍」とは儒教の古典のことを指します。律令の解説書である『令集解《りょうのしゅうげ》』によると、「経」は五経のことを意味しており、「籍」とは五経に『春秋』を加えた「六籍」のことを意味していると書いてあります(黒板勝美・国史大系編修会編『新訂増補国史大系 令集解』普及版、第一、六十七頁)。

「図書」とは「河図洛書《かとらくしょ》」のことを意味しています。「河図洛書」とは『易経』に書かれている言葉なのですが、「河は図を出し、洛は書を出す。聖人これに則る」を縮めたもので、「河」とは黄河を指し、「洛」とは黄河の支流の一つで現在は洛河と呼ばれている洛水のことを指します。

「河図洛書」にはこのような伝説があります。伝説上の帝王である伏羲《ふくぎ》の時代に、黄河から身八丈（約二十七メートル）以上もある龍馬《りゅうめ》が出現し、その背に「図」が描かれていました。また、中国最古の王朝といわれる夏王朝（紀元前一九〇〇年頃～紀元前一六〇〇年頃）を創業した禹《う》の治世下に、洛水から出た神亀の背中に書いてあった文字を「書」といいました。「図」は物の形を描いたものであり、「書」は書き記したものの形象です。「図」と「書」が組み合わさって「図書」となったといわれています。

したがってこの「図書」という言葉は、現代のように書物全般のことを意味するわけではなく、儒教関係の書籍のみを指す言葉だったのです。

次に「国史を修撰せむ」とありますが、これは文字通り国史を編集することでしょう。

さらに「内典、仏像、宮の内の礼仏のこと」とは、「内典」とは仏教典のことを意味します。「宮の内の礼仏」とは宮中の法会《ほうえ》のことでしょう。つまり図書寮は仏教典や仏像を管理して宮中の法会に供する、と読めます。

「校写、装潢、功程のこと」とは、写書手・装潢手の工程を管理することを指しています。書写や装潢を行う職人を監督して円滑に業務を行わせるようにする、という意味でしょう。

「紙筆墨給はむ事」とは、造紙手以下の工程を管理して紙・筆・墨を製作し、図書寮をはじめとして各省の役人に支給することを意味しています。

書写・装潢、紙・筆・墨の製造など、かなり幅広い仕事を図書寮が行っていたことがわかります。まとめると左記のようになるでしょうか。

図書寮では紙・筆・墨を製造して役所に配分していました。律令の施行細則である『延喜式』には役所ごとの配分の割合が細かく定められています。また経籍・図書を管理してその保存作業も行っていました。太政官符《だいじょうかんぷ》をはじめとする公文書作成に必要な参考文献や、その控えをとるなどの業務（書写）も行っていました。

国史編集については後述しますが、実は自ら歴史書編纂は行っていなかったようです。おそらく国史編纂に必要な代々の天皇の記録を長く保管する役割だったのではないかと思われます。

さらに宮中の儀式で使用される仏像や仏教典も管理していました。これらは必要に応じて貸し出していたのでしょう。現代の国立図書館とはだいぶ違った仕事をしていたようです。

次に図書寮配下の写書手、装潢手、造紙手などの職人の仕事内容についてみていきます。

## 書写・装潢

養老令では図書頭の部下の職務についても、簡単ではありますがふれています。ここでは写書手と装潢手についてみていきましょう。

写書手二十人。掌らむこと、書史《しょし》を校写《けうしゃ》せむこと。

（井上光貞・関晃・土田直鎮・青木和夫校注『日本思想大系3　律令』一六二頁）

写書手は定員が二十人で、その仕事は「書史」を写して校正することだと読めます。「書史」とは一般に書物のことだといわれています。図書寮に収蔵されているものを写したのでしょうが、それだけではありません。

奈良時代は文書によって行政事務が行われるようになったので、朝廷から出される命令や指示も口頭ではなくなってきました。太政官からは「符《ふ》・牒《ちょう》」によって指示が出されていました。「符」や「牒」とは上級の官庁から下級官庁に向けて差し出す命令書のことで、律令では公文書として書式がそれぞれ決まっていました。符牒を出す際には控えも取っておくので、そのために書写作業をする職人が写書手であったのです。

次に装潢手の仕事内容は次のように規定されています。

装潢手四人。掌らむこと、経籍《きゃうじゃく》を装潢せむこと。

（井上光貞・関晃・土田直鎮・青木和夫校注『日本思想大系3　律令』一六二〜一六三頁）

装潢手とは「経籍」を装潢する職人のことだとあります。その定員は四名でした。「経籍」は前に説明しましたが、儒教と陰陽五行の書物のことです。「装潢」とは文書を黄蘗《きはだ》で染めて虫食いを防ぐという意味です。つまり装潢手とは、経籍に装潢を施して虫食いなどを防ぐ職人だということでしょう。

## 紙・筆・墨

図書寮では紙・筆・墨も製造していました。

紙は造紙手によってつくられました。養老令の規定では次のように記されています。

造紙手四人。掌らむこと、雑《くさぐさ》の紙造らむこと。

(井上光貞・関晃・土田直鎮・青木和夫校注『日本思想大系3　律令』一六三頁)

この造紙手の下に、「紙戸」と呼ばれる製紙技術をもつ品部《しなべ》(特殊技術者集団)が置かれました。「紙戸」とは令の注釈書である『令集解』によると、山背国《やましろのくに》に五十戸で構成されていた品部の一つということです。紙戸は毎年十月から翌年三月にかけて図書寮に入って紙を製造していました。課役を免除されていたとあります(黒板勝美・国史大系編修会編『新訂増補国史大系　令集解』普及版、第一、六十八頁)。

さて紙の原料はどのように集めていたのでしょうか。実は「年料」として、地方から中央に貢進する物品になっていました。『延喜式』にその規定が詳細に記されています。

凡そ年料、造るところの紙二万張〈長さ二尺二寸、広さ一尺二寸〉の料。紙麻《かみそ》小二千六百斤〈一千五百六十斤は穀《かじ》の皮、一千四十斤は斐《ひ》の皮、みな諸国の進るところ〉、藁五百囲〈河内国の進るところ〉（以下略）

（虎尾俊哉編『訳注日本史料　延喜式』中巻、二〇九、二一一頁）

図書寮は一年間に紙二万張を製造していたようです。そして紙の原料となる紙麻は、筑前、筑後、豊後、肥前、日向など九州の諸国から奈良に集められたもののようです。これらはみな税として徴収されました。

紙漉きは図書寮付属の紙屋院《かみやのいん》で行われていました。紙を造るのに必要な藁《わら》、篩《ふるい》、紙を漉くための簀《す》、灰汁《あく》を抽出して紙の原料を煮熟する際に用いた木連の灰、漉き上がった紙を収めたと思われる明《あか》櫃《ひつ》、筵《むしろ》なども徴収した税でまかなっていました。

紙屋院で製造した紙は、内蔵寮《くらりょう》に納められました。朝廷の儀礼で使用される紙、寺院で写経に使用される紙、さまざまな役所で使用される紙も図書寮付属の紙屋院で造られていたのです。

また筆も造筆手によってつくられていました。

造筆手十人。掌らむこと、管造《つつ》らむこと。

（井上光貞・関晃・土田直鎮・青木和夫校注『日本思想大系3　律令』一六三頁）

「管」とは筆のことを指します。筆づくりの職人は十人召抱えていました。筆先はさまざまな動物の毛で作られていたようで、高級品から安価な物までいくつかの種類があったようです。

凡そ筆を造ること、長功は日に兎の毛十一管〈狸の毛もまた同じくせよ〉、鹿の毛三十管。中功は日に兎の毛十管、鹿の毛二十五管。短功は日に兎の毛八管、鹿の毛二十管。

（虎尾俊哉編『訳注日本史料　延喜式』中巻、二一九、二二一頁）

長功・中功・短功と、それぞれの用途に応じて各種の筆を造る際の、一日の製造本数が決められています。ウサギが最も高価で次がタヌキ、シカが最も安かったようです。このようなノルマが職人には課せられていたのです。

また図書寮では紙、筆だけではなく墨も製造しています。養老令では次のように書かれています。

造墨手《ぞうもくしゅ》四人。掌らむこと、墨造らむこと。

（井上光貞・関晃・土田直鎮・青木和夫校注『日本思想大系3　律令』一六三頁）

四人の墨を造る職人が配置されていたようです。『延喜式』によれば、それとは別に造墨長上という造墨手四人を統括する管理責任者がいたようです。図書寮では年間四百個ほどの墨を製造していま

した（虎尾俊哉編『訳注日本史料　延喜式』中巻、二一一、二一三頁）。

現代でいえば、国立図書館に製紙工場と文具工場を合わせた施設が、奈良時代の図書寮でした。

## 第三節　図書寮が所蔵していた書物

### 「経籍図書」と「内典」

養老令を読むことによって図書寮の職務がよくわかりましたが、ここから図書寮が所蔵していた書物の種類が推測できます。「経籍図書」と「内典」です。

つまり儒教の古典や陰陽五行の本、仏教典などを主に所蔵していたことがうかがわれます。

### 国史編修の実態

養老令には「国史編修」も行っていたと記されていますが、これについて検討してみましょう。

図書寮が成立して以降編纂された国史には、『日本書紀』を除く『続日本紀』『日本後紀』『続日本後紀』『日本文徳天皇実録』『日本三代実録』の「五国史」がありますが、実はこれらを編纂した人物で図書寮に所属していた者は、『続日本紀』編纂者の菅野真道《すがののまみち》ただ一人です。

真道は延暦七年（七八八）に図書助《ずしょのすけ》、翌八年（七八九）に図書頭になります。ちょうど桓武天皇の勅命により、『日本書紀』の後を受けた正史である『続日本紀』の編纂が再開されていました。『続日本紀』の編纂は光仁天皇の勅命により開始されていましたが、未完成に終わっていました。桓武天皇はその仕事を継続したというわけです

> さて、桓武天皇は王者として天下に臨み、気持ちを引き締めて広く思慮し、国史編纂事業の途絶を憂え、その欠を補おうと意図し、私（藤原継縄《つぐただ》：引用者注）と正五位上行民部大輔《みんぶのたいふ》兼皇太子学士《こうたいしのがくし》左兵衛佐伊予守《さひょうえのすけいよのかみ》臣菅野朝臣真道・少納言従五位下兼侍従守右兵衛佐行丹波介《たんばのすけ》臣秋篠朝臣安人《あきしのあそんやすひと》らとに命じて、編修事業を推進して、先典である『日本書紀』に続く国史を作らせることになりました。
> （森田悌『日本後紀　全現代語訳』上巻、六十五頁）

『続日本紀』は、延暦十三年（七九四）八月十三日に一旦完成しました。

> 癸丑《十三日》　右大臣従二位兼行皇太子傅中衛大将《こうたいしのふちゅうえのたいしょう》藤原朝臣継縄らが、勅を奉じて国史（『続日本紀』）を編修する事業が完了し、参内して次の上表文（臣下が天皇へ上申する時の書式）を捧呈した。
> （中略）
> 勅により、奏進された国史を朝廷の書庫である図書寮へ納めた。
> （森田悌『日本後紀　全現代語訳』上巻、六十四～六十六頁）

藤原継縄らが『続日本紀』を編纂して、桓武天皇に捧呈したと書いてあります。そして天皇はそれを図書寮に納めさせたというのです。

ただこの『日本後紀』の記述から読み取れることは、図書寮は『続日本紀』編纂のために役立てられていないということです。確かに編纂者の一人である真道は重要な役割を担ったのでしょうが、図書寮がどのように編纂のために活用されたのか、その記述が全く見られません。図書寮の名がはっきりと確認されるのは、一旦完成した『続日本紀』を収蔵しておく場所として登場します。

桓武天皇は再度勅命を菅野真道らに下して、再び『続日本紀』編纂を開始させ、延暦十六年（七九七）二月十三日に『続日本紀』は最終的に完成します。『続日本紀』編纂の様子はこのように描写されています。

私たち（菅野真道ら：引用者注）は諸官司に資料を求め、旧事を故老に問い、散逸を免れた資料を綴り合わせ、文書の伝わらない箇処は補い編修し、正しい議論や策略で後世に伝えるに足るものはすべて記述し、細事や日常的な事項で記録する必要のないものは省略して二十巻とし、先に上進した分と併せて九十五年、四十巻としました。

（中略）

私たちは狭い知見のまま国史を編修してしまいました。愚かなまま歳月を重ね、伏して慄《おのの》くばかりです。謹んで進上し、宮中の書庫である策府（図書寮）へ納めたいと思います。

（森田悌『日本後紀　全現代語訳』上巻、一三五～一三六頁）

『続日本紀』編纂の様子がわりあい具体的に描写されていますが、図書寮で編纂が行われたとは書かれていません。ただ完成した『続日本紀』は、図書寮に所蔵されたと記されています。『続日本紀』の事例からいえることは、図書寮は国史編纂の拠点として利用された気配はなく、単に完成した本を収蔵しておく施設として利用されています。

そもそも国史編纂の際には、臨時の編纂局（撰国史所）が置かれるのが通例となっていて、図書寮がどのような形で関与していたのかはっきりとはわからないのです。坂本太郎氏は六国史の編纂は政府によって行われたとし、次のように述べています。

撰者には首班として皇族か大臣があたり、その下に才能のすぐれた高級官僚と当代一流の学者とがえらばれ、撰修の役所としては、撰日本紀所または撰国史所という部局が政府内に設けられた。材料は図書寮で筆録せられた記録や、式部省で撰修した功臣の伝記を用いたほか、その時に応じて必要な史料を政府の命をもって提出させもした。

（坂本太郎『坂本太郎著作集第三巻　六国史』十四～十五頁）

この「図書寮で筆録せられた記録」について、坂本氏は政府が自らの行為を日々記録した「日次《ひなみ》記《き》」ではないかと指摘しています（坂本太郎『坂本太郎著作集第三巻　六国史』五十四頁）。他にも国史編纂のためにはさまざまな記録を資料として使用しましたが、図書寮はこういった記録を蒐集して、「撰日本紀所」や「撰国史所」に提供したのではないでしょうか。

そうすると、図書寮の役割は「原資料となる記録（「国史」）を国史編纂局に提供する役割を担っていた」と考えられます（虎尾俊哉編『訳注日本史料　延喜式』中巻、一一六一頁）。

やはり図書寮は記録・資料の集積場であったのでしょう。ただ集積場とはいえ、未整理で乱雑な状態で保管されていたわけではないと思います。きちんと整理され、国史編纂の進行に応じて適切な資料を素早く提供できるような体制が築かれていたと考える方が自然です。

## 仏教経典の収蔵

図書寮には大量の経典も所蔵されていたことが、「正倉院文書」などの諸種の史料から判明しています。

これらの経典はどこから図書寮にもたらされたのか、はっきりとわかっていません。この点について本書は、栄原永遠男《さかえはらとわお》氏の説を紹介します。

図書寮に所蔵されていた経典は、さまざまな機会に内裏に献上されたもので最終的に図書寮に集められたものだと栄原氏は考えています。つまり図書寮に所蔵されていた経典は、朝廷が意図的・系統的に集めたものではなく、結果として集積されてしまったものであるというのです。したがって不規則に増加していく性質があって、神護景雲二年（七六八）十二月段階で四三〇〇巻程度あったとしていいます（栄原永遠男『奈良時代の写経と内裏』一七七〜二〇五頁）。図書寮が所蔵していた経典ということで、「寮経」と史料には記されています。

図書寮には「寮経」だけではなく、「寮一切経」というものもありました。これは藤原豊成が内裏に献上した一切経（「豊成経」）を含む経典群であると栄原氏は指摘しています（栄原永遠男『奈良時代の写経と内裏』二〇七〜二三二頁）。

以上の点から、かつて図書寮には多くの経典が所蔵されていたことが推測されます。当然この中には日本で写された経典だけではなく、中国から渡ってきたものもあると考えられます。ではここで少し奈良時代の漢籍輸入についてふれておきたいと思います。

## 奈良朝の漢籍輸入

奈良時代の「外国」といえば中国と朝鮮が想定されていました。特に中国の隋や唐からは多くの書物を輸入したことがわかっています。内容は儒教や仏教関係のものが中心でした。

『旧唐書《くとうじょ》』の「倭国日本伝」には、玄宗皇帝の時に日本から来た遣唐使が、儒学者に教えを請うたことや、帰国の際には大量の書籍を買ったことが記されています。

開元（第六代玄宗、七一三―四一）の初め、また使を遣わして来朝した。そこで儒士に経を授けられるよう請うた。四門助教（従八品上）趙玄黙に詔し、鴻臚寺《こうろじ》（外国事務をつかさどる役所）についてこれを教えさせた。そこで玄黙に闊《かつ》幅布（ひろはばの布）をおくり、束修（入学の謝礼）の礼とした。（中略）得たところの錫賚《しらい》（たまもの）、ことごとく文籍をかい、海上を通って還った。
（石原道博編訳『旧唐書倭国日本伝・宋史日本伝・元史日本伝：中国正史日本伝』新訂、二、九十五頁）

これは中国側の史料ですが、日本側の記録でも漢籍輸入のことは確認できます。『続日本紀』天平七年（七三五）四月二十六日条には次のようにあります。

入唐留学生で従八位下の下道朝臣真備《しもつみちのあそんまきび》が唐礼百三十巻（唐の高宗の永徽礼《えいきれい》）・太衍暦経《たいえんれききょう》一巻（太衍暦の理論を記す）・太衍暦立成十二巻（中略）・楽書要録十巻（則天武后撰の音楽書）（中略）を献上した。
（宇治谷孟『続日本紀　全現代語訳』上巻、三四七頁）

遣唐使として唐に渡っていた吉備真備が、『唐礼』一三〇巻と暦や音楽書なども入手して日本に持ち込んだとあります。

『続日本紀』天平十八年（七四六）六月十八日条にある、僧侶の玄昉入寂《げんぼうにゅうじゃく》の記事ですが、玄昉の功績として次のことが挙げられています。

僧の玄昉が死んだ。玄昉は俗姓を阿刀《あと》氏といい、霊亀二年に入唐して学問に励んだ。（中略）天平七年、遣唐大使の多治比真人広成《たじひのまひとひろなり》に随って帰国した。帰国に際して仏教の経典およびその注釈書五千余巻と各種の仏像をもたらした。

（宇治谷孟『続日本紀　全現代語訳』中巻、五十三頁）

玄昉も遣唐使の一行に加わって唐に入り、多くの仏教典を帰国の際に日本に持ち帰ったとあります。また仏像ももたらしたようです。

実は真備と玄昉は、共に養老元年（七一七）の遣唐使の随員として唐に渡った人物です。大庭脩氏によれば、真備は仏書以外の書物、玄昉は仏典を分担して持ち帰ったと指摘しています（大庭脩『漢籍輸入の文化史』六十四頁）。

輸入された漢籍のすべてが図書寮に収蔵されたとはいいませんが、国家使節である遣唐使が持ち帰ったものですので、多くが図書寮の蔵に収められたのではないでしょうか。

玄昉などは大量の仏教典も持ち帰っていますが、「寮経」と呼ばれたものの一部に含まれている可能性もあります。では図書寮には長く経典が保管されていたのかといえば、そうとはいえません。

### 「図書寮経」のゆくえ

実は、これらの仏経典は天平勝宝年間（七四九〜七五七）以降、東大寺写経所に大量に移管されたと考えられています。

例えば、天平勝宝六年（七五四）二月二十七日に東大寺写経所は、図書寮から『法華経』一部、『最勝王経』二部、『薩遮尼乾子経《さっしゃにけんしきょう》』一部を受け取っています（栄原永遠男『奈良時代の写経と内裏』一八三頁）。東大寺ではこれらの経典は、「図書寮経」「寮経」あるいは単に「寮」と呼称されていたようです。

東大寺に移管された理由は、そこで行われた写経事業のためです。そしてそのまま東大寺に止め置かれたようです。このことから推測すると、図書寮にはこれらの経典を主体的に出納する役割はあまり期待されていなかったようです。図書寮も東大寺も同じ奈良の平城京にあったわけですので、図書寮の出納機能がきちんと役割を果たしていれば、写経の進行速度に合せて東大寺に貸し出しを行っていれば良いはずです。しかしながら大量の経典を一括して東大寺に貸し出していることをみると、一時的に経典を保管する蔵として図書寮はみられていたのでしょう。

図書寮は現代の図書館よりも保管施設としての性格が強いと指摘しましたが、ではまったく「利用」については考慮されていなかったのでしょうか。

# 第四節　図書寮所蔵資料の利用実態

## 仏教典・仏具・布施

図書寮に所蔵されている書物や仏像などは、ただ後世に残すためだけに蒐集して保管されていたわけではありません。朝廷の儀式に使用されるために保管されていたわけで、その点ヨーロッパ中世の修道院図書館のように保存一辺倒の施設ではなかったことになります。

『延喜式』には正月の「最勝王経斎会」で使用される仏具や経典について、「仏像・雑具はみな寮庫に収め、事に臨みて出だし用いよ」（虎尾俊哉編『訳注日本史料　延喜式』中巻、二〇一頁）とあります。またこのような規定もあります。これは「布施条」で、布施に関する決まりです。

凡そ宮中の礼仏三宝の布施は、寮庫に収め納れて官の処分を聴け。

（虎尾俊哉編『訳注日本史料　延喜式』中巻、二〇七頁）

「宮中」とは具体的には内裏にある殿舎のひとつで、おそらく平城京では天皇が日常を過ごしていた仁寿殿《にんじゅでん》ではないかと推定されています。ちなみに平安中期以降、天皇の日常の御座所は清涼殿《せいりょうでん》に移動します。

仁寿殿に安置されている天皇の御持仏の布施は、一旦図書寮に納めて「官の処分」、つまり太政官の処分を待ちなさい、という意味でしょう。布施も一旦は図書寮に納められたようです。

また「写経条」には、「一代一度仁王会《いちだいいちどのにんのうえ》」のために用意する『仁王経』十九部を写し終えたら、「三月以前に写し訖りて、寮蔵に収めよ」（虎尾俊哉編『訳注日本史料　延喜式』中巻、二〇七頁）とあります。

「一代一度の仁王会」とは、「コトバンク」に収録されている「精選版日本国語大辞典」によると次のように解説されています。

天皇一代に一度行なう仁王会。天皇の即位に当たって宮中をはじめ諸国をあわせて百の高座を設け、仁王護国般若経を読誦して、国家の安泰、長久を祈った儀式。一代一講の仁王会。

（「一代一度の仁王会」「コトバンク　精選版日本国語大辞典」）

天皇の代替わりの際に営まれる行事ですので、かなり重要なものです。そこで使用される経典も本番まで図書寮に収められていたようです。

## 写経

写経条には「三月以前に写し訖《おわ》りて」とあります。これは前年の四月から書写を始めて、翌年の三月までに完成させるという意味ですので、一年がかりの大事業でした。

写経条には、『仁王経』書写の体制も記されています。用紙が七一〇張《ちょう》、巻物の表紙に使用される褾紙《そでがみ》が十九張、書き損じのための予備紙が二十七張などとあります。さらにウサギの毛の筆が七本、シカの毛の筆が二本で、墨は三廷《てい》半が必要であると規定されています。「廷」はもともと鉄の重さの単位で、一廷はおよそ三キロです。そうすると合計十・五キロの重さになります。写経には大量の墨が必要とされていました。

人員は、書き手が七人で一日に七張書き写すノルマがあり、装丁する職人が一人、校正者が一人で、一日に二十張校正するノルマがあり、再校も行いました（虎尾俊哉編『訳注日本史料　延喜式』中巻、二〇七頁）。校正の仕事内容は現代と同じで、書き写した『仁王経』の誤字・脱字等を正すことです。

なお、当時の書物は巻物（巻子本《かんすぼん》）が一般的でしたので、一張とは紙一枚を指しました。

## 貸し出し

さて、書物も図書寮には収蔵されていたことは前述しましたが、親王や一部の貴族には貸し出しも許されていたようです。

それが神亀五年（七二八）九月六日に、聖武天皇はこれを禁止してしまいました。『類聚三代格』巻十二禁制事には次のように記されています。ここでは小野則秋氏による訳文を引用します（傍線引用者）。

勅す。図書寮に蔵むる所の仏像及び内外の典籍、書法、屏風、障子并に雑図絵等の類、一物已上輙《すなわ》ち今より以後、親王以下及び庶人に借すことを得ず、若し奏聞せずして私にする者は、本司違勅の罪に科せん

（小野則秋『日本図書館史』補正版、十八～十九頁）

傍線部に着目すると、これ以降図書寮に所蔵されているものは天皇の許可がないと貸与できないと読めます。逆に言えば、それ以前は貸与が可能であったということです。「親王以下及び庶人」は禁止ということなので、天皇は閲覧が可能であったということでしょう。

聖武天皇が、図書寮蔵書の天皇以外の貸し出しを禁じた理由はよくわかっていませんが、天皇が特権的に図書寮蔵書を閲覧できるようにしたことで、天皇権力の強化を図ったとも解釈できますし、単に資料保存のためかもしれません。同時期に奈良に写経所が設置されましたが経典は普段図書寮に保管されているので、安定的に経典を写経所に貸し出せるようにこの措置がとられたと見る説もあります（小野則秋『日本文庫史研究』改訂新版、上巻、六十一頁）。

いずれにしても聖武天皇がこのような勅を出す前には、ごく一部の人物とはいえ貸し出しが許されていたのです。

図書寮には天皇家の儀礼にまつわる諸々なモノがしまわれていたようです。後世に末永く残すモノを収蔵する「保存施設」の役割もありましたが、天皇家に関する書物や調度品などをしまっておき、

必要に応じて取り出して使う「図書館」であるともいえます。

## 図書寮における資料保存活動

図書寮では多くの書物や仏像などを所蔵していたので、曝書《ばくしょ》（虫干し）などの保存事業も行っていたことが確認されています。

> 凡そ仏像・経典を暴《ほ》し涼《さら》すは、七月上旬より八月上旬まで。（下略）
>
> （虎尾俊哉編『訳注日本史料　延喜式』中巻、一九七頁）

これは「仏像経典条」の規定で、仏像や経典を曝書するのは七月上旬から八月上旬の一ヶ月間と決まっていました。経典だけではなく、仏像も虫干しをさせていたことが興味深いです。仏像は木造だったのでしょう（傍線・波線引用者）。

> 凡そ御書および図会は、六年に一度暴し涼せ。勅使の弁官、諸司の判官以下《いげ》および舎人、学生らの事に堪うる者を簡《えら》び差《つか》わして、分番して検涼せしめよ。（中略）もし御書ならびに雑の調度に損破あらば、所司に仰せて繕補せしめよ。事訖るの後、惣べて諸番の日記を取り、勅使署名して奏進せよ。その蔵の鑰《かぎ》は、寮、内侍に申して奏《もう》し請けよ。検涼の間、勅使、鑰を封じて寮に納れよ。

（虎尾俊哉編『訳注日本史料　延喜式』中巻、二〇九頁）

「御書および図会」とは、先に示した仏教典以外の「経籍図書」のたぐいを指すと考えられます。仏書は毎年行ったかどうか定かではありませんが、「経籍図書」のほうは六年に一度曝書を行うことになっていたようです。

また曝書の際に蔵書点検も行っていたフシがあります。波線部に着目してみましょう。「破損箇所が確認されたならば、担当の役人が修繕しなさい」との規定です。当然のことながら曝書の際には「業務日誌」に記録することが義務付けられ、それは勅使が署名して提出させていたようです。曝書が終了したら、勅使が施錠して封をし、鑰を図書寮で保管しなさいと定められています。

業務日誌や鑰の管理など、図書寮の蔵書や什器は厳重な管理下におかれていたのです。

## 書司《ふみのつかさ》

図書寮においてどの職員が蔵書の出納に従事したかは、実はよくわかっていません。先に養老令で規定された図書寮の職員構成を示しましたが、そのなかで今日の司書に近い役割を果たしそうな職種はありませんでした。

ただ、「後宮職員令」にそれらしい職種の官吏がいることがわかっています。「後宮職員令」とは、「後宮の妃《ひ》・夫人《ぶにん》・嬪《ひん》の号名・定員・品位、宮人《くうにん》の職名・定員・職掌、及び関連規定から成る篇目」

（井上光貞・関晃・土田直鎮・青木和夫校注『日本思想大系3　律令』一九七頁頭注）のことで、主に女官を対象としています。

その中に「書司」の規定があります。その職務は次のようなものです。

書司
尚書《ふみのかみ》一人。掌らむこと。内典、経籍に供奉せむこと、及び紙、墨、筆、几案《きあん》、糸竹《しちく》の事。
典書《ふみのすけ》二人。掌らむこと尚書に同じ。
女孺六人。

（井上光貞・関晃・土田直鎮・青木和夫校注『日本思想大系3　律令』一九九頁）

書司は尚書・典書・女孺の三つの職階で構成されており、その仕事内容は尚書のところに書いてあります。これによると仏書や儒書などの書籍だけではなく、紙、墨、筆、「几案」（＝机）、「糸竹」（＝糸は絃楽器、竹は管楽器）も対象に含まれていたようです。

図書寮の機能は先にみてきたように、保存機関としての性格が強いと本書では指摘しました。ただ利用がまったくされていないわけでもないこともふれました。しかしながら、図書寮で保管されている書物などを出納する係が、図書寮の職員には存在していないのです。

漢学者の浅井虎夫氏は、「天子に供奉し奉る筆、紙、墨、硯、書籍は、図書寮より直接に奉るにあらず。みな書司の手より供奉するなり」(浅井虎夫『女官通解』新訂、一八五頁)と指摘しています。また日本図書館史研究の草分けである小野則秋氏も、書司により天皇に書籍が運ばれたと述べています(小野則秋『日本文庫史研究』改訂新版、上巻、四十五〜四十六頁)。

一方で須田春子氏によれば、書司が書籍のことに関与した具体例は見出しにくいようで「書司が仏事斎会に関与する例はあっても内典経籍のことに供奉するあとは全く認められない」(須田春子『平安時代後宮及び女司の研究』一七二頁)と指摘しています。では書司が行っていた具体的な職務とはなんなのでしょうか。『延喜式』巻十三図書寮の規定に次のような条文があります。

凡そ行幸に駕に従うは、御研《おんすずり》の案《つくえ》一具(中略)、和琴《やまとごと》二面(中略)。柳筥《やないばこ》一合(中略)。地図一巻(中略)。儲《もうけ》の幕四条(中略)。官人二人、番上二人を率い、仕丁五人をして担《にな》わしめよ。(中略)其れ御《おん》の和琴を応《め》さんには、官人、袖を以て琴の尾を執りて擎《ささ》げ、書司に転《つた》えて進れ。(下略)

(虎尾俊哉編『訳注日本史料　延喜式』中巻、二〇九頁)

図書寮の役人は天皇の行幸に供奉するのですが、天皇が琴を所望した時は書司を経て献上しています。同様な事例は、フィクションの世界ですが文学作品にもみられます。『源氏物語』絵合《えあわせ》の巻に「ふんのつかさ(書司：引用者注)の御琴《おこと》めしいでて、権中納言和琴《わごん》たまはり給ふ」とあります(和田英松著・所功校訂『官職要解』新訂、二二九頁)。書司を介して琴を権中納言に渡しているのです。ここも書籍ではなく楽器を扱っています。

永田和也氏はこの点について、「おそらく書司は、所有機関に拘わりなく、天皇が必要とする書籍を取り次ぐ機関だったのであろう」とし、ただ「平安期の史料上、書司の活動は行事の際に楽器を奉ることがほとんど」であったと指摘しています（永田和也「御書所と内御書所」三七一頁）。おそらく平安時代に入ると書司はもっぱら楽器などを取り扱うようになり、書籍は別の組織が担うようになったのでしょう。

その別組織が「内典司」です。須田春子氏は内典司とは書司から分かれて独立したものであると指摘します（須田春子『律令制女性史研究』八十二〜八十六頁）。また永田和也氏も内典司と書司は「実は同じものであった」（永田和也「御書所と内御書所」三七一頁）と述べています。実例を見てみましょう。

天平宝字六年（七六二）十二月二十一日付の「奉写御執経所請経文」（『大日本古文書』編年之五、三〇八頁）によれば、「東大寺に所蔵されている経典を孝謙上皇がご覧になりたいというので、堅子を派遣した」と記されています。

東大寺所蔵の経典は、「堅子」という名の内典司によって、孝謙上皇のもとに届けられました。確かに内典司の職務は書司と似ています。ただ書司と内典司の関係はまだよくわからないことも多いようです。

## 第五節　図書寮の変遷

図書寮の機能や職務の内容などをみてきました。図書寮がどのような役割を果たしてきたのかおわかりいただけたと思います。

最後に、律令の施行によってスタートした図書寮がどのような変遷をたどったのか、誕生から機能不全に陥るまで簡単にふれてみましょう。

**藤原武智麻呂**
（Wikimedia Commons より）

### 藤原武智麻呂による整備

おそらく大宝律令が施行される前から、天皇家には書籍が集積されていたと考えられますが、それを管理するためにどのような役所があったのかはよくわかっていません。

天武天皇元年（六七二）に勃発した皇位継承の内戦である壬申の乱は、大海人皇子側と大友皇子（弘文天皇）側と真っ二つに朝廷を割いてしまいましたので、天皇家が所有していた蔵書についても大きな被害を受けたと考えられます。

戦後、図書寮を整備したのは藤原武智麻呂《ふじわらのむちまろ》です。武智麻呂は不比等《ふひと》の長男で、藤原南家の祖でもあります。武智麻呂の活躍は『藤氏家伝《とうしかでん》』に記されていますので、該当部分の全文を引用します。

和銅元年（七〇八）三月に、図書寮の長官〔図書頭〕に遷り、侍従を兼任した。その公（武智麻呂）は、朝には内裏で元明天皇に侍し、天皇のお言葉を受けられるよう控えた。その合間をぬって、図書・経籍（儒教の経典）を調査したところ、先の壬申の乱（六七二年）以来、国家の書物はあるいは巻物の軸が失われていたり、あるいは一組の一部〔部帙〕が欠けてなくなっていたりした。公は、元明《げんみょう》天皇に上奏して、民間を尋ね回り、書物の欠けていたところを写し取って完全にした。これにより、国家の書が大体完備したのである。公は、国家のためによく勤め、怠り休むことがなかった。仁を身につけて人の上に立つのに十分であり、また正しく誠実で、中心的な役割を果たすのにふさわしかった。そこで、四月に従五位上《じゅごいのじょう》に叙せられた。

（沖森卓也・佐藤信・矢嶋泉訳『現代語訳　藤氏家伝』八十一～八十二頁）

和銅元年（七〇八）に図書頭に着任した武智麻呂は、壬申の乱によって散佚してしまった天皇家の蔵書を民間の協力も得ながら取り戻していったと記されています。具体的には民間に残されていた写本を転写して、戦乱によって欠損していた箇所を補ったようです。武智麻呂は図書頭だけではなく侍従でもありましたので、常に天皇の側近くに控えていなければなりませんでした。侍従は一人ではありませんので、おそらく時間によって順に控えていたのでしょうが、天皇の身近ですからかなり気を使ったでしょうし緊張もしていたでしょう。その合間を縫って図書寮蔵書の「再生」事業を行ったのですから、かなり大変だったと思われます。

武智麻呂はこの事業に着手するにあたって、図書寮蔵書のどこが欠損しているのか調べ上げ、それを補うための写本は民間の誰が所有しているのか調査したと考えられます。藤原京から平城京への遷都の時期に、このような書籍の所蔵調査も行った武智麻呂の手腕は、かなり高かったといえるでしょう。ですから後世に『藤氏家伝』という藤原氏の伝記に加えられたのだと思います。

## 図書寮の蔵書目録と図書寮印

藤原武智麻呂によって天皇家の蔵書は復興したといえますが、では図書寮には目録などの検索手段は存在していたのでしょうか。この点について、天平宝字元年（七五七）の正倉院文書正集八裏書に記されている「写書所解」に次のような記述があります。

書生伍人　並写図（書脱）寮目録

（中略）

舎人参拾弐人

十三人写図書寮経目録

（以下略）

（『大日本古文書』編年之四、二四四頁）

「図書寮経目録」とあります。これは図書寮が所蔵している経典の目録でしょう。しかし残念ながら現存しておりません。

目録があったということは、蔵書数も多かったと推測されます。当時は印刷技術が大変未熟であったので、書物といえば基本的に手書きのものしかありませんでした。したがって、すべてが一点モノです。盗難によって失われてしまったら、その穴を埋めることはできなかったのです。盗まれた時に、どの本が図書寮のものであるのかひと目で判断できるように蔵書印も造られました。

**図書寮印**
（[蒐印帖]、早稲田大学図書館蔵）

「図書寮印」はいつから存在したのかよくわからないのですが、少なくとも近世には確認されているようです。しかし奈良時代に存在していた確証はないようです。

平安時代の承和十年（八四三）十月十九日の『続日本後紀』に、このような記事があります。

○甲戌（十九日）　初めて諸陵《しょりょう》・図書《ずしょ》・雅楽《うた》・園地・正親《おおきみ》等の寮司《りょうし》に印

一面を賜った。

（森田悌『続日本後紀　全現代語訳』下巻、一二八頁）

これが図書寮の蔵書印であったのかどうかはわかりませんが、私見では蔵書印とは限らず、図書寮という役所の印（寮印）であった可能性も高いと思います。

まとめると、図書寮は奈良時代初期にいろいろと整備が進んだことがわかります。壬申の乱による天皇家の蔵書の荒廃、藤原武智麻呂による復興、そして目録作成と一通りの基礎的な整備はなされたようです。

## 藤原仲麻呂による改称

先にも書きましたが、淳仁天皇と藤原仲麻呂政権下では太政官以下令制による一切の官職名を唐風の名称に改められました。天平宝字二年（七五八）八月二十五日、図書寮は内史局となりました。

ところが仲麻呂は孝謙上皇、道鏡との政争が原因で挙兵しますが敗死してしまいます。仲麻呂が敗れるとみるや、淳仁天皇は天平宝字八年（七六四）九月二十二日に内史局を図書寮に戻します。その淳仁帝も皇位を追われ淡路に流されてしまうことも前述しました。

名称が変えられたとはいえ、職務内容について大きな変更はなかったようです。唐風の名称に仲麻呂が変えた理由は、単に彼の趣味なのです。唐風が格好良いと考えていたのです。大きな理由はありません。

## 度重なる火災

平安京に遷都されると図書寮も一緒に移ってきました。しかし平安時代の図書寮はたびたび火事に罹災しており、その機能はあまり果たしていないと考えられます。

元慶七年（八八三）十一月二十九日、図書寮に火災が発生したと『日本三代実録』に記されています。

> 廿九日壬辰の晦《くわい》、夜、図書寮失火し、一倉一屋《いっさういちをく》を焼きき。
>
> （武田祐吉・佐藤謙三訳『訓読　日本三代実録』一〇〇六頁）

これを読むと「一倉一屋」とありますので、当時の図書寮には倉があったことがわかります。

さらに万寿四年（一〇二七）二月二十七日にも火災が起こっています。『日本紀略』巻十三によると「右近府并図書寮雑舎等を焼失し、累代の宝物皆灰燼と為る」（小野則秋『日本図書館史』補正版、十九頁）と記されており、図書寮と雑舎だけでなく、「宝物」とあるところをみると書籍以外の仏像なども灰になってしまったようです。

また長久三年（一〇四二）正月二十四日にも、図書寮が火災の被害にあっています。『百練抄《ひゃくれんしょう》』には「焼亡」とありますので、これで事実上図書寮はその機能を完全に停止したと考えられます。

以降も職制として図書寮は存続し続け明治維新に至りますが、簡単にいえば名前だけ続いていたということです。維新の際に一旦途絶えますが、明治十七年（一八八四）に図書寮は復活します。戦後もしばらく存続していましたが、昭和二十四年（一九四九）に宮内庁書陵部に吸収され正式に廃止されました。

ただ平成二十二年（二〇一〇）、書陵部図書課に図書寮文庫が設置されました。これは「図書の保管、一般の利用及び複刻に関する事務をつかさどる」（「図書寮文庫規程」平成二十二年四月一日宮内庁訓令第五号）施設で、書陵部が所蔵している蔵書を利用する際の出納や事務作業を行う部署のようです。

## 第六節　図書寮は「図書館」か？

図書寮についてやや詳しくみてきました。ここまでお読みになって読者のみなさんはどうお感じになられたでしょうか。図書寮は古代の「図書館」でしょうか。それとも単なる書庫だと思われましたか。日本図書館史の通説では、図書寮は「古代の国立図書館」として説明されています。大学で図書館司書資格を取得するための授業でも、図書寮は図書館の元祖のように教えられています。

ここで図書館か否かを判断するために、「図書館の構成要素」を基準にして検討してみましょう。現代の図書館の基準を古代に当て嵌めるのはおかしいと考える読者の方もいらっしゃるでしょうが、本書では一応これを採用してみます。

「図書館の構成要素」とは日本図書館協会の説明によると、次のようになっています。

図書館を構成する要素としては、「資料」、それを利用する「利用者」、資料を整理、保存して利用に供する場としての「施設」があります。「施設」には、資料と利用者を結びつける役割を果たす「図書館員」がいて、図書館の機能を実現する活動を行っています。

（「図書館について」日本図書館協会ホームページ http://www.jla.or.jp/library/tabid/69/Default.aspx 2021.9.9 閲覧）

まず①「資料」ですが図書寮は蔵書目録も備えており、多数の書物を所有していました。目録は現存していないのでどのような書籍を有していたのか、はっきりとはわからないのですが、儒書や仏典を多く持っていたようです。またその他に仏像や仏具なども保管していました。ですから「資料」はありますが、その資料は天皇家の儀礼に用いるものばかりでした。

②「利用者」ですが、これは公開されていませんでしたので、利用できる人物はかなり限定されていました。当初は親王や一部の貴族も利用できたようですが、聖武天皇の勅によって天皇以外は原則利用禁止になってしまいました。

儀式のたびに必要な什器を取り出してそれが終わると図書寮に戻されたようで、利用実態は図書館というよりも「書庫」の性格が強かったと思われます。

③の「施設」ですが、一応庁舎はあったようです。その他に蔵がありました。しかし館内で資料を閲覧できるような設備があったとは、ちょっと考えられません。

最後の④「図書館員」ですが、今日の司書のような存在はいませんでした。図書寮では紙、筆、墨も製造していましたので、その職人を召し抱えていました。また書写をして写本も製造していましたので、書写作業や装丁作業に従事する職人もいました。しかしながら、司書のような仕事をしていた役人は特に明記されていませんでした。

書籍や仏像などの出納も、どの職員が行ったのかはっきりとはわかっていません。後宮職員の書司という女官が関与したのではないかと、これは小野則秋氏も指摘していることですがよくわかりません。少なくとも「資料と利用者を結びつける役割を果たす」職員は、図書寮にはいませんでした。

まとめると、図書寮は書庫の性格が強い「図書館」施設であるといえます。貴重な資料を後世に残すだけの施設ではなく、儀礼のために必要な書籍や什器を保管して、いつでも使えるように整備をしておく施設であるともいえます。目録も整備し曝書も定期的に行っていたので、保存に関しては大いに注意をはらっていたことはわかりました。

図書寮は書庫の要素が七割、図書館の要素が三割といった内容でしょうか。完全に図書館ではないと否定できるだけの根拠もなかったので、今までどおりに「古代の図書館」の代表で良いのかもしれませんが、その職務はきちんと書いておく必要があります。

# 第七節　文殿

図書寮以外にも記録や書籍を集積して管理していた施設はありました。それが文殿と呼ばれる施設です。読み方は二通りあり、「ふどの」もしくは「ふみどの」と伝わっています。

文殿は太政官に設けられました。太政官の内部組織である少納言局と左右弁官局に設置され、前者に所属した文殿は「外記文殿《げきふどの》」と呼ばれました。また左右の弁官局にも外記文殿とは別に官文殿《かんのふどの》が設置されていました。これらとは別に、院政時代に院庁《いんのちょう》に置かれた「院文殿《いんのふどの》」という文殿もありました。他にも文殿は各官庁にも附設されていたようなのですが、詳細はわからないので本書では扱わないことにします。

ここではこの三つの文殿について実態をみていきたいのですが、文殿の職務を理解するためには、律令制下での太政官の役割と、天皇の命令書である詔勅《しょうちょく》と宣旨《せんじ》の発出の流れについて知っておく必要があります。簡単にその点を確認しておきましょう。

### 太政官

まず太政官そのものについて説明します。太政官とは律令制において司法・立法・行政を司る最高機関です。「だいじょうかん」または「おおいまつりごとのつかさ」と読みます。現在の内閣に相当する国家機関でしょうか。

　太政官のトップは太政大臣《だいじょうだいじん》ですが常置の職ではなく、名誉職といったほうが実態に即しているでしょう。したがって、不在の時期もかなりありました。通常はその下に位置している左大臣と右大臣がトップとしての役割を果たしていました（左大臣が上席）。事務組織として左弁官局・右弁官局と少納言局が置かれていました。これらを合わせて「三局」といいます。

　太政官は律令制の崩壊とともに徐々に機能しなくなりましたが、それでも鎌倉時代までは政務機関としての働きが確認されました。室町時代に入ると幕府の力が強くなり、単に格式を示すだけの存在となり、その実質的な役割は終えました。ただ形だけはずっと続いており、戦国、江戸期も一応名ばかりですが存在していました。それが明治維新になって復活し、読み方も「だじょうかん」となったのです。長らく太政官は形骸化していたので、明治の太政官《だじょうかん》は別組織と考えても差し支えないと思います。内閣制度が発足する明治十八年（一八八五）十二月まで存続していました。

## 詔勅と宣旨

　太政官の構成員は大臣・大納言・中納言・参議で、その下に事務組織として左右弁官局と少納言局が設けられていました。

　少納言局の定員は三人ですが、後に員外少納言や権少納言が置かれた時期もあり一定していなかったようです。主な仕事は、詔勅、宣旨《せんじ》の清書や除目《じもく》、叙位等に伴う事務手続きでした。少納言局には下僚として外記《げき》、史生《ししょう》、使部がおり、これらの事務方が詔勅や宣旨の発給手続きを行っていたのです。詔勅、宣旨の発給に必要な御璽や太政官印あるいは駅鈴《えきりん》の管理も、少納言局が担っていました。

詔勅とは天皇の命令である「詔」と「勅」を合わせた言葉です。詔書は在京の官庁や諸国に向けて発せられる命令ですが、勅書は特定の機関や個人に向けて発せられました。詔書、勅書とはそれを事務方が文書にしたものです。おそらく太古は天皇が口頭ですべて命令をしていたのでしょうが、漢字の伝来と律令制の確立によってそれをすべて文書化したのです。

では実際どのような経路で発せられたのでしょうか。詔書を例に見てみましょう（内閣記録局編『法規分類大全』第一編政体門三詔勅式、三頁）。

中務省所属の内記が天皇の意向を伺いながら草案を起草します。中務省の責任者三人が内容を確認して署名をします。これを「案文《あんもん》」といいます。特に問題がなければ中務省で中務省印を捺した後に太政官に送られます。太政官では少納言局の外記から太政大臣以下大納言、大臣の自署をとりつけます。もちろんこの際に太政官で詔書の内容をよく検討します。

大納言は天皇そば近くに仕えている女官の内侍《ないし》を経て、案文を天皇に覆奏します。天皇は特に問題がなければ詔書に「可」の字を自ら書き入れます。この時点で証書の効力が発生します。

「可」が入れられた詔書は外記に戻され、控えも作成されます。次に左右弁官局で太政官符《だいじょうかんぷ》を副えて在京の諸官庁に誥《こう》し、同じく地方にも官符を副えて施行しました。

宣旨は平安時代から盛んに用いられた天皇の命令の形式で、詔勅のように煩雑な事務手続きは不要で、わりあい簡易な形式で発せられたものです。天皇から内侍に伝えられ、内侍から律令に定められていない令外官《りょうげのかん》である蔵人《くろうど》（簡単にいえば天皇の秘書のような仕事をしていました）に報告されます。さらに担当する上卿《しょうけい》に上がり、そこから弁官などに伝えられて発給されました。

少納言局・左右弁官局で共通していることは、天皇の命令書作成業務に関与していることです。この職務が文殿の実態を推測するのに大きな点となっています。

## 外記文殿

外記文殿には現在に伝わる蔵書目録のようなものもなく、どのような資料を所蔵していたのか実はよくわかっていません。ただ外記文殿に関しては、近年井上幸治氏がさまざまな史料から十世紀の収蔵物を表にまとめています。それを参照してみましょう。

外記文殿は多岐にわたる収蔵物を収めていたようですが、十世紀頃の代表的な収蔵物は長案と外記日記（外記が記した公務日記）です。長案は太政官符や宣旨・官奏などを案記したもので、外記文殿に納められ政務に供されていました（井上幸治『古代中世の文書管理と官人』二一八頁）。

したがって、これら収蔵物の管理は他の省庁と比べてもかなり厳重でした。例えば民部省では蔵書を長期間自宅に持ち帰ることも可能でしたが、文殿は基本的に持ち出し禁止だったようです。こんな記事が『延喜式』にみられます。

### 外記文殿の収蔵物

（井上幸治作成「外記文殿の収蔵物」『古代中世の文書管理と官人』八木書店、191頁）

| 名称 | 典拠史料 | 備考 |
|---|---|---|
| 施薬院告朔帳 | 弘仁４年正月１日付宣旨（＊） | 以前は弁官局で保管 |
| 皇親籍３巻(延暦８年作) | 弘仁12年11月４日付宣旨（＊） | 正親司より移管 |
| 勘出帳１巻(延暦８年作) | 同上 | 同上 |
| 九経難儀３巻 | 承和９年５月26日付宣旨（＊） | 正本を外記局に移管 |
| 三伝難儀１巻 | 同上 | 同上 |
| 諸儒評論九経難儀１巻 | 同上 | 同上 |
| 三史難儀１巻 | 同上 | 同上 |
| 陰陽難儀１巻 | 同上 | 同上 |
| 外記公文 | 貞観５年５月27日付宣旨（＊） | 撰式所に充て行なう |
| 伊勢斎宮記文３巻 | 仁和２年６月７日付宣旨（＊） | 弁官に写させる |
| 除目下名 | 延喜６年12月13日付口宣（別） | （本文参照） |
| 天長格抄１部30巻 | 延喜12年６月９日付申文（＊） | 勘解由使に貸与 |
| 除目簿 | 『貞信公記』延喜13年６月22日条 | |
| 官曹事類１部30巻 | 延喜14年９月10日付申文（＊） | 勘解由使に貸与 |
| 大同抄１部30巻 | 同上 | 同上 |
| 代々大嘗会記文雑書 | 延喜14年９月21日付申文（＊） | 撰式所に貸与 |
| 諸節会及諸祭等日記 | 同上 | 同上 |
| 外記長案 | 延喜18年３月17日付解（＊） | 弁官抄符所に貸与 |
| 修文殿御覧 | 『貞信公記』延長３年12月23日条 | 宇多法皇に献進 |
| 駅鈴 | 天暦５年10月19日付宣旨（＊） | |
| 三代実録１部50巻 | 『本朝世紀』天慶４年８月９日条 | 勅命により奉献 |
| 侍従見参 | 「小野宮年中行事」正月元正宴会事 | |
| 定文（付続文） | 『北山抄』巻３（定受領功過事） | 後には弁官局が保管 |
| 外印 | 『江家次第』巻第18（結政請印） | |
| 外記日記 | 『扶桑略記』治暦３年４月27日条 | 欠失分を補充 |
| 霊鏡 | 『本朝世紀』久安３年６月12日条 | |
| 天満天神答詔使之詩草 | 同上 | 藤原頼長が見物・書写 |

註）典拠史料欄の「＊」は『類聚符宣抄』第６、「別」は『別聚符宣抄』を示す。

凡そ太政官および左右の文殿の雑書は、閫外《こんがい》に出だすことを得ず。

（虎尾俊哉編『訳注日本史料　延喜式』中巻、七十三頁）

ただ所定の手続きを行えば、書写のためには貸し出していたようです。表には勘解由使や撰式所（「式」編纂のために設置された臨時職。「式」とは律令および「格」の施行細則。「格」とは律令の規定を部分的に修正した法令）に貸し出した事例が掲載されています。

このような重要な職務を行っていた外記文殿は、どこにあったのでしょうか。『古事類苑』に収録されている「太政官図」（『古事類苑』官位部一、三七八～三七九頁）によると、太政官の境内西南隅に勘《か》解由局《げゆきょく》と相対して南北八間、東西十間の敷地が割り当てられています。この図を見ると外記文殿は独立した庁舎をもっていたようです。

なぜこれを外記文殿と呼んだのでしょうか。もともと外記とは少納言局に所属しており、少納言に次いで次官の立場にありました。それが少納言の権威が低下するにつれて、外記は独立した役所である外記庁《げきちょう》（後に外記局《げききょく》と改称）が設置されました。その外記付属の文殿ということで外記文殿と呼ばれるようになったのです。

ところが律令体制の崩壊に伴って、外記文殿の役割も新設された他の部署に奪われていくことになります。それについては院文殿の項でお話しますが、その前に奈良朝にもうひとつあった文殿、官文殿についてもふれておきましょう。

## 官文殿

官文殿は太政官の左右弁官局の文殿です。弁官局は太政官に直属した事務局で、職務はかなり重要なものが多く、諸官庁の監督業務も担っていました。左右と二つに分かれていましたので、律令の規定によれば中務省・式部省・治部省・民部省を左弁官局が、兵部省・刑部省・大蔵省・宮内省を右弁官局が受け持つこととされていました。ただ実際はこの役割分担は後に有名無実になっていきます。

弁官局の他の業務としては、下級機関からの上申書の太政官への伝達、太政官符を発給して天皇の命を下達する事務手続きを行っていました。国家の行政事務の執行機関であるといえます。下級機関からの上申書申達と、太政官符の発給などの仕事を行っていましたので、それに公文書作成の参考にするために「律令、国史、風土記等」が集められたと考えられます。先にみたように、これら蔵書は官文殿から持ち出すことは許されていなかったのです。

また公文書作成については、「文殿公文条」と名づけられている規定が『延喜式』にあります。

> 凡そ左右の文殿の公文《くもん》は、史《し》一人永く勾当《こうとう》せよ。その預《あずかり》は、左右の史生各二人。毎年二月に相替えよ。
>
> （虎尾俊哉編『訳注日本史料　延喜式』中巻、七十三、七十五頁）

この条文を理解するには、弁官局の職制を簡単にふれておく必要があります。養老令の職員令によると、左右弁官局にそれぞれ大弁一名、中弁一名、少弁一名が配置され、その下に史である大史、少史が左右にそれぞれ二名ずつ、その下に史生《ししょう》が左右に十名ずつ配されていました。

その上で「文殿公文条」を読むと、左右大史のうち一名が「別当《べっとう》」となって公文書管理を担当し、その下に「預《あずかり》」を置いて、左右の史生各二人が一年交替で勤務することが定められていました。

このように官文殿はかなりしっかりとした職員体制があり、人員も十分な数が確保されていました。それに対して外記文殿で職員とわかるのは史生一人だけです。

なぜ両者にこのような差があったのでしょうか。井上幸治氏によれば「官文殿は文簿保管だけを目的とするのではなく、それらを用いて政務処理の一端を担う事務組織的性格が強くなったのに対し、外記文殿は文簿保管を主目的とする倉庫的性格が強かったと推測される」（井上幸治『古代中世の文書管理と官人』一九六頁）と指摘しています。

では官文殿にはどのような蔵書があったのでしょう。やはり蔵書目録のようなものは伝わっていないのでよくわからないのですが、小野則秋氏は官文殿の蔵書について次のようにまとめています。

要するに太政官の各局に於て作成の政事の記録は固より、律令、国史、風土記等政事の参考、勘考に必要なる図書、記録は、或は之を借覧して書写し、或は之を進献せしめて収蔵したもので、特に文書記録の書写には史生が之に当り、所用の用紙筆墨は図書寮から之を徴したものである。

（小野則秋『日本文庫史研究』改訂新版、上巻、七十一頁）

外記文殿と官文殿の性格は異なってはいましたが、いずれにしても図書寮とは違い行政事務に参考になる書籍や記録類、公文書の写しなどを収蔵していたと考えられます。

## 外記文殿・官文殿の有名無実化と焼亡

十世紀後半になると、外記文殿も官文殿も衰退していきます。その原因は諸説があり判然としないのですが、井上幸治氏は、文書保管策の改定によって、保管・整理を要する文書が飛躍的に増加したこと、仕事が増えた割には報酬が上がらず、職員が職務怠慢気味になったこと、官吏が文書を渡さないサボタージュを起こしたことなどを挙げています（井上幸治『古代中世の文書管理と官人』二〇四頁）。朝廷も外記・官文殿の再活性化を目指して種々の対策を講じるのですが、一時的には改善されても十一世紀に入ると結局は失敗してしまいます。

また官文殿の役人の「世襲化」も起こってしまいます。なぜそうなってしまったのでしょうか。官文殿を管理する大史は重要な役目ですので、『百寮訓要抄《ひゃくりょうくんようしょう》』にも「殊更重代の者」を任命しなければならないとあります。そうすると担当者がコロコロ交代するよりも、公文書管理の専門知識が豊富な一つの家系で世襲させたほうが合理的です。そこで小槻《おつき》氏が世襲することになりました。もっともこれは太政官が決定したということではなく、律令制の崩壊に伴って官文殿が機能不全をおこしそうになっていたので自然な流れでこうなったのでしょう。

貞観十六年（八七四）に小槻今雄が左大史に任じられたのが最初で、一条天皇の御代の正暦二年（九九一）に小槻奉親《おつきのともちか》が左大史に任じられて以降、相次いで小槻氏から任じられるようになり、事実上世襲と変わらない形になったのです。天養元年（一一四四）には小槻政重が、「家を継いで奉公する者」が厳重に相伝すべきとの起請をしています（橋本義彦「官文庫」）。

小槻氏は後に太政官が機能不全になってしまったので、自宅に文庫を設けて官文殿の業務を代行するようになりました。

太政官にある官文殿のほうは、小槻氏の世襲化によってなかば有名無実化していたと考えられますが、嘉禄二年（一二二六）八月に焼亡し、累代の文書が灰燼に帰してしまいました。以降、官文殿の存在は史料から確認できないので、再興されず完全になくなったと考えられます。もっともその以前から小槻氏の私設文庫がその機能を代行していたので、業務に支障はなかったのでしょう。官文殿に収蔵されていた文書も、写しを小槻氏が所持していたようです。

官文殿焼失後は事実上、小槻氏の私設文庫が「国家の文庫」になります。この頃から小槻氏の私設文庫が、官務文庫あるいは官文庫と称されるようになりました。

## 院文殿《いんのふどの》

文殿にはもう一つ種類がありました。院庁《いんのちょう》に付属した「院文殿」です。平安時代に入ると徐々に藤原氏が摂政・関白を独占するようになり、事実上藤原氏が政務を執っていました。しかし平安時代も後半になってくると、太上天皇（上皇）が「治天《ちてん》の君《きみ》」として実権を握り政治を行っていました。

上皇には院庁と呼ばれる家政機関が設けられ、当初は上皇に関する雑事を取り仕切っていましたが、白河上皇が院政を開始するに及んで院に権力が集中することになりました。

したがって、院庁の仕事もかつての太政官のような仕事を行うようになりました。上皇は院庁下文《いんのちょうくだしぶみ》、院宣《いんぜん》、院庁牒《いんのちょうちょう》などの命令書を発し全国に命令したのです。院庁が太政官の実務を事実上奪ってしまったのです。

院庁には中流貴族が任命される院司《いんし》が職員として配置されました。院司によって上皇の命令書は作成されました。

院庁はかつての太政官と同様の職務を行うようになったのですから、上皇の命令書を作成するためには、文殿のような参考資料や発給された文書の控えを収蔵しておく書庫も必要となってきます。

しかし院文殿には、外記文殿や官文殿とは違う別の役割もありました。この点について、二条良基が南北朝期に著した有職故実《ゆうそくこじつ》の解説書『百寮訓要抄』には次のように書かれています。

> 文殿、　院の御治世の時、諸人の訴訟を決断せらるゝ所なり、衆開闢以下諸の儒、ことに器用をえらばれて補せらるべし、
>
> （物集高見・物集高量『広文庫』覆刻版、第十七冊、六八一頁）

また江戸前期の国学者三宅環翠《みやけかんすい》が著した『官職備考《かんしょくびこう》』にも次のように記されています。

文殿、　院中ニ於テ諸国ノ訴訟ヲ決断シ玉フ所ナレバ、禁中ノ記録所ニ似タリ（以下略）

（物集高見・物集高量『広文庫』覆刻版、第十七冊、六八一頁）

さらに、江戸初期に出版された『合類節用集《ごうるいせつようしゅう》』という、現代でいえば国語辞典に該当する書には、次のように解説されています。

文殿、　院中及関白家、訴訟決断之処、如二禁中記録所一、

（物集高見・物集高量『広文庫』覆刻版、第十七冊、六八一頁）

三種の史料の内容はすべて一致しています。院庁内に設置された院文殿は諸国の訴訟を受け付ける機関であって、かつて天皇が設置した記録所のような役割を担っているという意です。

記録所は正式名称を「記録荘園券契所《きろくしょうえんけんけいじょ》」といい、延久元年（一〇六九）に後三条天皇によって設けられました。当初は荘園に関する業務を担っていたのですが、院政が開始されるに及んで院庁に吸収されたようです。そして院庁に吸収されると、訴訟や儀式の遂行に関する業務も担当するようになりました。

院文殿は一種の裁判所のような機能を有していたようです。この点は外記文殿や官文殿とは役割が大きく違っていたことになります。

ただ裁判実務のためには大量の文書が必要なわけですから、院文殿にはそれらを保管する機能も有していたと推測されます。そう考えると、院文殿は行政文書だけではなく裁判関係の文書も保管していたと考えられます。

### 文殿は「図書館」か？

外記文殿、左右弁官局に付属する官文殿、そして院庁に所属する院文殿をみてきましたが、その姿は今日の図書館とは少し異なっていたと思われます。

文殿は行政手続（院文殿は訴訟手続きも）に関係する「雑書」を蒐集して、その業務の参考に供していたわけですので、現代でいえば公文書館に近い性格の施設であったといえます。

## 第八節　中務省文庫と蔵人所の文庫

### 中務省

大宝令や養老令に規定されている文庫は、図書寮、文殿の他に中務省に付属している文庫が確認されています。中務省の職務は前述しました。かなり重要な仕事をこなしていましたので、図書寮とは別に独自の文庫も常設していたようです。

## 中務省の文庫

残念ながら中務省の文庫に関する記述は、断片的にしか残っていません。『続日本後紀』承和六年（八三九）七月十三日条にこのような記事があります。

○壬辰（十三日）　左右京職と五畿内・七道諸国に命じて、庚午年籍《こうごねんじゃく》（天智天皇九年に作られた戸籍）を写して進上させ、中務省の庫《くら》に収置することにした。

（森田悌『続日本後紀　全現代語訳』上巻、三〇五頁）

庚午年籍は天智天皇九年（六七〇）に全国規模で作成された戸籍です。現存していませんが、承和六年（八三九）時点では存在していたことが確認できます。時の仁明天皇はおよそ一七〇年前に作られた庚午年籍を写させて、それを中務省の文庫に収めさせたとあります。

また『延喜式』の「戸籍出納条」にこのような規定があります。

凡そ庫に納る戸籍は、諸司をして出納せしめ、更に年終帳に載することなかれ。

（虎尾俊哉編『訳注日本史料　延喜式』中巻、一〇三頁）

諸国の戸籍の出納は諸司（担当の役人）が行うこと、「年終帳」（在京諸司の財物の決算報告書）には記載してはいけない、と記されています。

戸籍は諸国から都の太政官に提出されますが、二通出すように義務付けられていました。一通は民部省《みんぶのしょう》に、そしてもう一通は中務省へ送付されました。中務省提出分は文庫に収められ、天皇が閲覧するためのものでした。

ただ一旦文庫に収められると天皇専用になりますので、開けられることはそれほどなく、それゆえに大きな被害を生むこともありました。天長元年（八二四）以前の戸籍がみな虫に食べられてしまったことが、同九年（八三二）に発覚しています（虎尾俊哉編『訳注日本史料　延喜式』中巻、一一三六頁）。それで仁明天皇は写本を提出させたのかもしれません。

その後、中務省の文庫はどうなったのか不明な時期が長く続くのですが、安元元年（一一七五）十二月二十日夜に火災で燃えてしまったようです。

## 中務省文庫は図書館か？

中務省の文庫について簡単にふれましたが、天皇閲覧専用の戸籍などが収蔵されていたようです。ただし完全に書庫のようで滅多に開封されることはありませんでした。図書館というよりも書庫、収蔵庫という方が適切ではないかと思われます。

## 蔵人所《くろうどのどころ》

宮中には蔵人所《くろうどのどころ》にも書籍が集められていました。蔵人所は蔵人が詰めていた役所のことで、蔵人とは律令に規定がない令外官《りょうげのかん》で、平安初期の大同五年（八一〇）三月に嵯峨天皇によって設置されました。嵯峨天皇は、平城上皇《へいぜいじょうこう》とその寵姫藤原薬子《ふじわらのくすこ》、さらにその兄・仲成《なかなり》と対立しており、政務に支障をきたしていました。そこで天皇の側近として新たに設けたのが蔵人でした。

蔵人は当初天皇の家政機関として、天皇が所持している書物や御物の管理、機密文書の取り扱いや訴訟事務などを取り扱いました。しかし天皇の秘書官的な職務のため、後に権力が集まるようになりました。また蔵人も少納言局などの太政官の正規組織の権限を奪っていったのです。

## 校書殿《きょうしょでん》

蔵人とはその名称のとおり、蔵を管理する役人のことを意味していました。『標注職源抄』には次のように蔵人について記されています。

蔵人所は挍書殿にあり、蔵人とは御蔵を掌る人といふこと也、挍書殿は字面の如く書を挍するの殿の義にて、侍臣に仰て書籍を挍合せしめ、そを蔵め置せ玉ふ所也、故にこの殿の内に納殿とてあり、書を納る庫の事なり、されば納殿をやがて御倉ともいふ。（中略）かく始めは、書籍を蔵る所と定られたりけめど、後にやう〳〵服御の器物をも多くこゝに置せ玉ひ、御用の度ごとに蔵

人に仰て持はこばせ玉へば、内蔵寮の別所といはんが如し

（『古事類苑』官位部二、二〇二頁）

この文の大意はこのようなものでしょう。蔵人所は内裏の校書殿にある。校書殿とは書物を校合してそれを収蔵する蔵のことである。校書殿内に書物を収める納殿があり、後にそれを「御蔵」と呼ぶようになった。最初は書物を収蔵するだけであったが、後に衣服や調度品も収められるようになった。蔵人は御用のたびに蔵から天皇の所望する物を取り出して持って行った。

おそらく蔵人本来の職務は、『標注職源抄』に書かれているとおりの仕事だったのでしょう。蔵人は必要に応じて、校書殿に収蔵されている書物を天皇の下に運んでいく係だったのです。それが年月を経るに従って天皇の秘書官のような位置になり、権力も集中していったのでしょう。事実、『標注職源抄』にもこのように記されています。

（前略）いつとなく、主上の大御身にかゝれる事をば皆あづかり奉るやうになりて、文書をのみ置べき御蔵に、内蔵寮より取わけて、御衣服御調度等をも納む事とはなりにけらし

（『古事類苑』官位部二、二〇五頁）

蔵人の発言権が高まっていったことが記されています。この『職源抄』は南北朝時代の興国元年・

暦応三年（一三四〇）に、北畠親房《きたばたけちかふさ》が著わしたといわれている有職故実書です。校書殿も図書館というよりは、書庫のような施設と思われます。

## 第九節　その他の宮中文庫

### 御書所・内御書所・一本御書所

宮中には図書寮、文殿、中務省文庫、蔵人所以外にも書籍が集積され、職員が管理していたところがありました。いずれも平安時代に入ってから確認されたものですが、御書所《ごしょどころ》、内御書所《うちのごしょどころ》、一本御書所《いっぽんのごしょどころ》が知られています。

『古事類苑』には「官位部」にそれぞれ立項されており、別組織のように思われがちですが、実はこの三つの御書所の関係性は判然としないのです。国文学者の工藤重矩氏は「『古事類苑』をはじめ辞典等も三所について混乱が見られる。実際、内裏の火災、里内裏遷御《さとだいりせんぎょ》、院政などで、場所も職掌も人員構成も変化があったであろう。わかりにくいのもやむを得ぬことである」（工藤重矩『平安朝律令社会の文学』九十八頁）と指摘しています。

三つの御書所について、『西宮記《さいきゅうき》』では次のように説明しています。原文は漢文ですが、ここでは工藤重矩氏の書き下し文を引用します。

御書所　式乾門の東腋に在り。預・書手有り。熟食（あり）。月の奏を進る。仁王会に呪願五十枚を書す。

一本御書所　侍従所の南に在り。公卿・弁の別当・預・書手有り。熟食（あり）。世間の書の一本を書きて公家に進る。月の奏を進る。仁王会に相い分ちて呪願を書す。

内御書所　承香殿の東の片庇に在り。延喜の始め、勅に依りて作事有り。別当・開闔・衆等有り。熟食（あり）。或は穀倉院に仰せて旧位禄を買い進らしめ、雑用に充つること、楽所に同じ。

（工藤重矩『平安朝律令社会の文学』九十七頁）

まず場所を確認してみましょう。御書所と一本御書所は内裏の外側に位置しており、内御書所は内裏の中にあります。職員の身分も内御書所が高く、他の二所は低い傾向にあるようです（工藤重矩『平安朝律令社会の文学』九十八頁）。

『西宮記』の記述に補足すると、御書所の位置は式乾門《しきけんもん》東腋《ひがしわき》ですが、そこには蘭林房《らんりんぼう》という建物があります。御書所はその中に画所《えどころ》と共に設置されていました。北に画所、南に御書所が配置されていたということです。ちなみに画所は、宮廷の絵画・意匠を考案・制作する所です。

職制も三つの御書所すべてが異なっています。御書所には預《あずかり》・書手が置かれ、熟食《じゅくしょく》が支給されたとあります。書手は書物や文書記録を書写する役人の事でしょう。熟食は米のことだと思われ、『延喜式』大炊寮《おおいりょう》には一日に一斗六升の熟食を充てると定められています。

一本御書所は、別当、預、書手の職制になっており、内御書所では別当、覆勘《ふくかん》、開闔《かいこう》、衆となっていたようです。開闔とは書類・文書の出納・勘査を行うことを職掌としていました。これらも熟食が支給されています。

## それぞれの御書所の仕事

先に引用した『西宮記』には、仁王会《にんのうえ》の呪願《じゅがん》五十枚を書き写す作業が御書所の仕事としてあげられています。御書所は呪願文自体の作成を行ったのではなく、事前に上奏された呪願文の書写を五十枚行っていたようです。

仁王会は飛鳥時代に初めて執り行われた仏教行事で、奈良・平安朝に年中行事化しました。旧暦の二月または三月と、七月あるいは八月の吉日に恒例行事として行われる「春秋二季仁王会」と、臨時に最厄除けのために行われるものがありました。この他に、前述しましたが、天皇一代に一度行われる「一代一度仁王会」というのもありました。

「呪願」とは「法会または食事の時に、施主の願意を述べ、幸福などを祈ること。また、その祈願の文章」（「コトバンク　デジタル大辞泉」）とあります。ちなみに呪願をする僧侶のことを呪願師と呼んだそうです。

また『花鳥余情』には、御書所の仕事について注目すべきことが記されています。延喜十七年（九一七）四月二十二日、醍醐《だいご》天皇は、内裏の宜陽殿《ぎようでん》から先年借りていた「累代の書法」一九七巻を、御書所から返却させています。御書所では書写をさせたようです。

宜陽殿は蔵人所管轄で、書物や楽器などの歴代天皇の御物を収蔵するところでした。貴重な書物が多かったようです。『枕草子』にも良い物を褒める時に「宜陽殿の一の棚に」という言葉があったことを伝えています。

醍醐天皇は本を借り出した時に目録がないことに気づき新たに目録を作らせ、また書名が誤っているものは正しておいたと記されています。目録の最終確認は蔵人が行っています。

永田和也氏はこの事例から「御書所は天皇が必要とする図書を所有機関・所有者から書写によって集めることを日常的な職掌としていたのではないだろうか」（永田和也「御書所と内御書所」三七二頁）と指摘しています。そして書写された本は「御書所またはその分室である内御書所に保管されて天皇の閲覧に供されたのであり、こうして言わば天皇の個人蔵書群が形成されていった」とし、「内御書所は天皇が日常読む書籍を集め、保管する機関だった」と一歩踏み込んだ指摘をしています（永田和也「御書所と内御書所」三七二～三七三頁）。

先に書司《ふみのつかさ》は平安時代に入ると天皇への書籍出納行為は行わなくなり、楽器を取り扱うようになったと述べましたが、永田氏は「書籍を天皇に取り次ぐという書司の機能は内御書所に発展的に吸収された」（永田和也「御書所と内御書所」三七三頁）との見解を示しています。

最後に、本御書所の役割についても検討しておきましょう。一本御書所の職務について菊池涼子氏は「流布した書一本を書いて、それを公家に進めるというのがここの仕事」（菊池京子「「所」の成立と展開」一二五頁）と述べていますが、太田晶二郎氏は敬語「御」を取った「一本書」という単語は、狐本《こほん》のことであると指摘しました。狐本とは書誌学の用語で他に写本がない貴重書のことをいいます。太田氏は一本御書所とは、稀覯書や貴重書を書写して公家に進める機関だと主張したのです（太田晶二郎「一本御書所」）。この太田説については永田氏も同意していますし、私もこちらの方が正しいと考えます。

康保元年（九六四）十月十三日条の『日本紀略』には、年来一本御書所が清書した二二二巻を大蔵省野御倉《ののおくら》に収蔵したとありますので、在野の稀覯書を収集して書写したのでしょう。一本御書所は稀覯書を書写して写本を作成するのが主な職務だったと思われます。ちなみに一本御書所は、平治の乱の際に謀反を起こした藤原信頼が後白河法皇を一時幽閉した場所としても後世に名を残しています。

職務についてはこのようなところですが、実は内御書所の役割には一風変わったものがありました。詩作の会場です。

## 詩会の場所としての内御書所

平安期になると内御書所は漢詩の試作の会場としても使用されたようです。長保三年（一〇〇一）十月二十三日の『権記』の記事によると、一条天皇の御前で宴会があって漢詩の詩作も行われ、その後に内御書所に場を移して作文会《さくもんかい》が行われたとあります。題は「菊は聖化の中に残る」というもので、これにちなんだ漢詩を作って競ったのでしょう（倉本一宏『藤原行成「権記」全現代語訳』中巻、一四八頁）。

このような内御書所を利用した詩作の会は、平安時代には初期から後期まで行われていました。『左経記』長和五年（一〇一六）四月七日条には次のように記されています。ここでは工藤氏の書き下し文を紹介します。

今日、御書所を始めらる。寄人《よりゅうど》の外、成業の諸大夫并びに博士を列り召す。作文有りと云々。絶句なり。義忠朝臣序を作る。

（工藤重矩『平安朝律令社会の文学』一〇三頁）

工藤氏によれば、ここでの「御書所」とは内御書所を指すようです。工藤氏は「新所員で事を始めるに際しての宴であろう」（工藤重矩『平安朝律令社会の文学』一〇三頁）と推測していますが、おそらくあたっていると思われます。内御書所の新所員の宴会に、紀伝道の成業の諸大夫や博士が列席して漢詩を賦したのは、それだけ内御書所が重要視されていたからでしょう（工藤重矩『平安朝律令社会の文学』一〇三頁）。

**蔵書**

各御書所の職務がわかれば、蔵書についてもある程度予想がつきます。蔵書について小野則秋氏は、「政事に直接関係をもたぬ一般の図書記録を収蔵した」(小野則秋『日本文庫史研究』改訂新版、上巻、九十三頁)と指摘しています。御書所も内御書所もその果たした役割から考えると、小野氏の見解が正しいと思われます。特に内御書所は詩作の宴会場にもなっていたことを考えると、詩作の参考になりそうな文学の書物などもあったかもしれません。

三つの御書所には、どのような書籍を所蔵していたのか具体的なことは何一つわかっていません。ただ平安末から鎌倉初期にかけて活躍した貴族の九条兼実が著した日記『玉葉』には、御書所の目録を作成したとの記事が確認できます。

文治三年(一一八七)二月二十日の記事にはこのように書かれています。

(前略)
公家の御物、蘭林坊、桂芳坊等にあり。而るに数代の間、目録を注さず、御書と云ひ、御物と云ひ、併しながら以て紛失す。太だ不便。早く納殿蔵人出納等に仰せ、御物目録を注進せしむべし。御書に於ては、御書所の衆并びに儒士等を催し、目録を取らしむべし。高倉院の御時、兼光卿奉行、目録を注《しる》さしむと云々。先づかの目録を尋ね取り勘合すべきか。
(後略)

(高橋貞一『訓読玉葉』第六巻、二九一頁)

文治三年（一一八七）といえば鎌倉時代初期にあたりますが、この頃の御書所はどうやら荒廃していたようです。かつては目録もあったようですが、長らく加筆されることがありませんでした。したがって「数代の間」にわたって新しく入った書籍や、御物の管理が極めて杜撰になっていたようです。そこで新しく目録を作成するという話になったとあります。

この目録も現存しておりませんので、果たして完成したのかどうかはわからないのですが、鎌倉期に入ると御書所は盗賊の被害に遭っています。嘉禄元年（一二二五）二月二十七日に盗賊が乱入して相当の被害に遭い、さらに嘉禎元年（一二三五）十二月九日には破損して荒野の如くであると記されています。御書所は鎌倉期にその役割を終焉したとみてよいでしょう。

# 第十節　上皇の文庫

## 太上天皇・後院

今までは宮中にあった文庫を紹介してきましたが、本節では宮中の外につくられた文庫について少しふれたいと思います。

天皇が譲位をした初の事例は第三十五代皇極天皇ですが、間もなく重祚《ちょうそ》して第三十七代斉明天皇となりましたので、特に譲位後の御所はなかったようです。またこの時は天皇号もなかったので、「上皇」という尊号もありませんでした。初めて上皇となったのは第四十一代持統天皇です。ただ奈良朝までの上皇は院政などを行うこともなく、特に御所などを構えることもありませんでした。平安時代最初期に在位した第五十二代嵯峨天皇は、弘仁十四年（八二三）に大伴親王（後の淳和天皇）に譲位し、自らは冷然院《れいぜんいん》に移り住みました。冷然院は大炊御門《おおいごもん》の南、堀川の西にあった離宮です。以降、冷然院が上皇の後院《ごいん》として使用されるようになりました。後院とは譲位後に上皇が居住する御所のことです。仙洞《せんとう》御所ともいいます。

後院といっても冷然院だけではありません。平安時代は、天皇が在位中に崩御するのは不例とされていましたので、譲位をするのが常態化していました。さらに平安後期になると、上皇が複数名いることが多くなったので、後院もその分多く存在するようになりました。

## 嵯峨上皇と冷然院文庫

後院となった冷然院ですが、嵯峨上皇はそこに多量の書籍を持ち込みました。それが後年「冷然院文庫」と呼ばれるようになります。

もともと嵯峨上皇は文事に関心が高く、漢詩に秀でていました。その作品は『凌雲集』『経国集』『文華秀麗集』などに収められています。詩作だけではなく漢文学全般に興味の範囲は及んでいました。『史記』や『文選』などは学者を招いて講義を受けています。また書道にも優れており、空海、橘逸勢《たちばなのはやなり》らと共に三筆《さんぴつ》に数えられています。

上皇は天皇在位中の弘仁三年（八一二）五月二十一日に、次のような勅を発しています。

国を治め家をととのえるには、文章が何より有用であり、身を立て名をあげるには学問が何よりも大切である。

（森田悌『日本後紀　全現代語訳』中巻、二七一頁）

これは大学寮入学に関する勅の冒頭部分なのですが（大学寮にも文庫が付属していました。これについては後述します）、嵯峨上皇は学問によって国家の発展を目指していたことがうかがわれます。上皇には多くの親王・内親王がいたのですが、臣籍降下の際に書籍を下賜しています。その一人が源弘《みなもとのひろむ》で、『日本三代実録』には次のように記されています。

弘、幼《わか》くして聰警《そうけい》、好みて経史を読み尤も隷書を善くしき。太上天皇（嵯峨上皇：引用者注）祚《みくらい》に在りし弘仁五年、姓を源朝臣と賜りき。

（中略）

始め太上天皇、皇子の中に、弘の最も学を好むを見たまひて、特に経籍を賜ひき。故に家に賜書多くして、他子に倍しき。弘、尋ね読みて倦まず、兼ねて糸竹《しちく》を好み、退衙《たいが》の閑《かん》ある毎《ごと》に、琴書《きんしょ》を以て自ら娯《たのし》みき。

（武田祐吉・佐藤謙三訳『訓読　日本三代実録』一八七頁）

源弘は経籍（＝儒教の経典）を特に好んで読んでいたので、嵯峨上皇は他の子どもよりも倍の量を与えたと書いてあります。弘の家には父帝から下賜された書物が多くあったようです。また和楽器も弘は嗜み、退庁して時間がある時は和楽器演奏と読書を楽しんでいました。弘に大量に書籍を与えるほど、嵯峨上皇は多数の蔵書を所持していたことがうかがわれます。これらは上皇個人の私有物でした。

嵯峨上皇は承和元年（八三四）まで冷然院に住んでいました。嵯峨上皇の後も、歴代の上皇や皇族も居住したようです。しかしこの冷然院も、貞観十七年（八七五）正月二十八日に火事で燃えてしまいます。

廿八日壬子《じんし》、夜、冷然院に火あり、延びて舎《いえ》五十四宇を焼き、秘閣収蔵の図籍文書《とせきもんじょ》灰燼と為り、自余の財宝も孑遺《げつい》有ること無かりき。

（武田祐吉・佐藤謙三訳『訓読　日本三代実録』六六一頁）

多数の貴重な書籍・文書が灰になってしまいました。その後冷然院は再建されましたが、かつてのように書籍が多く収蔵されたのかはよくわかりません。

この貞観十七年（八七五）の大火災をきっかけにして、宇多天皇の勅命により日本国中に存在している漢籍の目録を作成する一大事業がスタートしました。藤原佐世《ふじわらのすけよ》が編纂主任になり、寛平三年（八九一）に完成しました。それが『日本国見在書目録《にほんこくげんざいしょもくろく》』です。この中に冷然院旧蔵の書籍が確認されており、貞観十七年（八七五）の大火災を逃れた書籍があったことがわかります。

その後の冷然院ですが、再建されるたびに火災に遭うという事態になっていました。そこで天暦八年（九五四）に「冷然院」から「冷泉院」へと変更しました。それでも火災は続いたようです。天喜三年（一〇五五）に殿舎を取り壊して一条院に移築されましたが、以降の冷泉院の消息はよくわかっていません。

## 蓮華王院宝蔵

平安期において朝廷関係の文庫として有名なものに、蓮華王院《れんげおういん》の宝蔵があります。蓮華王院は長寛元年（一一六三）に、平清盛の協力を得て後白河法皇が造営したものです。法皇はここに宝蔵を設けて、多くの什物《じゅうぶつ》を収蔵しました。図書、仏像、書画、楽器が中心であったようです。中でも図書は、これらの中でも点数において最も多かったとあります（池田亀鑑『古典の批判的処置に関する研究』第一部土佐日記原典の批判的研究、二十二～二十三頁）。

承安四年（一一七四）八月十三日、法皇は院文殿の衆に命じて、宝蔵の目録の改訂を命じています。『吉記《きっき》』によれば次のように記されています。本書では小野則秋氏の訳文を引用します。

先日の院宣に云く。漢家に於ける書籍は皆儒家に在り。又他の御倉にも在り強て置かる可からず。但し証本に於ては此の限に非ず。本朝の書籍及諸家の記皆悉く集めらるべく、能く撰定すべき也

（小野則秋『日本図書館史』補正版、二十一頁）

法皇は宝蔵の什物収集の基本方針を定めました。これによると図書を中心にこれからは集めるという方針を立て、漢籍ではなく和書を中心に蒐集するとのことでした。しかも諸家が所持しているさまざまな記録もすべて集め、よく選定して宝蔵に収蔵するべき、とのことでした。

後白河法皇は院政を行った代表的な治天の君ですが、その権力を行使して国内の稀覯書をすべて蒐め、自分の文庫に収めさせようと考えていたのでしょう。同様なことは室町時代の後花園天皇が発案しており実行しましたが、途中で断念しています。

蓮華王院宝蔵は法皇の崩御後も存続し続けましたが、鎌倉期に入ると盗賊の被害に遭うようになります。

鎌倉後期に皇統が持明院・大覚寺両統に分裂した際には、蓮華王院は持明院統の所属になります。持明院統の管理に置かれていた時期は、きちんとした手入れが行き届いていたようです。

大覚寺統から即位した後醍醐天皇は、必要な図書を宝蔵から借りていました。天皇は非常に学問好きだったのです。しかし借りている最中に倒幕の計画が発覚し、元弘元年（一三三一）に京都を逃れ

笠置山で鎌倉幕府打倒の兵を挙げます（元弘の乱）。天皇は京都脱出の際に宝蔵から借りていた図書を一部持っていったようです。後で持明院統の花園上皇が蔵書を点検させたところ、天皇に貸し出したまま未返却になっている図書があることが発覚しています。

天皇が京都にいなくなったので、持明院統から光厳天皇が即位しましたが、この元弘の乱が始まった頃から宝蔵の図書や什器は、別の場所にバラバラに収蔵されるようになってしまいました。宝蔵が文庫としての機能を終えたのです。それでも室町時代まで宝蔵はあったようですが、それもいつの間にかなくなってしまいました。

## 第十一節　宮中に置かれた文庫とは

奈良朝を中心として一部平安朝まで含めて宮中に置かれた文庫を概観してきました。宮中の文庫というと図書寮が代表的ですが、その他にも文殿、中務省文庫、蔵人所、御書所、内御書所、一本御書所、冷然院文庫、蓮華王院宝蔵などさまざまな文庫があったことがおわかりになったと思います。

これらの文庫は基本的に図書館というよりは、公文書館あるいは書庫といったほうが現代のイメージに近いと思います。宮中での行事や政務に関係する書籍、公文書、什器などを蒐集・保存し、そして必要に応じて取り出して関係者が閲覧するというものでした。また政務中心のこれら文庫とは違い、御書所、内御書所、一本御書所のように一般書籍を主に蒐集した文庫も存在しました。内御書所では詩作会も行われていたようですので、文学書なども収蔵されていたのでしょう。これらは天皇の個人文庫といわれていますが、どういった役割を果たしたのか詳しくはわかっていないようです。

**【参考文献】**

浅井虎夫著・所京子校訂『女官通解』新訂、講談社、講談社学術文庫、一九八五年
池田亀鑑『古典の批判的処置に関する研究』第一部土佐日記原典の批判的研究、岩波書店、一九四一年
石原道博編訳『旧唐書倭国日本伝・宋史日本伝・元史日本伝：中国正史日本伝』新訂、二、岩波書店、岩波文庫、一九八六年
井上幸治『古代中世の文書管理と官人』八木書店、二〇一六年
井上光貞・関晃・土田直鎮・青木和夫校注『日本思想大系3　律令』岩波書店、一九七六年
宇治谷孟『日本書紀　全現代語訳』下巻、講談社、講談社学術文庫、一九八八年
宇治谷孟『続日本紀　全現代語訳』上・中巻、講談社、講談社学術文庫、一九九二年
太田晶二郎「一本御書所」（国史大辞典編集委員会編『国史大辞典』第一巻、吉川弘文館、一九七九年）
大庭脩『漢籍輸入の文化史：聖徳太子から吉宗へ』研文出版、研文選書、一九九七年
小川徹「図書寮について」（小川徹・奥泉和久・小黒浩司『図書館と読書の原風景を求めて』青弓社、二〇一九年）
沖森卓也・佐藤信・矢嶋泉訳『現代語訳　藤氏家伝』筑摩書房、ちくま学芸文庫、二〇一九年
小野則秋『日本図書館史』補正版、玄文社、一九七三年

小野則秋『日本文庫史研究』改訂新版、上巻、臨川書店、一九七九年
菊池京子「「所」の成立と展開」（林陸朗編『論集日本歴史3　平安王朝』有精堂、一九七五年）
工藤重矩『平安朝律令社会の文学』ぺりかん社、一九九三年
倉本一宏『藤原行成「権記」　全現代語訳』中巻、講談社、講談社学術文庫、二〇一二年
黒板勝美・国史大系編修会編『新訂増補国史大系第二十二巻　律・令義解』吉川弘文館、一九六六年
黒板勝美・国史大系編修会編『新訂増補国史大系　令集解』普及版、第一、吉川弘文館、一九七二年
栄原永遠男『奈良時代の写経と内裏』塙書房、二〇〇〇年
坂本太郎『坂本太郎著作集第三巻　六国史』吉川弘文館、一九八八年
神道大系編纂会編『神道大系　古典編十　類聚三代格』神道大系編纂会、一九九三年
新藤透『図書館の日本史』勉誠出版、ライブラリーぶっくす、二〇一九年
須田春子『律令制女性史研究』千代田書房、一九七八年
須田春子『平安時代後宮及び女司の研究』千代田書房、一九八二年
高橋貞一『訓読玉葉』第六巻、高科書店、一九八九年
高橋秀樹編『新訂　吉記』和泉書院、日本史史料叢刊、二〇〇二年
武田祐吉・佐藤謙三訳『訓読　日本三代実録』臨川書店、一九八六年
東京大学史料編纂所編『大日本古文書』覆刻、編年之四、東京大学出版会、一九六八年
東京大学史料編纂所編『大日本古文書』覆刻、編年之五、東京大学出版会、一九六八年
土佐秀里「古代日本の蒐書と蔵書：日本上代文学形成の前提条件」『國學院雜誌』第一二〇巻第二号、二〇一九年二月

土佐秀里『律令国家と言語文化』汲古書院、二〇二〇年
虎尾俊哉編『訳注日本史料　延喜式』中巻、集英社、二〇〇七年
橋本義彦『平安貴族社会の研究』吉川弘文館、一九七五年
橋本義彦「内御書所」（国史大辞典編集委員会編『国史大辞典』第二巻、吉川弘文館、一九八〇年）
橋本義彦「官文庫」（国史大辞典編集委員会編『国史大辞典』第三巻、吉川弘文館、一九八三年）
橋本義彦「文殿」（国史大辞典編集委員会編『国史大辞典』第十二巻、吉川弘文館、一九九一年）
内閣記録局編『法規分類大全』第一編政体門三詔勅式、内閣記録局、一八九一年
永田和也「御書所と内御書所」『國學院大學大學院紀要：文学研究科』第二十輯、一九八九年三月
物集高見・物集高量『広文庫』覆刻版、第十三冊、名著普及会、一九七六年
物集高見・物集高量『広文庫』覆刻版、第十七冊、名著普及会、一九七七年
森田悌『日本後紀　全現代語訳』上・中巻、講談社、講談社学術文庫、二〇〇六年
森田悌『続日本後紀　全現代語訳』上・下巻、講談社、講談社学術文庫、二〇一〇年
和田英松著・所功校訂『官職要解』新訂、講談社、講談社学術文庫、一九八三年
『古事類苑』普及版、官位部一、吉川弘文館、一九八二年
『古事類苑』普及版、官位部二、吉川弘文館、一九八二年
「一代一度の仁王会」（コトバンク「精選版　日本国語大辞典」https://kotobank.jp/word/%E4%B8%80%E4%B8%80%E4%BB%A3%E4%B8%80%E5%BA%A6%E3%81%AE%E4%BB%81%E7%8E%8B%E4%BC%9A-2006788 2021/7/20 閲覧）
「図書寮文庫規程」平成二十二年四月一日宮内庁訓令第五号（宮内庁書陵部図書課図書寮文庫 https://www.

kunaicho.go.jp/kunaicho/shinsei/toshoryo.html　2021/7/22 閲覧）
「図書館について」日本図書館協会ホームページ（http://www.jla.or.jp/library/tabid/69/Default.aspx 2021/7/22 閲覧）
「呪願」（コトバンク「デジタル大辞泉」https://kotobank.jp/word/%E5%91%AA%E9%A1%98-528021 2021/8/2 閲覧）
「仁王会」（コトバンク「精選版　日本国語大辞典」https://kotobank.jp/word/%E4%BB%81%E7%8E%8B%E4%BC%9A-110879 2021/8/2 閲覧）

# 第五章　大学・国学・経蔵・百万塔陀羅尼

本章では古代に存在した学校と経蔵に着目します。古代には、都に大学寮という最高学府が存在し、地方には各国に国学が置かれていました。これらは今日でいう「高等教育機関」に相当しますが、誰でも自由に入学できるというわけではありませんでした。

大学寮や国学は学校ですので、勉学をするところなのはいうまでもありません。そういう場所には必ず書籍が集積されていたと考えられます。これは現代と変わらない光景でしょう。大学寮や国学には附属の文庫があったと考えられます。

またもう一点、寺院に附設された経蔵についてもみていきます。当時の寺院は仏教の研究機関でもありました。学僧たちが日夜仏教研究に勤しんでいたわけです。研究には大量の経典、また中国や朝鮮で著された経典の注釈書が必要です。経蔵はそれらを大量に保管していました。

大学寮・国学の文庫と経蔵は、今日の図書館に近い働きをしていたのでしょうか。まずは大学寮からその活動をみることにしましょう。

## 第一節　大学寮

### 起源

大学寮の起源がどこに求められるかは、諸説が入り乱れていてはっきりとはわかっていません。久木幸男氏によると五つの説があるようです（久木幸男『日本古代学校の研究』二十三頁）。

①六六八～六七四年（天智天皇・天武天皇時代）説
②六六八～六七一年（天智天皇時代）説
③六六三年（天智天皇二年）説
④六四九年（大化五年）説
⑤六四五年（大化元年）説

この五説で一応通説とみなされているものは、②の七世紀後半開学説です。実はこの説は古くから存在しています。日本教育史研究の草分けである佐藤誠実『日本教育史』（一八九〇～九一年）で初めて提唱された説で、伝統的なものです（佐藤誠実著・仲新・酒井豊校訂『日本教育史』一、二十四～二十五頁）。

佐藤氏は大学寮の創建は天智天皇の御代（六六二～六七二）のことであるとしています。天智天皇は、即位する前に皇太子のまま政務を執っていました。これを「称制《しょうせい》」というのですが、佐藤説は称制の段階ではなく即位後（六六八〜六七一年）に大学寮が設置されたとしています。

この根拠として『日本書紀』と『懐風藻』の序文を挙げています。ここでは『日本書紀』を見てみましょう（傍線引用者）。

この月（天智十年：引用者注）、佐平余自信《さへいよじしん》、沙宅紹明《さたくしょうみょう》（法官大輔《のりのつかさのおおきすけ》）に大錦下を授けられた。鬼室集斯《きしつしゅうし》（学頭職）に小錦下を授け、達率谷那晋首《こくなしんしゅ》（兵法に詳しい）・木素貴子《もくすきし》（兵法に詳しい）・憶礼福留《おくらいふくる》（兵法）・答本春初《とうほんしゅんそ》（兵法）・㶱日比子賛波羅金羅金須《ほんにちひしさんはらこんらこんす》（薬に通ず）・鬼室集信《きしつしゅうしん》（薬に通ず）に大山下を授けた。小山上を達率徳頂上《とくちょうじょう》（薬に通ず）・吉大尚《きちだいじょう》（薬に通ず）・許率母《こそつも》（五経に通ず）・角福牟《ろくふくむ》（陰陽に通ず）に授けた。小山下を他の達率たち五十余人に授けた。

（宇治谷孟『日本書紀　全現代語訳』下巻、二三六〜二三七頁）

『日本書紀』によると、天智天皇十年（六七一）段階で「鬼室集斯《きしつしゅうし》」なる人物が「学識頭」という役職についていたことがわかります。「学識頭」とは大学寮の長官ではないかともいわれており、初代長官だという説もあります。また『懐風藻』の序文にも、天智天皇が即位後に「庠序《しょうじょ》」を建てたとあり、この「庠序」が学校を意味しているとのことです。

これらの史料から言える点は、天智天皇が正式に即位した後の天智天皇七年（六六八）から同十年（六七一）の間に大学寮を建て鬼室集斯を学識頭に任命した、ということです。久木幸男氏は五説の根拠を丁寧に検討した結果、やはり通説の②にいちばん信憑《しんぴょう》性がありそうだと結論を下しています。

## 学識頭・鬼室集斯

大学寮初代長官と目される鬼室集斯とはどういった人物なのでしょうか。実は鬼室集斯の経歴はよくわかっていません。もともとは朝鮮半島にあった国家・百済の出身で、天智天皇二年（六六三）に勃発した白村江の戦い後に日本に亡命して大和朝廷に仕えたとされています。『日本書紀』には天智天皇四年（六六五）二月に次のように記されています。

この月（天智天皇四年二月：引用者注）、百済国の官位の階級を検討した（百済滅亡後、多数渡来した百済人に冠位を授けるため）。佐平福信《さへいふくしん》の功績によって、鬼室集斯（福信の子か）に、小錦下《しょうきんげ》の位を授けた。

（宇治谷孟『日本書紀　全現代語訳』下巻、二二七頁）

「佐平福信」とは百済再興を願って日本に援軍を要請した百済人の鬼室福信《きしつふくしん》のことで、「佐平」とは百済最高位の官職です。福信の「功績」によって集斯は天皇から小錦下の位を賜ったとありますので、集斯は福信の子どもではないかという史料もありますが確証はありません。

『日本書紀』にはもう一箇所、鬼室集斯の名前が出ている記事があります。天智天皇八年（六六九）

条にこのように書かれています。

この年（天智天皇八年：引用者注）、小錦中河内直鯨《かわちのあたいくじら》らを大唐に遣わした。また佐平余自信・佐平鬼室集斯ら男女七百余人を近江国蒲生郡《がもうのこおり》に移住させた。

（宇治谷孟『日本書紀　全現代語訳』下巻、二三四頁）

日本に亡命して四年後に天皇から領地を与えられたのでしょう。近江国蒲生郡に「男女七百余人」を従えて移住したとあります。おそらくこの七百人余りも百済滅亡によってわが国に渡来してきた人たちでしょう。どうやら鬼室集斯は百済では佐平の官位を得ていたことがこの記事でわかります。この二年後に鬼室集斯は学識頭に任命されていることを考えれば、天智天皇八年（六六九）から同十年（六七一）までの間に大学寮が創建された可能性が高いと思います（久木幸男『日本古代学校の研究』三十六〜三十八頁）。

### 初期大学寮の名称

天智天皇の治世後半（六六九〜六七一年）頃に、大学寮はおそらく創設されましたが、当初から「大学寮」という名称だったのでしょうか。

鬼室集斯は「学識頭」に任命されていましたので、「学識」と最初期は呼ばれていたと考えられます。ではいつ大学寮という名前に変わったのでしょうか。

『日本書紀』で「大学寮」という単語が初めて登場したのは、天武天皇四年（六七五）正月条です。

四年（天武天皇：引用者注）春一月一日、大学寮の諸学生・陰陽寮《おんようのつかさ》・外薬寮《とのくすりのつかさ》（のちの典薬寮に当る）および舎衛《さえ》の女・堕羅《たら》の女・百済王善光《ぜんこう》・新羅の仕丁《つかいのよほろ》らが、薬や珍しい物どもを捧げ、天皇にたてまつった。

（宇治谷孟『日本書紀　全現代語訳』下巻、二六六頁）

ただ『日本書紀』に天武天皇四年（六七五）に「大学寮」の名が確認されたからとはいえ、その年にそう名乗っていたとは言えません。『日本書紀』は養老四年（七二〇）に完成しましたが、それ以前の制度の名称も編纂時点での名称で記された例もあるからです。結局、いつ学識から大学寮に変更されたのかはよくわかりません。

最初期の大学寮については、実はなにもわかっていません。教官組織・学生数・教科内容、そして文庫の有無など、史料がないためにすべてが不詳です。

## 初期大学寮の組織

大学寮が正式に定められたのは、諸説ありますが大宝令（七〇一年）によってです。ただ大宝令は現存していませんので、養老令（七一八年）の規定をみていきたいと思います。大学寮は式部省に属し官吏を養成する機関で、平城京、平安京に設置されました。

組織について簡単に見てみましょう。「職員令」によると次のような職制になっています。

頭一人。掌らむこと、学生《がくしょう》を簡《えら》び試みむこと。及び釈奠《しゃくでん》の事。助一人。大允一人。小允一人。大属一人。小属一人。博士一人。掌らむこと、経業教へ授け、学生を課試せむこと。助教《じょけう》二人。掌らむこと博士に同じ。学生四百人。掌らむこと、経業を分ち受けむこと。音博士二人。掌らむこと、音教へむこと。書博士《ふみのはくじ》二人。掌らむこと、書《ふみ》教へむこと。算博士《さんのはくじ》二人。掌らむこと、算術教へむこと。算生《さんのしゃう》三十人。掌らむこと、算術習はむこと。使部二十人。直丁二人。

（井上光貞・関晃・土田直鎮・青木和夫校注『日本思想大系3　律令』一六七頁）

これによると大学頭《だいがくのかみ》一名、大学助《だいがくのすけ》一名、允《じょう》二名、属《ぞく》二名となっています。ここまで四等官で、その下に、雑務に従事する使部二十名と、雑役夫たる直丁二名を配していました。

その職務をみると、大学頭は博士が選考した学生《がくしょう》からさらに選考して入学者を決めること、孔子を祀る釈奠《せきてん》を執行することとあります。

教官としては博士が一名、助教が二名で、さらに教養課程を担当する教官として音博士《こえのはかせ》二名、書博士《ふみのはかせ》二名、算博士《さんはかせ》二名が配されていました。

大学寮の主要学科は本科で儒学を専門とする「明経道《みょうぎょうどう》」で、学生定員は四百名でした。別科のような扱いで算術を専門に教える「算道《さんどう》」があり、算博士について学ぶ算生《さんしょう》三十人もいました。職員令には記されていませんが、学令のほうを見ると、書博士には「書学生《しょがくしょう》」の規定が確認できます（井上光貞・関晃・土田直鎮・青木和夫校注『日本思想大系3　律令』二六六〜二六七頁）。

博士は「経業を分ち受けむこと」とあって、「経」は経書つまり儒教を意味し、「業」は業術のことで書と算のことを表しています。助教は教える内容は博士と同じとあります。

次に三博士について説明します。まず音博士ですが、入学した学生はまず音博士に就いて経書を音読して暗唱した後、他の博士・助教の講義を受けました。おそらく音博士は儒書を読む際の中国語の発音を学生に教えていたと考えられます。したがって、音博士に就いて専門に学ぶ学生はいません。書博士は学生に書道や書法を教えましたが、書学生のようにそれを専門にする学生も若干いました。算博士は前述したように算術を学生に教えました。経典の音読や暗誦、書道・書法、算術などは教養課程として全学生が授業を受けたようです。

最後に入学資格についてふれておきましょう。大学寮は誰でも入学できるわけではありません。入学できる資格は身分によって区別されていました。大学寮入学資格は五位以上の貴族の子と孫です。そのほかにも例外的に東西史部《やまとかわちのふひとべ》の子、八位以上の子で特に志願する者、地方にあった国学を卒業した者なども入れたようです。史部は古代において文書記録の作成など、文筆をもって天皇に仕えた氏族で特に貴族身分ではありませんでしたが、その仕事の専門性から特に入学が許可されたのでしょう。

## 藤原武智麻呂の大学寮振興

藤原南家の祖である武智麻呂は、大宝四年（七〇四）三月に大学助に就任しています。武智麻呂は好学な人物でしたが、就任した当初は天武天皇の崩御と藤原京遷都が重なって世情は慌ただしく、学問に落ち着いて打ち込める環境ではなかったようです。大学の建物だけはあったようですが組織としては衰微し、学生も散り散りになってしまっていたようです。

その様子を見た武智麻呂は早速行動を起こします。

公（武智麻呂）は学校の校舎に入り、その人気がなく寂しい様子を見て、「学校は賢い人材の集まる場所であって、天皇の統治の基本となるところである。国を治め、家を整え管理するのは、すべて儒教に基づくものである。忠や孝を尽くすのも、儒教の教えによるものである。今、学者は散り散りになっていなくなり、儒教も廃れてしまっている。こうした状況は、天子が国家を治める道を盛んにし、天皇の統治を補佐する施政ではない。」と考えた。

そこで、大学寮長官の良虞王《ろうぐおう》とともに文武天皇に陳情して、碩学（学者）を招き集め、儒教の経典や歴史を講義させた。十二日の間に大学は賑わいを取り戻し、あちこちの学者は、雲のように集まり星のように並んだ。経書・詩文や史書を読み習う声が盛んに響くようになった。

（沖森卓也・佐藤信・矢嶋泉訳『現代語訳　藤氏家伝』七十七〜七十八頁）

武智麻呂が大学寮を復興したことがわかります。高名な学者を招くと学生も集まってきたのでしょう。経書・詩文や史書を音読する学生の声が大学に響き渡るようになったのです。

慶雲三年（七〇六）七月、武智麻呂は大学頭に任じられます。

公（武智麻呂）は、しばしば大学の校舎に入り、儒教の学者たちを集めて、『詩経』『書経』を読誦〔吟詠〕し、『礼記』『易経』をひもとき親しんだ。学校を引き立てて、学生を教育した。文学の学徒たちは、それぞれ学業に勤めた。

（沖森卓也・佐藤信・矢嶋泉訳『現代語訳　藤氏家伝』八十一頁）

大学寮のトップに立った武智麻呂でしたが、学者たちと共に儒書を読誦するなど親しく交わり、学生を教育したようです。武智麻呂が初期の大学寮に及ぼした影響は大きかったと思います。このおよそ二年後に武智麻呂は図書頭に異動となります。

『藤氏家伝』にみられる大学寮の教育は、やはり儒教を教授していたことがわかります。

## 神亀五年（七二八）の改革

藤原武智麻呂によって大学寮は再び活発になりましたが、奈良朝初期のこの時期に更なる改革を相次いで行っています。

神亀五年（七二八）には律令を教える「明法道《みょうぼうどう》」と、漢詩文と歴史を教授する「紀伝道《きでんどう》」が新設され、教官の増員と学生定員の増加を行いました。同年七月二十一日の格《きゃく》によると、法律学の教官として律学博士《りつがくのはかせ》二名、儒学教官の直講《ちょくこう》三名、歴史と漢文学を教授する文章博士《もんじょうのはかせ》一名が増員されました。さらに紀伝道の学生である文章生《もんじょうのしょう》二十名の定員増加も行っています。学生は合わせて四五〇名となりました。従来の二学科体制から四学科体制（これを「四道《しどう》」と呼びます）へと移行したのです。

## 天平二年（七三〇）の改革

神亀五年（七二八）からわずか二年後、大学寮はまた制度改革を行っています。天平二年（七三〇）三月二十七日、太政官は次のように上奏しました（傍線引用者）。

> 三月二十七日　太政官が次のように上奏した。
> 大学に在籍する生徒の中には、年月を経ても学業を習うことが浅薄で、ひろく深く進めない者がいます。まことに家が貧しくて学資を充分に出すことができなければ、学問を好んでいても志を遂げることはできません。生まれつき智恵がさとく、学業の優秀な者を五人から十人選び、専ら学問に精進させ、後進へのよい誘いにしたいと思います。そのため夏・冬の服装と、食料を支給して頂きたい。
>
> （宇治谷孟『続日本紀　全現代語訳』上巻、三一三頁）

傍線を付した箇所が、新設された得業生《とくごうしょう》のことをいっています。得業生とは大学寮の四学科において、一般学生よりも高度な学問・技術の習得を目指す特待生のことで、十名の定員が増員されました。さらに明法道の学生として明法生《みょうぼうしょう》の定員が十名と、正式に決められました。さらに明法道と紀伝道の入学資格も定め、白丁《はくてい》と雑任《ぞうにん》に限定されるというものでした。白丁は簡単にいえば庶民のことで、雑任とは下級官人のことです。明法道・紀伝道両学科の学生を民衆に限定したことに関して、優遇策との説もありますが（久木幸男『日本古代学校の研究』九十四頁）、真相はわかっていません。

神亀五年（七二八）と天平二年（七三〇）の改革によって、大学寮は奈良末期から平安初期にかけて隆盛しました。ただその理由としてもうひとつ付け加えるとすれば、桓武天皇の大学寮振興は見過ごせません。

## 桓武天皇の大学寮振興策

延暦十三年（七九四）十一月七日、桓武天皇は次のように詔しました。

〇丙子（七日）　天皇が次のように詔りした。

古の王者は教学を先とし重んじた。（略）さて、去る天平宝字元年に設置を決めた大学寮田三十町では、大学の生徒数が漸次ふえてきているので、賄いきれなくなっている。さらに越前国の水田百二町を加えよ。以前の大学寮田と併せて百三十余町とし、勧学田《かんがくでん》と名づけることに

する。（略）

（森田悌『日本後紀　全現代語訳』上巻、七十一頁）

勧学田とは、学生の食料や衣料を賄うために支給された職分田《しきぶんでん》の一種です。孝謙天皇によって、天平宝字元年（七五七）八月二十三日に三十町賜ったのが最初ですが（宇治谷孟『続日本紀　全現代語訳』中巻、一七二頁）、既に桓武天皇の御代には不足していたことがわかります。

桓武天皇が越前に勧学田を設定したおかげで、大学寮が経済的に安定したのです。

## 大学寮使用教科書と教育

大学寮でどのような教育が行われていたのかを知るには、まずどのような書物を教科書として用いていたのか知るのが手っ取り早いでしょう。ここでは明経道を中心にみていくことにします。

まず大学寮で基礎的な教科書とされていたのは、『論語』と『孝経』です。この二種は必ず学ばなければならない必修科目でした。

その他の教科書は分量の多少に従って分けられていました。

大経（『礼記』『春秋左氏伝』）、中経（『周礼』『儀礼』『毛詩』）、小経（『周易』『尚書』）の三種です。学生はこの三種から二経、三経、五経を選択して学ぶことになっていました。

二経を学ぶもの　大・小経各一。または中経二。
三経を学ぶもの　大・中・小経各一。
五経を学ぶもの　大経二・中経三。または大経二・中経二・小経一。あるいは大経二・中経一・小経二。
（久木幸男『日本古代学校の研究』六十頁）

教官はそれぞれ担当する教科書を決めて別々に授業し、一つの教科書が終わらないうちに他の教科書に移ることは禁じられていました。一つの教科書をすべて学生に教授することが義務付けられていたのです。

授業は個別ではなく一斉授業の形態を取っていました。最初は音博士が担当し、教科書の素読指導を行いました。中国音で最初に教官が読み、後を学生が続けて読むというスタイルでした。その後に博士が決まった注釈書に基づいて内容の解釈を講義しました。学生は旬試や年終試のために、それら経書とその注釈書の内容を丸暗記することが求められたのです。

このスタイルでは、学生は最初、意味もわからずに読み方を教わるわけですので、その苦労は大変なことだったと思います。この意味もないのに読み方をひたすら徹底的に最初に叩き込むという教育方法は、江戸時代の寺子屋まで同様な方法が採用されていました。こうした教育方法は中国にその起源があるのでしょうが、中国人が漢文を幼少期に教わるのもひたすら読み方を暗記するものであったといいます（岡田英弘『漢字とは何か：日本とモンゴルから見る』六十〜六十四頁）。

さて学生は十日ごとに一度の休日があり、その一日前に博士による考試がありました。これは主に口頭試問だったようです。経書の暗記と内容をきちんと理解していないと及第できないものだったのです。十日ごとに行われる試験ですので、これを旬試《じゅんし》といいました。旬試は「読」と「講」から成っていました。

「読」は読み方の試験ではなく暗誦であって、教科書の文字千字ごとにそのうちの三字を隠してその箇所を暗誦させる（これを帖試という）。「講」は教科書の文字二千字ごとに一ヶ条の意味を試問し、すべて三ヶ条の試問をする。二問以上の正答者が及第で落第者は処罰を受ける。（中略）この罰はムチで打つことであった。

（久木幸男『日本古代学校の研究』六十頁）

結局、「読」も「講」も合格するためには儒教の経典の本文だけではなく、注釈も含めてすべてを丸暗記する必要がありました。不合格だと体罰が待っているわけですから、いわば脅すようなことをして学生に勉強させたわけです。

またそれとは別に年終の七月に行われる年終試がありました。ここでも久木幸男氏の解説を読んでみましょう。

年終試は毎年一回、七月に行なわれ、その試験官には大学頭、大学助、または一般官人中の学識ある人が当った。年終試は、学生の学習成績の評価のためのものであるとともに、教官の勤務成績の評定という意味をもっていたからである。(中略)年終試の施行法は旬試と同じく口問口答であったが、帖試は行なわれず、「講」のテストのみが行なわれた。(中略)わが国では八問中正解六問以上のものが上、四問以上のものが中、それ以下が下と評価された。「頻三下」(頻りに三下)なる者、つまり三年連続して下の成績を得たるものは、唐でも日本でも退学させられる規定であった。なお学生中に下の評価をうけるものなく全員が中以上の成績を収めれば、教官は「最」の評定をうけることになっている。

(久木幸男『日本古代学校の研究』六十一頁)

無事に大学寮を卒業できても国家試験に合格しないと、太政官に就職することはできませんでした。当初はかなり厳しくやっていたようですが、後にこの体制は崩れていくことになります。

## 大学寮の蔵書

大学寮は官僚養成機関ですので、学生の勉強のためにそれなりの蔵書数があったことは想像に難くありません。

平安時代に入ってからの史料ですが、延長五年(九二七)成立の格式《きゃくしき》である『延喜式』には、大学寮が所蔵していた書籍の扱いについて、いくつかの規定があります。

凡そ寮家の雑書は輙《たやす》く他人に借し与うることを得ず。ただし学生の寮中に於いて読閲することを聴せ。

（虎尾俊哉編『訳注日本史料　延喜式』中巻、六三九頁）

これは「寮書条」と呼ばれる規定です。「雑書」とありますので、儒教の書物ではない一般図書のことを指しているのでしょうか。大学寮が所蔵している「雑書」は簡単に他人に貸してはいけない、ただし学生が寮の中で閲覧するぶんには構わない、という意です。現代風にいえば、館外貸出は行わず、館内閲覧だけ許可していたということでしょう。

またこのような規定もあります。

凡そ寮家の官書は三年に一度曝《ほ》し涼《さら》せ。諸の学生、その事に役《えき》せよ。

（虎尾俊哉編『訳注日本史料　延喜式』中巻、六三九頁）

これは「曝書条《ばくしょじょう》」と呼ばれている条文です。三年に一度は曝書（虫干し）することが決まっており、その作業には学生が参加させられたようです。虫干しをするほどなので、相当の蔵書があったことがうかがわれます。

冊数は多かったようですが、目録などの検索ツールはなかったのでしょうか。『延喜式』には次のような規定もあります。

凡そ寮家の官書の目録は三通を造り、その一通は省に進《たてまつ》り、一通は勘解由使《かげゆし》に送れ。

（虎尾俊哉編『訳注日本史料　延喜式』中巻、六三九頁）

これによると目録は三通作成され、一通は大学寮を管轄している式部省に、一通は行政機関を監査する勘解由使《かげゆし》に送られたとあります。おそらく残りの一通は検索用に大学寮に備え付けられたのでしょう。

なぜ監査機関である勘解由使に大学寮の蔵書目録が送られたのか、その理由ははっきりとはしていません。大学寮官人の交替の際に蔵書点検でも行ったのではないかという説もあります（『訳注日本史料　延喜式』中巻、六三九頁頭注）。

もっとも、大学寮の主務官庁や監査機関にまで目録が送られたということは、それほど厳重に蔵書が管理されていたことを物語っています。ただ、当時作成された目録は現存していないので、どのような分類法であったのかなどの細かい点は何もわかっていません。

大学寮の蔵書に関する規定はこれだけです。これを「図書館」と呼べるかどうかは議論が分かれそうですが、その機能は学生の勉学のために書籍を収蔵していたといえます。またそれも研究のためではなく、完全に教育のために書籍を集めていました。研究とは新しい「知」を見出すために行われる行為ですが、大学寮は完全に教育機関であり、官吏を養成するための学校でした。その付属の文庫ですので、今日でいえば研究・教育のために設置している大学図書館というよりも、小中高などに附設している学校図書館に近い働きをしていたといえるでしょう。かつて日本図書館史の研究者の草野正名氏は、大学寮の文庫を「学校図書館」と分類していました（草野正名『日本学校図書館史概説』）。

## 大学寮の衰退

大学寮の全盛期は奈良末期から平安初期といわれていますが、それを過ぎた平安中期以降は衰退していきます。その理由はいろいろなものが考えられると思いますが、大学寮の入学できる身分を下げたことにより、中下級貴族の子弟の立身出世のための学校になってしまった点もあるかと思います。上流貴族の子弟は徐々に大学寮に入学しなくなり、とうとう藤原氏は独自に大学別曹《だいがくべっそう》を建てるにいたりました。大学別曹は制度上では大学寮の附属機関ということになっていますが、実態は全く別組織でした。

また大学寮の教官である菅原氏と大江氏との対立、その他の氏族との内部抗争も激化したことも大学寮の権威低下につながっていきました。

さらに大学寮の財源である勧学田も荘園化されたのに伴い、財源を失ったことも衰退の大きな要因のひとつになっているでしょう。

延喜十四年（九一四）、三善清行《みよしのきよゆき》が醍醐天皇に奉った「意見封事十二箇条」には大学寮の衰退を嘆いている箇所がありますが、かつての栄光を取り戻すことはありませんでした。

平安末期の久寿元年（一一五四）には大学寮が倒壊する事故が発生しますが、再建されなかったようです。治承元年（一一七七）の安元の大火では建物も焼亡したようです。その後は再興されたのかわからないのですが、戦国期の永正十八年（一五二一）の史料には大学寮の名称が確認できるので、名前だけは存続していたようです。かつてのように官吏養成機関として機能していたとは、ちょっと考えにくいです。

## 第二節　国学・府学

都には大学寮が置かれましたが、地方には国ごとに国学が設置されました。また大宰府には府学が置かれました。国学や府学とは地方官人を育成するための学校で、大学寮と同様に附属文庫も併設されていたようです。本節では国学と府学についてみていきます。

### 国学の創建

国学という制度がいつ開始されたのかは大学寮と同様によくわかっていません。通説では大学寮が天智天皇の御代にできたといわれていますので、少なくともそれより以前に存在したことはないでしょう。桃裕行氏によれば、近江令（六六八年）や飛鳥浄御原令（六八九年）には国学の規定はなかっただろうということです。おそらく大宝元年（七〇一）の大宝令によって規定されたのでしょう（桃裕行『上代学制の研究』四〇九頁）。

## 国学の組織

大宝令は現存しておらず、多くの条文は養老令（七一八年）に引き継がれたとみられていますので、同令の「学令」を見てみましょう。八十条の「国博士医師条」に次のように規定されています。

凡そ国博士《くにのはかせ》、医師は、国別《くにごと》に各一人。其れ学生は、大国に五十人、上国に卌人、中国に卅人、下国に廿人。医生《いしょう》は各五分が四を減せよ。

（井上光貞・関晃・土田直鎮・青木和夫校注『日本思想大系3　律令』一九六頁）

この条文をまとめると、国ごとに国博士と医師を一名配置、学生は大国に五十人、上国に四十人、中国に三十人、下国に二十人となっています。医生とは医学生のことで、学生の五分の四を減少させた人数を定員とするということですので、そうすると大国十人、上国八人、中国六人、下国四人となります。

次に国博士と医師の職務について説明しましょう。国博士は定員一名で国学の教官でした。つまり先生は一人だったわけです。国博士も大学寮の博士と同様に、学生を教授し課試することを職務としました。医師は医生を教授・課試していましたが、このほかに診療も行っていたようです。

次に学生についてみていきましょう。「学令」にはこのように規定されています。

国学の生《しやう》には、郡司の子弟を取りて為よ。（中略）並に年十三以上、十六以下にして、聡令《そうれい》なら む者を取りて為よ。

（井上光貞・関晃・土田直鎮・青木和夫校注『日本思想大系3　律令』二六二頁）

国学には地方官人である郡司《ぐんじ》の子弟で、十三歳以上十六歳以下の聡明な者を選抜して入学させよとあります。

教育内容は史料が不足しておりよくわかっていないのですが、概ね大学寮の学生と同様に、儒教のみが教授されたと推測されています（桃裕行『上代学制の研究』四一一頁）。

## 国学の実態

国学は発足した当初から、律令の規程どおりに運用できなかったようです。それをうかがわせる史料があります。

国博士は国学の制度が発足した当初から人材不足だったようで、『続日本紀』にこのようなことが記録されています。

（大宝三年：引用者注）三月十六日　次のように制を下した。

大宝令によると「国博士は国内か隣国から採用せよ」とあるが、従来の例を見るに、適当な人材はまれである。若し隣国にも適当な人材がない場合は、式部省に申告せよ。その後、式部省が詮議して、候補者を選び、さらに太政官の処分を乞え。

（宇治谷孟『続日本紀　全現代語訳』上巻、五十九頁）

大宝令によると、本来国博士と医師は国内か、せいぜい隣国からの採用を原則としていました。しかし大宝三年（七〇三）には、既に国博士が人手不足に陥っており、大宝令公布二年後には規定どおりに運用できなくなっていたのです。

また霊亀二年（七一六）五月二十二日に、太政官は次のことを発しています。

大学寮・典薬寮の学生らで、まだ充分修業していないのに、みだりに任官の推薦を求める者がある。このような者たちは、今後、国博士や医師に任命してはならぬ。

（宇治谷孟『続日本紀　全現代語訳』上巻、一七五頁）

これは地方の国学だけの問題ではありませんが、奈良の平城京にある大学寮で適当に勉強していた学生が、地方の国博士への任官をしていたということでしょう。それで地方の教官のレベルが低下しているので、いい加減なものを任官させてはいけないという太政官の命です。おそらく地方の教育水準がかなり低下していたのではないでしょうか。

また、国学はほんとうに各国に配置されていたのか、という疑問があります。次のような記録を読むと、大宝令・養老令の条文どおりにはいかなかったようです。

（養老七年：引用者注）冬十月八日　次のように勅した。
按察使《あぜち》が治めている国には博士・医師を任命し、その他の国々では博士を停止する。
（宇治谷孟『続日本紀　全現代語訳』上巻、二五一頁）

按察使とは律令に規定されていない令外官で、地方行政を監察する官人のことです。数ヶ国を管轄し、国司の上位に置かれました。按察使は国司の中から任命され、自分が治めている国と他国にまで目を光らせていました。

養老七年（七二三）では按察使が治めている国のみに国博士を任命するとあるので、学識の高い国博士が少数で、全国に配置するだけの人数が足りなかったことがうかがえます。当時按察使が治めていた国は、伊勢、遠江、常陸、美濃、武蔵、越前、丹波、出雲、播磨、伊予、備後の十一カ国だけでした。

さらに神亀五年（七二八）八月に、国博士と医師は八年間で国を交替すること、医師は国ごと、国博士は三、四カ国で一名任命することに改められています（宇治谷孟『続日本紀　全現代語訳』上巻、二九四頁）。

この国博士の学識や能力に関する記事は、時折史料に登場します。いくつか取り上げてみましょう。天平宝字元年（七五七）十一月九日の『続日本紀』にこのような記事があります。

十一月九日　天皇は次のように勅した。

聞くところによると、近頃諸国の国博士と国医師は、才能もないのに、つてを頼って職を得る者が多いと。これでは国政を傷つけるばかりか、民を益することにもならない。今後かかることがあってはならぬ。（後略）

（宇治谷孟『続日本紀　全現代語訳』中巻、一七七頁）

国博士や医師の能力の問題は、霊亀二年（七一六）時点で問題になっていましたが、それから約半世紀を過ぎても解決しておらず、それどころかコネを使って地方に職を得るなど悪化しています。それを是正せよとの孝謙天皇の勅《みことのり》です。

また都から遠い遠国《おんごく》では、いろいろと不具合もあったようです。宝亀二年（七七一）十二月二十二日の『続日本紀』の記事に次のものがあります。

十二月二十二日　大宰府は次のように言上した。

日向国・大隅国・薩摩国および壱岐嶋・多褹《たね》嶋などの博士や医師は、一度任命すれば身の終わるまで交替することがありません。そのために後進の者は職の道を閉ざされ、学問や技術が進歩しません。それで、一般の地域に対する朝廷の法と同じく八年で交替としそれによって、後進の者も任官できることを示して、永く後学の者を励ますことにしたいと思います。

（宇治谷孟『続日本紀　全現代語訳』下巻、八十頁）

これらの国はかつて隼人《はやと》が治めていた地域で、大和朝廷の版図に加わったのは近年のことでした。また壱岐嶋や多褹嶋などはかつて朝貢していたのですが、これも正式に日本の領土に編入されたのです。遠国ということで律令の適用も変則だったのでしょう。それを他国と同様に八年任期にしてくれと大宰府が太政官に上奏してきたのです。

他にも国博士や医師をめぐる人事の問題はあったようですが、本書は国学の研究ではないので割愛します。要は国学の制度は発足当初からきちんと機能していたとは言えないということです。国学の中にはちゃんと学生に学問が教授され、優秀な人材が育ったところももちろんあったと思いますが、どうもそのようなところは少なかったのではないか、との印象を抱きます。

最終的に国学はどうなったのでしょうか。大学寮と同様に律令制が衰微していくのにともなって国学も有名無実化していきますが、私見では大学寮よりもそのスピードは速かったと思われます。平安時代に入ると国学は消滅したとの見方が優勢となっています。少なくとも鎌倉期に入る前にはなくなっていたと考えられます。

## 国学の蔵書

国学にも附設の文庫はあったようなのですが、史料が少なく利用実態やどのような書物を所蔵していたのか、まったくわかりません。大学寮のような規定も発見されていません。ちゃんと機能していた国学のほうが少なかったようですので、多くの国で最初からそんな史料はなかったのでしょう。

また後述するように大宰府の府学の文庫には「蔵」があったようですが、それよりも小規模である国学には独立した蔵などはなかったであろうと推測されています。

ただ、先に引用した天平宝字元年（七五七）十一月九日の孝謙天皇の勅には、学生が読むべき書物が列挙されています。

経学を学ぶ学生は三経、紀伝《きでん》の学生は三史（史記・漢書・後漢書）。医生は大素《たいそ》・甲乙・脈経《みゃくけい》・本草《ほんぞう》。針生《しんしょう》は素問《そもん》・針経《しんきょう》・明堂《めいどう》・脈経決《みゃくけいけつ》。（後略）

（宇治谷孟『続日本紀　全現代語訳』中巻、一七七頁）

「経学」は儒学のことで、「三経」の内容については大学寮のところで述べました。「紀伝」は歴史と文学を指します。「針生」とは鍼を専門に学ぶ医学生の事でしょう。学生が読むべき書籍を孝謙天皇が自ら示しているのですから、これらの書物は国学にも所蔵していたと思われます。

## 国学蔵書の利用

上代文学者の小島憲之氏によれば、越中守在任中に大伴家持が漢籍の影響を受けた歌を数多く詠むことができたのは、国学の蔵書があったからだと指摘しています。小島氏は、国学には、一通りの経書は収蔵されていたはずであると述べています（小島憲之「大伴家持　越中に下向す：わたくしの一つの空想」四〜五頁）。

小島氏の説を引用した上代文学者の土佐秀里氏は、各国に置かれた国学の蔵書を活用したと考えれば、地方官として赴任した万葉歌人がなぜ漢籍を受容した歌や漢文を作ることができたのかという疑問や、各国の風土記がなぜ教養に裏打ちされた修辞的な文章を作文し得たのかという疑問が、たちどころに氷解すると述べています（土佐秀里「古代日本の蒐書と蔵書：日本上代文学形成の前提条件」）。小島氏や土佐氏が正しいのか検証することは難しいですが、ただ可能性としてはあったと思います。

国学は史料が少なく、実像がわからない点も多々ありました。そこで次項では大宰府に置かれた府学についてみていきましょう。

## 府学

九州の大宰府には、府学とよばれる高等教育機関が置かれました。国学のなかでも大規模な学校だったといわれています。

大宰府はいつ創設されたのかわかりませんが、少なくとも大宝令以前に既に存在していたことは確実です。九州の諸国と三島（壱岐、対馬、多禰《たね》）を管轄し、さらに大陸との外交も行っていました。

府学の規定は、養老令にあります。

博士一人。掌らむこと、経業を教へ授け、学生を課試せむこと。

（井上光貞・関晃・土田直鎮・青木和夫校注『日本思想大系3　律令』一九二頁）

大学寮の博士や国博士の職務とほぼ同様です。大宰府に配された博士も、「経業」（＝儒学）を学生に教え、課試することが仕事とされていました。

府学に入学できる学生は、筑前、筑紫、豊前、豊後、肥前、肥後の六カ国で、『延喜式』には「六国の学生・医生は、皆府下に集めて業を分ちて教習せよ」（虎尾俊哉編『訳注日本史料　延喜式』中巻、四九九頁）と規定されています。これらの国には国学は置かれなかったようです。その他の九州の諸国（日向、大隅、薩摩）と壱岐、対馬などは国学が置かれていましたが、これらの国々の国博士や医師は大学寮出身者ではなく、府学出身者が充てられました（虎尾俊哉編『訳注日本史料　延喜式』中巻、四

九七、四九九頁）。府学が九州の学問の中心であったことがわかります。

また府学は吉備真備ともゆかりがあります。真備は唐の弘文館（唐の太宗が設置した学校）にあった孔子の画像を持ち帰り安置したとされています。その場所が学業院とよばれる場所で、これは府学の別称と考えられています。

吉備真備は天平勝宝六年（七五四）に、大宰大弐（大宰府の次官）に就任しており、唐で得た新知識を府学にもたらすことに貢献しました。

では府学の蔵書はどのようなものがあったのでしょうか。大宰府にある高等教育機関の文庫ですから、さぞ立派なものが所蔵されていたと思われますが、実際はそうでもなかったようです。『続日本紀』神護景雲三年（七六九）十月十日条にこのように記されています。

大宰府が次のように言上した。

この府は人や物が多く賑やかで、天下有数の都会です。青年は学問をしようとする者が多いのですが、府の蔵にはただ五経（易経・書経・詩経・礼記・春秋）があるだけで、未だ三史（史記・漢書・後漢書）の正本がなく、本を読みあさる人でも学ぶ道が広くありません。そこで謹んでお願い致します。歴代の史書をそれぞれ一部賜わり、管内で伝習させ、学業を盛んにさせたいと思います。

天皇は詔して、『史記』・『漢書』・『後漢書』・『三国志』・『晋書』をそれぞれ一部賜わった。

（宇治谷孟『続日本紀　全現代語訳』下巻、二十一～二十二頁）

府学の文庫には五経しかなく、歴史書がまったく所蔵されていなかったのです。このような状態では府学の学生の勉強に差しさわりがあるので、太政官に訴えたのです。そこで称徳天皇は、『史記』『漢書』『後漢書』『三国志』『晋書』を一部ずつ大宰府に下賜したのです。

この事例から、府学では明経道（儒学）だけではなく、紀伝道（歴史・文学）も教授されたことがうかがえます。ただ博士は一名しかおらず、教科書も参考文献も不足していたようです。奈良の大学寮と比較すると、教官も文庫の蔵書も大幅に不足していたことがわかります。ただ『続日本紀』では「蔵」と記されていますので、府学の文庫は独立した蔵であったことがわかります。

「天下有数の都会」にある大宰府の文庫もこのような有様なのですから、各国に設けられた国学の蔵書などたいしたものでなかったと推測されます。

## 大伴旅人の宴

府学の話をしてきましたが、実は『万葉集』に「書殿《ふみどの》」で詠んだという歌が四首掲載されています。

天《あま》飛ぶや鳥にもがもや都まで送り申して飛び帰るもの

**大伴旅人**
（Wikimedia Commons より）

人もねのうらぶれ居るに龍田《たつた》山御馬《みま》近づかば忘らしなむか

言ひつつも後こそ知らめとのしくもさぶしけめやも君坐《いま》さずして

万代《よろづよ》に坐《いま》し給ひて天の下申し給はね朝廷《みかど》去らずして

（中西進『万葉集　全訳注原文付』一、三九六〜三九七頁）

次に歌の内容を、中西進氏による大意で見てみましょう。

大空をかけるよ。その鳥になりたいよ。そうしたら都までもお送りして飛び帰りましょうものを。

人みなが侘しくお慕いしているのに、龍田山に馬が近づいたら、あなたはわれわれをお忘れになってしまいましょうか。

今も寂しいなどと言ってはいますが、まだ全く寂しいというわけではありませぬ。本当の寂しさは後にこそ湧いて来るでしょう。あなたがお帰りになった後に。

万年の長寿を保たれて天下の政治をおとりください。朝廷を去ることなく。

（中西進『万葉集　全訳注原文付』一、三九六〜三九七頁脚注）

これらの歌が詠まれた背景を簡単に説明します。神亀五年（七二八）頃、六十歳を過ぎた大伴旅人《おおとものたびと》に二度目の九州下向が命じられます。最初は隼人の反乱を鎮定するための将軍として、今回は大宰帥《だざいのそち》としての赴任でした。帥は大宰府の長官ですが、高齢な旅人が赴任するにはかなり遠国《おんごく》にあります。当時権力を掌握していた藤原四兄弟に旅人が疎んじられ、都から遠ざけるための人事ではないかといわれていますが、はっきりとその理由はわかりません。大宰府到着直後に旅人の妻は現地で亡くなりました。

天平二年（七三〇）に旅人は大納言に任じられ、奈良に帰ることになります。その餞別の宴を開いた際に詠んだ四首です。誰が詠んだのか『万葉集』には記されていませんが、山上憶良《やまのうえのおくら》ではないかといわれています。

さて、問題なのは四首の和歌のことではなく、その前に記された詞書《ことばがき》です。次のように記されています。

書殿《ふみどの》にて餞《うまのはなむけ》酒せし日の倭歌《やまとうた》四首

（中西進『万葉集　全訳注原文付』一、三九六頁）

どうやら旅人を送別する宴会は「書殿」で開かれていたことがわかります。この「書殿」とはどのような施設なのでしょうか。

中西進氏は「書殿」に「大宰府の役所の書殿（図書寮の建物）」（中西進『万葉集　全訳注原文付』一、三九六頁脚注）という注を付していますが、大宰府に図書寮はありません。しかし「書殿」とある以上、書物が大量にある場所と考えられます。そうなると府学であった可能性もあります。もしくは歌人として名声が高い旅人のことですから、書籍が数多く所蔵されていたであろう大宰帥の居室で開かれたのかもしれません。

あるいは旅人や憶良の私宅ということも考えられますが、前近代は私宅と政庁との関係が近代ほど分かれていません。大宰府の長官は政庁内に居住した可能性は高いと思います。

いずれにしても「書殿」は書物が多くある場所だということは、間違いないでしょう。そのような場所で宴会を開くというのは、今日では考えられない行為ですが、当時の貴族の宴会は単なる酒盛りではなく、歌や漢詩を相互に送り合う社交の場でもあったので、それらを詠むために必要な参考文献が数多く所蔵されている「書殿」が、宴会の会場になってもおかしくないと考えられます。現に憶良は「書殿」で、奈良に帰る旅人に餞別として四首の歌を詠み、その返歌として旅人は三首詠んでいます。

## 国学・府学の文庫は図書館か

国学と府学の文庫をみてきましたが、大学寮のミニチュア版といえるでしょう。制度も組織もよく似ています。大学寮は現代の学校図書館と似た機能を果たしていたと結論づけましたが、国学や府学も同様だと思われます。

ただ最後にみた大宰府の「書殿」のように、図書館はコミュニケーションの場でもありました。学校図書館のような静寂な時もあれば、「書殿」のように宴会を開けるような場でもあったわけです。

# 第三節　経蔵

## 経蔵の誕生

本節では寺院に附設された経蔵についてみていきます。

仏教の伝来とともに、日本には大量の仏教関係の書籍や経典がもたらされました。正倉院に残された史料から、当時わが国で書写された経典を調査したところ、合計一八二九部・九一〇二巻という数字になりました。この数は唐で編纂された仏典目録『開元釈教録《かいげんしゃくきょうろく》』に収載されている一〇七六部・五〇四八巻を凌駕するものでした（坂本太郎『日本全史』第二巻古代I、二三九頁）。

そのため、寺院にはそれらを保管するための経蔵が早くから附設されていました。つまり古代日本で書籍といえば、その内容は仏書が最も多かったのです。小野則秋氏は「特に奈良時代の図書館史はそのまま寺院文庫史、若くは仏書の収蔵を主体とした経蔵史という事ができる」（小野則秋『日本図書館史』補正版、二十三頁）とまでいっています。

ちなみに小野氏は「寺院文庫」と「経蔵」を厳密にわけて使用しており、前者は仏書以外の書籍も合わせて収蔵している施設で、後者は純粋に仏書のみを所蔵している施設を指しているようです。本書ではどちらも「経蔵」と呼び、特に区別は設けないようにします。

経蔵に図書館機能を「発見」する試みは、いくつかの先行研究によって指摘されています。本書はこれらの先行研究をまとめて紹介したいと思います。

## 法隆寺・四天王寺の経蔵

篤く仏教に帰依していた聖徳太子は、中国から多くの仏典を取り寄せ、仏教の研究を活発にさせました。また太子自ら仏典研究を行い、「三経義疏」を著しました。『十七条憲法』も、多くの仏教や儒学の文献を参照してつくられたことも判明しています。

太子は法隆寺を推古天皇十五年（六〇七）に創建しましたが、当然ながら同寺にも大量の仏教関係書籍が持ち込まれたことでしょう。法隆寺は「法隆学問寺」と呼ばれるほど仏教研究が盛んでした。いわば研究機関だったわけです。大陸から取り寄せた貴重な仏書を法隆寺内に収蔵させたことは間違いないでしょう。

また太子は斑鳩宮《いかるがのみや》に籠って「三経義疏」を執筆したとされており、それに引用されている『尚書』『論語』『春秋』あるいは道教に関する書籍は斑鳩宮《いかるがのみや》に置かれていた可能性もあります。

現在の法隆寺にも「経蔵」と名のつく建物はあります。これは奈良時代に建てられたものと思われ太子の時代のものではありませんが、「学問寺」の伝統を受け継ぎ大量の経典が所蔵されています。

また四天王寺にも経蔵がありました。四天王寺は推古天皇元年（五九三）に聖徳太子によって建立された寺です。本格的な仏教寺院としては日本最古を誇る由緒ある寺です。

四天王寺は、摂津国難波の荒陵《あらしか》という地に建てられました。現在の大阪市天王寺区にあたります。もともとこの地は百済部と称して渡来人が多く居住した土地でした。大陸からもたらされた経典類も、おそらくこの寺に収蔵されたのではないかと推測されます。ただ四天王寺は法隆寺と異なり何回も火災に遭っており、当時のものは伝わっていないようです。したがって、経蔵も詳しいことはわかっていません。

## 国分寺の経蔵

国分寺とは、天平十三年（七四一）に聖武天皇の詔によって、各国に建立が命じられた寺院の総称で、国分寺と国分尼寺に分かれていました。そして都である奈良には総国分寺として東大寺がありました。

ただ聖武天皇が国分寺造立の詔を下す前にも、歴代天皇は天下に災害が起こるたびに各国の寺院に経典を説いています。

例えば天武天皇五年（六七六）十一月二十日には、天武天皇が「諸国に使いを遣わし、金光明経《こんこうみょうきょう》・仁王経《におうきょう》を説かされた」（宇治谷孟『日本書紀　全現代語訳』下巻、二七三頁）とあり、さらに持統天皇十年（六九六）閏五月三日条にはつぎのようなことが書かれています。

閏五月三日、大水が出た。使いを国々に巡らせ、災害で生活困難の者に、官稲を借りることができるようにしたり、山林池沢での猟を許されたりした。詔して京師《みやこ》や畿内《うちつくに》で、金光明経を講説させられた。

（宇治谷孟『日本書紀　全現代語訳』下巻、三三四頁）

持統天皇十年（六九六）には大洪水が起こったので、災害対策が講じられています。その一環として金光明経を諸国に説いたのです。金光明経は国家鎮護の経典として法華経、仁王経とともに有名でした。他にも天変地異や疫病の流行の際に金光明経を読経したとの記事は史書に時折みられます。

神亀五年（七二八）十二月二十八日の『続日本紀』に、このような記事があります。

十二月二十八日　金光明経六十四部計六百四十巻を諸国に配布した。国毎に十巻宛である。これ以前は諸国が保有する金光明経は、国によって八巻本であったり、四巻本であったりしたが、ここに至って新たに書写し、十巻本を分与したのである（十巻本は唐の義浄訳・八巻本は隋の宝貴訳・四巻本は北涼の曇無讖訳）。経の到着次第に転読させることにした。国家を平安ならしめるためである。

（宇治谷孟『続日本紀　全現代語訳』上巻、二九五頁）

聖武天皇は、国家鎮護のために各国に金光明経を配布しましたが、はたして地方に経典を安置させる適当な寺院があったのかはわかりません。「転読」とは仏教典を丁寧に読むことですので、僧侶に読ませたのでしょう。経が到着し次第、天皇は転読を命じたのです。

神亀五年（七二八）の詔をかなり推し進めたのが、天平十三年（七四一）三月二十四日に下された国分寺造立の詔です。

その内容は、飢饉や疫病が流行しているのは天皇自身の徳が薄いからであり、民をうまく導いていないからであるとして、次のことを命じています。

（前略）

そのため先年駅馬の使を遣わして、全国の神宮を修造させ、去る年には全国に高さ一丈六尺の釈迦の仏像一体宛を造らせると共に、大般若経一揃い宛を写させた。そうしたためかこの春から秋の収穫まで、風雨が順調で五穀もよく稔った。これは真心が通じ願いが達したもので、不思議な賜わり物があったのであろう。恐れるやら驚くやら、自分でも心が安まらない。

そこで経文を考えてみると、金光明最勝王経《こんこうみょうさいしょうおうきょう》には、「もし国内にこの経を講義して聞かせたり、読経・暗誦したりして、恭しくつつしんで供養し、この経を流布させる王があれば、我ら四天王は常にやってきて擁護し、一切の災いや障害はみな消滅させるし、憂愁や疾病もまた除去し癒やすであろう。願いも心のままであるし、いつも喜びが生ずるであろう」とのべてある（滅業障品）。

そこで全国に命じて、各々つつしんで七重塔一基を造営し、あわせて金光明最勝王経と妙法蓮華経《みょうほうれんげきょう》をそれぞれ一揃い写経させよう。

朕はまた別に、金泥で金光明最勝王経を手本に習って写し、七重塔ごとにそれぞれ一部を置かせる。神聖な仏の法が盛んになって、天地と共に永く伝わり、四天王の擁護の恵みを、死者にも生者にも行きとどかせ、常に充分であることを願うためである。

そもそも、七重塔を建造する寺は、国の華ともいうべきで、必ず好い場所をえらんで、本当に永久であるようにすべきである。人家に近くて悪臭が及ぶのはよくないし、人家から遠くては、参集の人々を労《つか》れさせるので好ましくない。国司らは各々国分寺を厳かに飾るように努め、あわせて清浄を保つようにせよ。（中略）

その僧尼は毎月八日には、必ず金光明最勝王経を転読することとし、月の半ばに至るごとに、受戒の羯磨《かつま》を暗誦し、毎月の六斎日（月に六日の精進日）には、公私ともに漁猟や殺生をしてはならぬ。国司らはよろしく常に検査を加えよ。

（宇治谷孟『続日本紀　全現代語訳』上巻、四〇九～四一一頁）

「金光明最勝王経」とは金光明経の漢訳で、唐の僧侶・義浄の訳です。聖武天皇は義浄訳の経典を全国の国分寺・国分尼寺に配布したようです。各国の国分寺・国分尼寺はそれらの経典を保管し、転読したことがうかがえます。ただ建立が命じられた国分寺・国分尼寺ですが、すべての国に建てられたわけではないようです。

国分寺の正式名称は「金光明四天王護国之寺」、国分尼寺の正式名称は「法華滅罪之寺」といいました。この寺の名前から、国分寺は「金光明最勝王経」からとられていることがわかります。そうすると国分尼寺は「法華経」を重視していたことが推定されます。

当時転読された経典は他に「仁王経」や「般若経」などもありましたので、これらも国分寺・国分尼寺に収蔵されていた可能性が高いと思われます。

小野則秋氏によると、中央から地方に用紙を割り当てた史料が残っていることから、地方でも写経が行われたと指摘しています（小野則秋『日本文庫史研究』改訂新版、上巻、一四九～一五〇頁）。

地方の国分寺・国分尼寺に経蔵が附設されていた確たる証拠はないようですが、それなりの仏教典は所蔵していたようです。奈良期の地方では書籍自体が珍しかったと言えますので、国分寺・国分尼寺が都の香りを伝える文化的な施設の側面を有していたことは否めないと思います。

次に奈良に建立された総国分寺である東大寺に設けられた写経所についてみていきます。

## 東大寺

東大寺創建の経緯は少し複雑です。前身となる寺院はいくつか存在していたようです。天平十三年(七四一)聖武天皇が国分寺造立の詔を発しましたが、それを受けて翌十四年(七四二)に福寿寺が大和国分寺と定められ、寺号が金光明寺となりました。東大寺という寺号がいつ頃から使用されだしたのかはっきりとはわからないのですが、おそらく天平十九年(七四七)頃ではないかと思われます。

この東大寺に置かれた写経所が奈良時代に数多くの写経を行っていました。また後述しますが、経典の一種の「情報センター」になっていたと思われます。

## 古代の写経事業

仏教がわが国に伝来してから写経も活発に行われるようになりました。私的に写経を行う豪族もいたでしょうが、「国家事業」として写経を行った最初は、天武天皇二年(六七三)三月の『日本書紀』にみられます。

この月、写経生を集めて、川原寺で始めて一切経の写経をはじめられた。

(宇治谷孟『日本書紀　全現代語訳』下巻、二六三頁)

以降、歴代の天皇は写経と読経を命じ仏教興隆をはかりましたが、本格的に写経が盛んに行われるようになったのは、奈良時代に入ってからです。

大宝令や養老令などによると、写経は図書寮の職務に入っています。しかし内典（仏書）だけではなく外典（仏書以外の書物）も書写しており、必ずしも仏書専門の写経を職務としてはいませんでした。それゆえ写経を主とする写経所が必要だったのでしょう。写経所は律令に規定されていない令外官ですが、写経生が置かれ経典の書写に毎日勤しんでいました。

以下、写経所の変遷について山下有美氏の研究を参考にしてまとめてみます（山下有美『正倉院文書と写経所の研究』）。古代における写経の研究は近年日本古代史学界でかなり研究が進展しています。それらの研究成果を十分に取り入れた古代図書館史の研究が必要であると感じています。

写経は後に国家事業として開始されるわけですが、その源流は立后前に藤原光明子によって始められた光明子家の写経に遡ります。最初は光明子家が設置したなんらかの写経機関があったと考えられます。そうでないと「大般若経」の写経などなかなかできないでしょう。

## 写経司

光明子は天平元年（七二九）八月に立后して光明皇后となりました。聖武天皇の后となったのです。その際に皇后の家政機関である皇后宮職《こうごうぐうしき》も設けられました。その下部組織として天平十年（七三八）三月に「写経司」が設けられました。もっともそれ以前にも写経を行う機関はあったようで、天平九年（七三七）頃から「写経所」、それとはまた別組織として「経師所」があり、写経司はそれらを合併して設置されました。

写経司は次々と吹き出てくる社会不安や国家の要請に応えていくために、外写も数多く行いました。そのため手狭になった写経施設を拡大する必要が生じて、さまざまな寺院に写経施設の新設や移転を繰り返します。山下氏によると、写経司は皇后宮職下にあるとはいえ国家機関の性格を有していると指摘しています（山下有美『正倉院文書と写経所の研究』四十七頁）。

さらに写経司は平城京の東に建設中の福寿寺の敷地内に移転し、天平十三年（七四一）閏三月に福寿寺写経所となります。

## 金光明寺写経所

天平十四年（七四二）五月末頃、福寿寺写経所が金光明寺写経所と改称されました。これは福寿寺と金鐘山房とが一体化して大和国分寺、すなわち金光明寺となったことに対応しての改名でした。この金光明寺の造営を担った役所が金光明寺造物所で、この下部機関として金光明寺写経所は位置づけられていました。この頃になりますと、写経所は完全に皇后宮職の管轄ではなくなりました。

本来、金光明寺は大和国分寺ですので大和国司の管轄になります。しかし実質は皇后宮職などの官人によって運営されていたようです。しかし天平十八年（七四六）になると大仏造営を金光明寺で行うようになり、総国分寺として位置づけられます。

そもそも現在の東大寺にある「奈良の大仏」は、平城京から遷都をした近江紫香楽宮《おうみしがらきのみや》で、聖武天皇の発願によって造立することになりました。最初は近江の甲賀寺に造る予定でしたが取りやめて、改めて平城京で造立することにしたのです。天皇は天平十七年（七四五）に再び都を平城京に遷都していました。

大仏造営が決まったことによって、金光明寺造物所の運営に造仏司や大和国司が加わるようになります。ただこの造物所は金光明寺造営のためだけに設置された令外官であって、一時的なものだと思われていたようです。そのため造物所の官人は他の役所からの出向という身分でした。律令制のなかで、造物所やその下部機関である写経所の位置づけがきわめて曖昧でした。そのような性格からか、公文書の反故が写経所に大量に入ってきていたようです（山下有美『正倉院文書と写経所の研究』九十二～九十三頁）。

## 東大寺写経所

天平十九年（七四七）末に金光明寺写経所は寺名の変更によって、東大寺写経所となりました。翌二十年（七四八）七月頃に四等官の職制をもつ「造東大寺司」が設けられ、その管轄下に写経所は置かれました。宝亀七年（七七六）に東大寺写経所は廃止されますが、二十九年間にわたって奈良時代の主要な写経事業を担ってきたのです。

山下氏によれば、東大寺写経所の写経事業はいくつかの画期があったとしています（山下有美『正倉院文書と写経所の研究』一二七〜一二八頁)。

第一の画期は、光明皇后が発願した五月一日経《ごがつついたちきょう》の終了です。これについては少し経緯を説明しなければなりません。

皇后は天平八年(七三六)九月に、父藤原不比等《ふじわらのふひと》と母県犬養三千代《あがたのいぬかいのみちよ》の供養のため、玄昉《げんぼう》が唐から持ち帰った仏典の目録『開元釈教録』に基づいて、すべての経典(これを「一切経」といいます)を写経することを発願します。ところが天平十二年(七四〇)に中断してしまいます。同年五月一日付の願文《がんもん》が付け替えられたことにより、これを「五月一日経」と通常呼ばれています。

天平十三年(七四一)閏三月から書写が再開され、順調に進みます。さらに天平十五年(七四三)五月からは章疏《しょうそ》も書写することになりました。章疏とは、ごく簡単にいえば経典について研究した仏教書のことです。天平勝宝八年(七五六)九月に五月一日経の写経事業は終了します。

五月一日経の写経事業は、いちばん初めの写経所時代から脈々と受け継がれてきた一大プロジェクトです。光明皇后もこれ以降は写経の発願を行わなくなってしまいましたので、東大寺写経所の規模も少し縮小されたようです。

第二期は天平宝字元年(七五七)からの藤原仲麻呂による写経の活発化です。仲麻呂は権力を掌握すると、写経所の規模を拡大させ事業を活性化させました。そうすることによって自己権力の誇示を図ったのです。

第三の画期は、天平宝字四年(七六〇)六月七日の光明皇后の崩御です。皇后は仲麻呂政権の後ろ盾でした。それを失ったことにより仲麻呂政権も動揺が隠せなくなります。皇后の崩御後しばらくは、仲麻呂は写経所で周忌斎一切経や称賛浄土経などの写経を行わせます。しかし天平宝字六年（七六二）にいたって淳仁天皇・仲麻呂政権と、孝謙上皇・道鏡との政治的対立が決定的になると、写経所も両者の政争の場となります。

仲麻呂のテリトリーであった東大寺写経所に、孝謙上皇・道鏡が写経を命じてきたのです。実は写経所は東大寺だけにあるわけではなく、内裏にも写経所があり、孝謙上皇や道鏡はそちらを基盤としていたのです。それが「越権」して東大寺写経所に写経を発願してきたというのは、孝謙上皇と道鏡は仲麻呂に喧嘩を売っていることになります。このように東大寺写経所は政争の現場と成り果ててしまいました。

とうとう仲麻呂は天平宝字八年（七六四）に兵を挙げます（藤原仲麻呂の乱）。結果は仲麻呂の敗北で斬首され、朝廷から仲麻呂派は一掃されます。淳仁天皇も廃位され淡路に流され、「淡路廃帝《あわじはいたい》」と後世呼ばれるようになります。代わって即位したのは孝謙上皇でした。重祚して称徳天皇となります。称徳女帝と道鏡の時代になるのです。

さて東大寺写経所はどうなったでしょうか。称徳天皇・道鏡政権になると写経所の業務は停止されてしまいます。ただ内裏側の御執経所や奉写一切経司といった写経所に経典を貸し出すだけの場となります。

最後の画期は、神護景雲四年（七七〇）に奉写一切経司からの依頼で、東大寺写経所は事業を再開させます。仕事は奉写一切経司の写経の手伝いといったところです。それが宝亀七年（七七六）六月に終了したので、後ろ盾も何もなくなっていた東大寺写経所は閉鎖されたようです。以降記録から一切姿を消します。

前身施設から東大寺写経所の変遷を概観しました。国家鎮護や故人の供養のために本来は写経事業が開始されるのですが、実態は政争の道具として利用されていたようです。

とはいえ、東大寺写経所の活動は為政者の思惑はどうであれ、写経事業自体はかなり大規模で、文化的に意義深いものであることに変わりはありません。

写経を円滑に実施するために、写経所では種々のネットワークが張り巡らされていました。次項ではその点に着目して、活動内容をみていきたいと思います。

## 東大寺写経所による経典の貸借

前述したように東大寺写経所は造東大寺司の管轄に属しており、造東大寺司とは東大寺の造営を担った令外官です。政所、木工所、造瓦所、鋳所、造物所、造仏所、そして写経所など多くの組織からなる巨大な集合体で、最盛期には太政官の省にも匹敵するぐらいの規模を誇ったといわれています。

写経所の組織は、書写に従事する経師、校生に従事する校生、装潢を行う装潢師、装潢した経典に題名を記す題師などの役務がありました。一ヶ月の写経能力は三四〇〇巻ほどであったといわれています。完成した経典や事務書類は正倉院に収蔵されました。本項では東大寺写経所における経典の貸借を見ていきたいと思います。この方面の研究は小川徹氏による先行研究があるので、それに依拠して紹介したいと思います。

写経所は底本である経典の蒐集センターの役割をもっており、写経に必要な経典をほかの寺院や図書寮、個人から借りて写経を行っていました。逆に写経所が所蔵している経典を寺院などの求めに応じて貸し出したりもしていました。

ではどのような手順で写経所は経典を貸していたのでしょうか。まず経典を借りたい者は、使者に借りたい経典名を書いた文書を持たせて写経所に派遣します。写経所では経典に記号を付けて分類・整理して保管していましたので、貸し出しにすぐ対応できたようです。経典を貸し出す際には、板にその経典の貸し出し先、借り出した理由、借りに来た人、貸し出し担当者の名前も記入します。これは「代本板」であるとも、帯出簿に書き取るための伝票であるともいわれています。その経典が返却されたら文書に戻ってきた年月日を書き、さらに担当者の名前も書いて処理します。

経典を貸す時も返却されてきた時も、その処理をした担当者が後でわかるようになっていました。また担当者は一名の場合もありますが、二名の場合もあったようです。返却された際は二名の例が多かったと小川氏は指摘しています。だいたい複数の場合は四等官の最下級の主典と、その下に位置していた官人の名が記されていました。

書写したい経典が写経所にない場合は、貴族や他の寺院が所蔵していれば、そこから借り出していました。写経所は他所から借りるとき、また返却する際も同様の手続きを行っていたようです（小川徹「古代における「司書」の姿：東大寺学僧・智憬に及ぶ」五十五〜五十六頁・同「奈良時代の経典の貸し借り、所蔵の様子について」六十六〜六十七頁）。

写経所では、頻繁に所蔵する経典が貸し出されていたようで、誰が借りていつ返却されたかがわかるように経典ごとに文書に記録していたようです。また経典は櫃に収納されていたわけですが、櫃ごとに収められている経典が、いつ誰が、なんという使者を遣わして借りたのか、また返却されたのはいつかを記録した「納櫃本経検定并出入帳」を作成しています（小川徹「奈良時代の経典の貸し借り、所蔵の様子について」六十七頁）。

また東大寺写経所は多くの職員を擁して写経を計画的に行っていたわけですが、そのためにはどこの寺院にどのような経典を所蔵しているのか知る必要があります。写経所は調査を行って記録していたようです（小川徹「奈良時代の経典の貸し借り、所蔵の様子について」六十六頁）。

その実例が『正倉院文書』にみられます。「応写疏本勘定目録」というもので智憬《ちけい》という僧侶が作成しました。これはどの経典がどこに所蔵されているのか調べたものです。一部引いてみましょう。

花厳疏一部　廿巻宗壱師述　在興福寺栄俊師所八十巻経者
（中略）
法花疏一部五巻元暁師述　在右大臣（藤原豊成カ）殿書中
（中略）

瑜伽論抄一部　五巻　元暁師述　在右大臣殿及宝業師所又在栄俊師所

（『大日本古文書』編年之十二、十二〜十六頁）

「花厳疏」とは「華厳経」の注釈でしょうか。二十巻を興福寺の栄俊が所蔵しているという意です。「法花疏」とは「法華経」の注釈書である『法華義疏』のことでしょう。全十二巻で隋の僧侶・吉蔵が著したものです。同題に聖徳太子の『法華義疏』がありますが、こちらではなく前者のほうだと思われます。ここは所蔵者に注目してください。右大臣藤原豊成とあります。智憬の調査は寺院だけではなく、かなり上流の貴族の蔵書まで及んでいるのです。

最後の「瑜伽論抄《ゆかろんしょう》」とは、「抄」とありますので「瑜伽師地論《ゆかしじろん》」という経典の抄録でしょうか。この経典は藤原豊成と宝業、さらに栄俊が所蔵していると記されています。

この目録は智憬が中心となって作成したようです。冒頭に「これは智憬たちが調べたものなので、他人は見るな」と書いてあります（『大日本古文書』編年之十二、十二頁）。

『大日本古文書』編年之部では、この「応写疏本勘定目録」の前後に「応請疏本目録」というものがあります。これは所蔵者別に経典をまとめたもののようです。一部引用してみましょう。

花厳経疏一部廿巻宗壱師　　花厳章一部

法花論疏一部三巻賓法師　　智度論疏一部肇法師

瑜伽抄一部五巻元暁師
　右、在栄俊師所、

（『大日本古文書』編年之十二、九頁）

なぜこのようなものを智憬は作成したのでしょうか。それは不明なのですが、小川氏は「大仏建立事業のひとつとしておこなわれていた「一切経」写経事業のために、テキストとすべき経典がどこにあるのか調べる仕事」（小川徹「古代における「司書」の姿：東大寺学僧・智憬に及ぶ」五十九頁）だと指摘しています。

智憬は経典の貸借、経典所蔵目録の作成などを行っており、これは今日でいう司書の仕事に相当すると小川氏は指摘しています。確かに今日の司書と類似した仕事だといえましょう。東大寺は今日でいえば大学や研究機関に相当し、仏教研究や写経事業という奈良時代においては最先端の学問研究を行う場でした。それを裏方で支えたのが写経所だったのです。いわば写経所は今日でいう大学図書館や専門図書館に相当する役割を果たしていました。智憬は固有名詞が判明する最古の「司書」かもしれませんね。

# 第四節　百万塔陀羅尼

図書館の話から少し逸れますが、奈良時代は現存する世界最古の印刷物である「百万塔陀羅尼」が生まれた時代でもあります。最後に「百万塔陀羅尼」について少しふれておきましょう。本節は、川井昌太郎「奈良時代に始まった日本の印刷」（凸版印刷　印刷博物館編『日本印刷文化史』）などを参考にして、百万塔陀羅尼の実像をまとめました。

## 称徳天皇の発願

百万塔陀羅尼は称徳天皇の発願によって製作されました。『続日本紀』神護景雲四年（七七〇）四月二十六日条には次の記事があります。

四月二十六日　初め天皇は天平宝字八年の仲麻呂の乱が平定された時、大きな願いを起こして、死者供養のため三重の小塔百万基を作らせた。高さ四寸五分、基底部の直径三寸五分で、露盤の下にはそれぞれ「根本」・「慈心」・「相輪」・「六度」などの陀羅尼（災害・兵乱などの消滅を願う密教の呪文の経）を収めた。ここに至り完成したので、諸寺に分置した。またこれに携った官人以下仕丁以上の者百五十七人に、地位に応じて位を与えた。

（宇治谷孟『続日本紀　全現代語訳』下巻、三十三頁）

これによると百万塔陀羅尼は、天平宝字八年（七六四）に勃発した藤原仲麻呂の乱の戦死者を弔うために製作したことがわかります。

百万塔とは、木造の三重小塔の中に印刷物である陀羅尼《だらに》経という経典を納めたものです。陀羅尼経には数種類があり、百万塔には「根本」「慈心（自心）」「相輪」「六度」の経典が納められました。陀羅尼経は災害・兵乱などの消滅を願う密教の経典ですので、戦死者の霊を弔う称徳天皇の願いにはピッタリだったのでしょう。それで採用されたと思われます。

百万塔陀羅尼[2]

## 百万塔の構造

百万塔の高さは二十一・五センチメートル、基底部の直径は十・五センチメートルが標準の形で、上部の相輪部は取り外しができ、穴（経巻孔《きょうかんこう》）が開けられていました。

その中に幅五・五センチメートル、長さ二十五～五十七センチメートルの巻紙の「無垢浄光大陀羅尼経《むくじょうこうだいだらにきょう》」が入っていまし

2 「百万塔」九州国立博物館所蔵、「ColBase」収録（https://jpsearch.go.jp/item/cobas-12067）

た。これを百万基製作して、十大寺に十万基ずつ分納したのです。

十大寺とは、大安寺、元興寺、興福寺、薬師寺、東大寺、西大寺、法隆寺、四天王寺、川原寺、崇福寺だと考えられています。このうち百万塔陀羅尼が現存しているのは法隆寺のみで、塔身部が四万五七五五基、相輪部が二万六〇五四基現存しています。製作されてから今日までのおよそ一二〇〇年の間に多くが散逸してしまったのです。

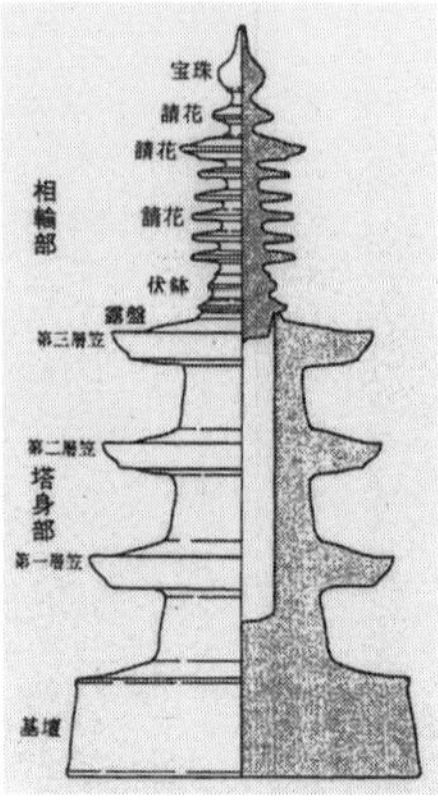

百万塔の構造[3]

## 明治後期の市場流出

しかも法隆寺に現存している分も奇跡的に残ったものです。明治維新後、財政的に困窮してしまった法隆寺は明治四十年（一九〇七）寺僧と信徒総代との協議により、内務省の許諾を経た上で、百万塔三千基と屏風を信徒に譲与して負債償却の資金を得ることにしました。簡単にいえば、信徒に寄進を募り、そのお礼に奈良時代につくられた百万塔陀羅尼を差し上げるということです。

翌明治四十一年（一九〇八）信徒総代会の協議によって、法隆寺から直接希望者に百万塔陀羅尼を譲与することに決定します。ただ寄進金額によって渡される百万塔陀羅尼の状態に、だいぶ差がつけられていたようです。塔・陀羅尼経とも完全なものは第一種に指定され三十基が譲与されています。

寄進額は三十五円でした。塔部分が破損したものは第二種になり、金二十円、両者ともに破損している第三種は金十五円でした（桑原久男「遺跡からのメッセージ（67）大和の文化遺産を学ぶ⑤：法隆寺の東院伽藍と百万塔陀羅尼」）。

現在、百万塔陀羅尼は古書市場や骨董市場に流通しているのですが、明治後期のこの時に放出されたものが出回っているようです。

## 官営工房による製作

百万塔陀羅尼の製作は、称徳天皇の発願ですので名実ともに国家プロジェクトでした。現存している百万塔の塔身部や相輪部には、工人（製作者）、年月日、左右別の工房組織などが墨で書かれています。工人は二五〇名ほど確認されています。

百万塔に墨書された工人は、臨時工ではないかと考えられています。位をもつ司工（現代風にいえば「正職員」）は禄で給与を支払われていたので、わざわざ署名はしませんでした。臨時工は製作した数に応じて賃金が支払われたと考えられ、そのために製作者の氏名を書いたのではないかということ

3　Wikimedia Commonsより。©Inoue, Kazuto (https://commons.wikimedia.org/wiki/File:Hyakumantoh (Japanese_small_wooden_pagoda).jpg)
（原典：井上和人「木製小塔の製作残材：百万塔製作工房の在処ありかについて」『奈良文化財研究所紀要』二〇〇一年、二十四頁）

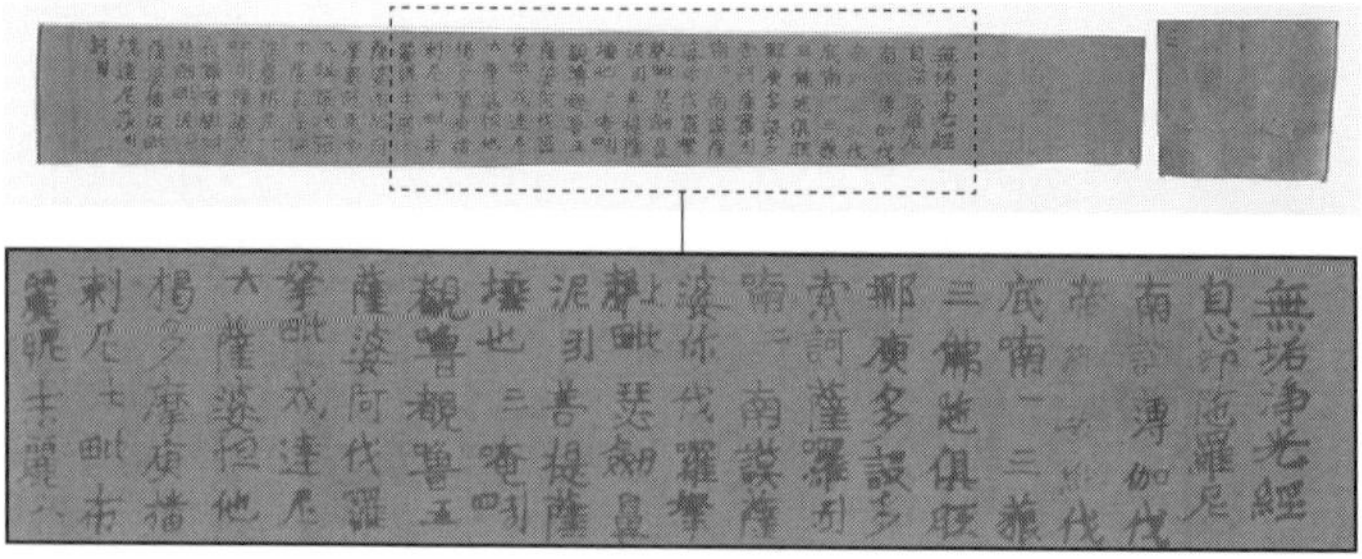

「自心印陀羅尼経」[4]

です。

相輪部は轆轤《ろくろ》を使用して造られており、特に轆轤工には臨時工が多かったようです。轆轤は特殊な機械で高度な技術がないと使いこなせませんでした。高い技術力をもった臨時工が多かったようです。

では百万塔を作っていた官営工房はどこにあったのでしょうか。

工房は平城宮内にあったと考えられています。実際に百万塔の失敗作と思われるものが平城宮跡から出土しています。工房は「国立」ですので、朝廷が生産設備や材料を用意し、工人が生産にあたり、製品はすべて政府が買い取りました。

百万塔の製作期間は、藤原仲麻呂の乱が終結した天平宝字八年（七六四）九月から神護景雲四年（七七〇）四月までの、およそ五年半と考えられています。

五年半で百万基造ったわけですので、単純に考えても一日五〇〇基製造しなければなりません。職人は何人いたのでしょうか。百万塔の工房は左右二箇所あったようですから、各々一二〇人前後いたようです。一時に勤務したわけではなく、最大で二五〇人、最小で八〇人ほどが百万塔を日々製造していたと考えられています。

## 陀羅尼経

百万塔の中に納められた陀羅尼経は、「根本」「相輪」「慈心（自心）印」「六度」の四種類でした。版は全部で九種類あったと考えられています。

印刷された紙はほとんどが黄染めの麻紙で、染色は黄蘗《きはだ》によるものといわれています。キハダはミカン科キハダ属の落葉高木で、古くから染料や薬としても用いられていました。正倉院文書にも防虫用や染料として広く使用されていました。

キハダ[5]

印刷はどんな方法を用いられたのでしょうか。古くから銅版説と木版説が提唱されていましたが、今日では後者の木版説が有力視されています。摺刷《すりさつ》の方法も、紙を下においてスタンプのように版木を上から押し付けたのか、馬楝《ばれん》で摺ったものなのか二説がありますが、これは前者ではないかといわれています。

---

4 「百万塔経」東京国立博物館所蔵、「ColBase」収録（https://jpsearch.go.jp/item/cobas-57241）

5 Wikimedia Commons より。©Jean-Pol GRANDMONT（https://commons.wikimedia.org/wiki/File:Phellodendron_amurense_JPG1a.jpg）

## 百万塔陀羅尼の評価

百万塔陀羅尼について、簡単ですが紹介を終えました。『続日本紀』に記されているように、製作年代、製作の目的、発願者など、基本的なことがこれほどはっきりとわかっているものも世界的には珍しいようです。現存している「世界最古の印刷物」と呼ばれている所以です。

## 韓国・仏国寺の「無垢浄光大陀羅尼経」

一九六六年に、大韓民国慶尚北道慶州市の仏国寺にある三層石塔（釈迦塔）の第二層の舎利外函内から、木版印刷による「無垢浄光大陀羅尼経」が発見されました。三層石塔の修理記録がないことから、「無垢浄光大陀羅経」は、寺造営時の七四二年の納入とされていました。つまり日本の百万塔陀羅尼よりも古く、こちらのほうが「世界最古の印刷物」といわれていました。

しかし近年になって、同時に発見された「墨書紙片」が解読され、これが一〇〇七年の「宝篋印《ほうきょういん》陀羅尼経《だらにきょう》」の書写経典の一部と、十一世紀の文書類であったことが判明しています。特に「仏国寺无《ぶっこくじむ》垢浄光塔重修文書《くじょうこうとうちょうしゅうもんじょ》」から、仏国寺塔は七四二年頃に建立した可能性はありますが、高麗時代の一〇二二年から一〇二四年に「无垢浄光塔」が修築されたこと、また「仏国寺西石塔重修形止記」から一〇三六年の地震被害を受けて二年後に仏国寺の諸施設や「西石塔」（釈迦塔）が修築されたことが新たに判明しました。さらに遺物の再調査から、寺が造営された新羅時代だけではなく、高麗時代（九一八～一三九二）、さらに李氏朝鮮時代（一三九二～一九一〇）の物品も一緒に納められており、以降も修築が行われていたことが明らかになっています（勝浦令子『孝謙・称徳天皇：出家しても政を行ふに豈障らず』二一九〜二二〇頁）。

「無垢浄光大陀羅経」がどのような経緯で「宝篋印陀羅尼経」と一緒に納入されたのか不明ですが、年代がはっきりしない以上「世界最古」と断定することは慎重であらねばなりません。

また勝浦令子氏は、仏国寺創建当初に入れられたとするには「無垢浄光大陀羅経」が塔修理の功徳を説く経典であることが気になる、と指摘しています（勝浦令子『孝謙・称徳天皇：出家しても政を行ふに豈障らず』二二〇頁）。

現時点で判明している事実から、わが国の百万塔陀羅尼が正確な製作年代が判明している「世界最古の印刷物」といえるでしょう。

**【参考文献】**

井上和人「木製小塔の製作残材：百万塔製作工房の在処について」『奈良文化財研究所紀要』二〇〇一、二〇〇一年十月
井上光貞・関晃・土田直鎮・青木和夫校注『日本思想大系3　律令』岩波書店、一九七六年
宇治谷孟『日本書紀　全現代語訳』下巻、講談社、講談社学術文庫、一九八八年
宇治谷孟『続日本紀　全現代語訳』上・中・下巻、講談社、講談社学術文庫、一九九二〜一九九五年
岡田英弘著・宮脇淳子編『漢字とは何か：日本とモンゴルから見る』藤原書店、二〇二一年

小川徹・奥泉和久・小黒浩司『公共図書館サービス・運動の歴史』一、日本図書館協会、JLA図書館実践シリーズ四、二〇〇六年
小川徹「大宰府の書殿」「東大寺のこと」「古代における「司書」の姿：東大寺学僧・智憬に及ぶ」「奈良時代の経典の貸し借り、所蔵の様子について」（小川徹・奥泉和久・小黒浩司『図書館と読書の原風景を求めて』青弓社、二〇一九年）
沖森卓也・佐藤信・矢嶋泉訳『現代語訳　藤氏家伝』筑摩書房、ちくま学芸文庫、二〇一九年
小野則秋『日本図書館史』補正版、玄文社、一九七三年
小野則秋『日本文庫史研究』改訂新版、上巻、臨川書店、一九七九年
勝浦令子『孝謙・称徳天皇：出家しても政を行ふに豈障らず』ミネルヴァ書房、ミネルヴァ日本評伝選、二〇一四年
川井昌太郎「奈良時代に始まった日本の印刷」（凸版印刷　印刷博物館編『日本印刷文化史』講談社、二〇二〇年）
草野正名『日本学校図書館史概説』理想社、一九五五年
桑原久男「遺跡からのメッセージ（67）大和の文化遺産を学ぶ⑤：法隆寺の東院伽藍と百万塔陀羅尼」（『グローカル天理』二五五号、天理大学附属おやさと研究所、二〇二一年三月）
小島憲之「大伴家持　越中に下向す：わたくしの一つの空想」（『萬葉』一五二号、一九九四年十二月）
坂本太郎『日本全史』第二巻古代Ⅰ、東京大学出版会、一九六〇年
佐藤誠実著・仲新・酒井豊校訂『日本教育史』一、平凡社、東洋文庫、一九七三年
新藤透『図書館の日本史』勉誠出版、ライブラリーぶっくす、二〇一九年
東京大学史料編纂所編『大日本古文書』覆刻、編年之十二、東京大学出版会、一九六九年

東京大学史料編纂所編『大日本古文書』覆刻、編年之二十四、東京大学出版会、一九七〇年
土佐秀里「古代日本の蒐書と蔵書：日本上代文学形成の前提条件」(『國學院雜誌』第一二〇巻第二号、二〇一九年二月)
虎尾俊哉編『訳注日本史料　延喜式』中巻、集英社、二〇〇七年
中西進『万葉集　全訳注原文付』一、講談社、講談社文庫、一九七八年
久木幸男「国学」(国史大辞典編集委員会編『国史大辞典』第五巻、吉川弘文館、一九八四年)
久木幸男「大学」(国史大辞典編集委員会編『国史大辞典』第八巻、吉川弘文館、一九八七年)
久木幸男『日本古代学校の研究』玉川大学出版部、一九九〇年
桃　裕行『上代学制の研究』復刊、吉川弘文館、一九八三年
森田悌『続日本紀　全現代語訳』上巻、講談社、講談社学術文庫、一九九二年
山下有美『正倉院文書と写経所の研究』吉川弘文館、一九九九年
『古事類苑』普及版、文學部二、吉川弘文館、一九八二年

# 第六章　奈良時代の個人蔵書家と「図書館」

最終章では、奈良時代の個人蔵書家と、私設「図書館」芸亭を取りあげます。

中国や朝鮮から輸入された書籍は朝廷の図書寮や大寺院の経蔵などに収められましたが、奈良時代も後半になると個人で相当な数の蔵書を構築する貴族が出てきました。

個人蔵書家が誕生したのです。

もちろん、いきなり大蔵書家が出現したわけではなく、奈良期以前から個人的に書籍を収集した人物がいたと推測されます。「蔵書家」と呼ばれるほどではありませんが、書籍に親しんでいた貴族についても紹介しておきましょう。

## 第一節　読書に親しむ貴族

古代は全般的に史料が少ないのですが、奈良時代以前のこととなると数える程しかありません。ですからどうしても断片的な記述ばかりになってしまいますが、そのなかから「この人は結構読書をしているな」と思われる人物を取り上げてみます。

## 藤原鎌足

蘇我本家を滅ぼし、中大兄皇子と一緒に大化改新を進めた藤原鎌足もかなり大量な本を読破していた読書家だったと考えられています。

鎌足は最初、「中臣」と名乗っていました。中臣氏は物部氏と共に朝廷の神祇・祭祀を司る一族です。天智天皇八年（六六九）十月十五日、鎌足が逝去する前日に天智天皇から大織冠《たいしょくかん》と大臣《おおおみ》の位を授けられ、「藤原」の姓《かばね》を賜ります。以降、鎌足の子孫のみが「藤原」姓を名乗ることが許されました。では鎌足以外の中臣一族はどうしたかというと、藤原の名乗りは許されず中臣のままでした。平安時代に中臣氏の嫡流は「大中臣《おおなかとみ》」と改姓します。江戸時代に「藤波」と姓を改めて今日に至っています。「藤原」となった翌日の十月十六日、鎌足は静かに息を引き取りました。享年五十六。鎌足以降の藤原氏は平安時代に摂政・関白を独占して栄耀栄華を極めたことは夙に有名です。

さて、鎌足が読書家だったといいましたが、これも非常に断片的な記述しか残っていません。『藤氏家伝』に次のように記されています。

大臣（鎌足）は、人に対する思いやりが深く、親を大切にする性格で、思考力が鋭く、先見の明があった。幼い頃から学問を好み、さまざまな分野の書伝（古人の書き記した書物）を読みあさった。日頃、太公望《たいこうぼう》が著したという兵法書『六韜《りくとう》』を読んでいて、繰り返し読まなくても暗唱することができた。

（沖森卓也・佐藤信・矢嶋泉共訳『現代語訳　藤氏家伝』十六頁）

鎌足は思いやりがあって親を大切にする性格で、また頭脳も明晰だったようです。日頃は威厳と恩恵とで周囲を自分に服従させていた蘇我入鹿《そがのいるか》も、鎌足だけは対等に接してきたといいます。またさまざまな分野の書籍を読破しており、特に古代中国の兵法書である『六韜《りくとう》』を好んでいたようです。『六韜』に関しては、一回読んだだけで暗唱していたと記されています。鎌足がどこでそんなに多数の書物を読破したのかはまったく書かれていませんが、若き日の鎌足が書物に親しんでいた様子は史料にみられます。例えば『藤氏家伝』にはこのような記述があります。

議政官〔群公〕たちの子が、みな旻《みん》法師の仏堂に集まって、『易経』〔周易《しゅやく》〕を読むことがあった。大臣（藤原鎌足：引用者注）が遅れて仏堂にやってくると、座っていた入鹿〔鞍作〕はわざわざ立ち上がって対等の礼〔抗礼〕で挨拶した後、一緒に座った。

（沖森卓也・佐藤信・矢嶋泉共訳『現代語訳　藤氏家伝』十七頁）

蘇我入鹿が鎌足に向かって対等の礼をとったという話の出典はこれです。入鹿と鎌足は同級生のような関係だったようです。ここでは鎌足や入鹿が隋から帰国した僧侶の旻の講義を受けていた点に着目しましょう。「『周易』を読む」とあるので、当然鎌足や入鹿もあらかじめ『周易』を読んで、講義に臨んでいたと考えらます。鎌足は『周易』の写本かなにかを所持していたのでしょう。

またこんな話も『日本書紀』にあります。蘇我氏打倒を密かに心に決めた後、鎌足は主君を探していました。蹴鞠の際に親しくなった中大兄皇子にこのことを打ち明けます。以降、皇子と鎌足は密会して策を練ることになります。ただ頻繁に二人が会っていると噂になりかねません。そこで次のような一計を案じることにしました。

他の人が二人のつき合いの盛んであるのを疑うことを恐れて、共に書物を持って、南淵請安《みなみぶちのしょうあん》の所に、自ら儒教を学ぶことにした。往復の路上で肩を並べてひそかに図った。

（宇治谷孟『日本書紀　全現代語訳』下巻、一四七頁）

かつて遣隋使として隋に渡った経験のある南淵請安《みなみぶちのしょうあん》のもとで儒教を学ぶことにして、その登下校の際に蘇我氏打倒の計略を練ったとあります。「共に書物を持って」とありますので、鎌足も儒教の本を持参して請安の講義を受けたのでしょう。儒教のどのような本なのか、そこまではわかりませんが、鎌足の自宅にはそれなりのものがあったのでしょう。

もう一点、鎌足の読書とは直接関係がないかもしれませんが、このような命を天智天皇から受けています。

天智天皇は大臣（鎌足）に『礼儀《らいぎ》』の編纂と『律令』の修訂とを命じられた。大臣は、天と人との間をとりもつ中臣氏の家柄から、天と人双方の性質に精通しており、その知識を活かして朝廷の規範を作った。

大臣と当時の賢人たちは協力して古い礼典の条文を増減し、おおかたの条文を作成した。（中略）周の軽典・中典・重典の三つの法典、漢の九篇に至るまで、これらに加えるべきものはなかった。

（沖森卓也・佐藤信・矢嶋泉共訳『現代語訳　藤氏家伝』四十九〜五十頁）

これは天智天皇七年（六六八）のことであると推定されています。天皇が鎌足に「修訂」を命じた律令は、おそらく「近江令」のことではないかといわれています。近江令は中国の律令の影響を受けて、始めてわが国で制定された令だとされていますが、現存しておらず内容もまったく伝わっていません。非実在説も根強く主張されています。他に鎌足は『礼儀』の編纂も天皇から命じられています。真偽のほどはわかりませんが仮に事実だとすると、このように重大な法の編纂を鎌足に天皇が命じたのは、鎌足が博識であり中国の律令にも精通していたからだと考えられます。おそらく近江令は鎌足の自宅で編纂されたと思われますので、鎌足邸には中国の律令や儒教の書物などの「参考文献」が集められていたと推測されます。完成した近江令は古代中国の周や漢が編纂した法典にも引けを取らなかったといいます。

さて、鎌足の人生から読書や書物に少しでも関係のある記述を抽出してまとめてみました。飛鳥時代の鎌足はかなり書物を読んでおり、また自宅にもそれなりの蔵書を構築していたらしいことが確認できました。

鎌足の時代に書物といっても、多くが大陸から輸入されたもので、それを書き写して所持していたと考えられます。おそらく紙の本ではなく、木簡や竹簡に書写されていたのでしょう。薪のような木簡を紐解きながら鎌足は勉学に勤しみ、長じてからは国家のために尽くしたのです。鎌足が亡くなった際に天智天皇は声を出して泣いて悲しみ、九日間政務を休んだと伝わっています（沖森卓也・佐藤信・矢嶋泉共訳『現代語訳　藤氏家伝』五十二頁）。

## 石上乙麻呂

次に取り上げるのは、石上乙麻呂《いそのかみのおとまろ》です。石上宅嗣《いそのかみのやかつぐ》の実父で、当時は著名な漢詩人でもありました。息子の宅嗣は芸亭《うんてい》という「公開図書館」を設立したことで古代図書館史に燦然と名を残しています。これについては第三節で詳しく紹介します。

乙麻呂は、藤原四兄弟政権（鎌足の孫である藤原武智麻呂・房前《ふさささき》・宇合《うまかい》・麻呂）、その後に権勢を振るった橘諸兄《たちばなのもろえ》政権で順調に出世を遂げていきます。ところが参議《さんぎ》就任寸前に藤原宇合の未亡人で女官でもあった久米若女《くめのわかめ》との密通が露見して、土佐に配流されてしまいます。これは乙麻呂失脚を目論んだ陰謀説もあるようです。

失脚中の乙麻呂は土佐で漢詩を詠み、漢詩集『銜悲藻《かんびそう》』（二巻）を編みました。残念なことに『銜悲藻』は現在伝わっておりません。

後に赦免されて奈良に戻り、参議に就任しさらに遣唐大使にも選出されました。しかしこの第十一次遣唐使は唐に渡ることはありませんでした。天平勝宝二年（七五〇）二月に亡くなりました。生年が不詳のため、没年齢は判然としません。

石上氏はもともと物部氏の一族ですので武人的なイメージがありますが、文学や書物に大きな関心を寄せた文化人を輩出していました。それだけではなく政治家としての手腕も高かったようです。そうでなければ陰謀渦巻く奈良の朝廷で出世などできるわけがありません。奈良時代はしょっちゅう政争を繰り広げています。しかも現代とは異なり、軍事力を動員することも多くありました。

さて乙麻呂の読書好きがうかがえる史料ですが、これはほんのわずかしかありません。天平勝宝三年（七五一）十一月に完成した漢詩集『懐風藻《かいふうそう》』に、乙麻呂の伝記がわずかですが掲載されています。乙麻呂はこのような人物として描写されています（傍線引用者）。

石上乙麻呂中納言は左大臣石上麻呂の第三子である。家柄・名声ともにすぐれた華族で、才能は人並み以上にすぐれ、温和な容貌であり、振舞いは静かで優雅であった。心を書物に向けて読みふけったものの、また詩文を作ることをも好まれた。以前、朝廷よりのおとがめがあり、南の果て土佐にさすらったことがあった。淵や沢をさまよい歩いては詩を吟じ、心の中で文章を書きあげていた。そして銜悲藻二巻を作りあげた。（後略）

（江口孝夫全訳注『懐風藻』三五九頁）

「心を書物に向けて読みふけったものの」とありますので、乙麻呂も読書に勤しんでいたのでしょう。乙麻呂はせっせと書物を蒐集し、ひょっとしたらその蔵書が息子の宅嗣に引き継がれて芸亭開設に至ったのかもしれません。乙麻呂は漢詩人でしたので、中国の漢詩も数多く読んでいたはずです。蔵書はそういったものが多かったのではないでしょうか。

乙麻呂は漢詩を多く詠んだようですが、私家集『銜悲藻』は残らず、『懐風藻』には四編が採録されているに過ぎません。

## 断片的な読書の記録

藤原鎌足と石上乙麻呂の事例を断片的な記録からみてきました。二人とも読書に親しんでいたということは確実に指摘できます。また個人蔵書も構築していた可能性が高いと私は推測していますが、確たる証拠はありません。

では明確に個人蔵書を所有していた貴族は飛鳥・奈良時代に存在しているのでしょうか。

## 第二節　個人蔵書を構築した貴族

本節では史料で明確に確認できる、蔵書を構築していた人物を何人か紹介します。

### 大津大浦

大津氏は代々陰陽道を修め、藤原仲麻呂に重用されて吉凶を占っていました。ところが占いで大変なことがわかってしまったのです。

（宝亀六年：引用者注）五月十七日　従四位上・陰陽頭《おんみょうのかみ》・兼安芸守の大津連大浦《おおつのむらじおおうら》が卒した。大浦は代々陰陽学を習得する家系に生まれた。藤原仲満《ふじわらのなかまろ》（仲麻呂）は大浦を大変信用して、事の吉凶を問うていた。大浦はその意向が反逆の謀計にかかわっていることを知り、災いが自分に降りかかるのを恐れて、朝廷に密告した。

（宇治谷孟『続日本紀　全現代語訳』下巻、一三九頁）

事実、仲麻呂は天平宝字八年（七六四）九月に反乱を起こします。藤原仲麻呂の乱は結構大きな内戦に発展してしまいましたが、最終的には鎮圧されました。大浦は密告の功績により正七位上から従四位上へ一挙に十も位階が上昇しました。

しかし天平神護元年（七六五）八月に和気王の謀反が発覚します。大浦は和気王の一味とみなされ失脚し、日向国司に左遷させられてしまいます。さらに大浦に対しては左遷だけで終わらず、同年九月十六日につぎのような沙汰を受けます。

九月十六日　日向国員外介・従四位上の大津連大浦を解任した。彼の所有していた天文・陰陽などの書は没収して官有の書とした。

（宇治谷孟『続日本紀　全現代語訳』中巻、四一三頁）

日向国員外介を解任され、さらに陰陽家として所蔵していた専門書も没収されてしまいます。没収された本は「官有の書」となりました。おそらく図書寮に収められたのでしょう。大浦は陰陽家としてその方面の専門書を多く所蔵していたことがうかがえます。蔵書を私有していたことがわかる、早い事例だと思われます。

称徳天皇が崩御し、光仁天皇が即位すると大浦の名誉は回復されました。宝亀元年（七七〇）に赦免され、奈良に帰ることができました。陰陽頭に任じられ、さらに安芸守も兼ねました。宝亀六年（七七五）に亡くなっています。

大浦の事例は晩年に名誉が回復されたのでまだよかったのかもしれません。次は非業の最期を遂げた貴族の事例を紹介します。

## 橘奈良麻呂と奈良朝の政変

橘奈良麻呂は、左大臣橘諸兄《たちばなのもろえ》の子として生まれました。生年は、はっきりしていません。

諸兄が実権を掌握する前提として、天平九年（七三七）の天然痘の全国的な流行があります。国民の四分の一、あるいは半数が死に至ったと考えられており、政治を主導していた藤原四兄弟も相次いで死去してしまいました。

このような情勢のなかで大納言であった諸兄が太政官の首班に立ち、聖武天皇と光明皇后の厚い信頼のもとに疫病で衰退した国家を立て直すことを目標としました。

諸兄は皇后の兄である藤原不比等の娘を妻としていました。また諸兄自身も敏達天皇の後裔の美努《みぬ》王《おう》の子で、初名を葛城王《かつらぎおう》といいました。母親の橘三千代《たちばなのみちよ》の姓を継ぐことを許され、臣籍降下して橘諸兄と名乗ったのです。つまり諸兄は皇族出身で、かつ藤原氏の縁戚でもあるので、悪疫で国全体がひとつにならなければいけない時期にまさに適任の人材でした。

諸兄は日本史上で六人しかいない正一位にまで上り詰めた人物で、また聖武天皇との関係も極めて良好で、種々の改革を断行していきました。

しかし天平勝宝元年（七四九）八月に聖武天皇が譲位し、女帝の孝謙天皇が即位すると不比等の孫である藤原仲麻呂の力が増してきました。

以前から仲麻呂の動きを警戒していた諸兄の子、橘奈良麻呂は何度も謀反を画策していましたが、周囲の同調を得ることができず断念していました。

天平勝宝八年（七五六）五月、聖武上皇は崩御します。上皇の遺言によって孝謙天皇の皇太子として道祖王《ふなどおう》が擁立されます。しかし翌天平宝字元年（七五七）四月、道祖王が孝謙天皇の不興によって皇太子を廃され、代わって仲麻呂が推した大炊王《おおいおう》（後の淳仁天皇）が皇太子になります。事実上、仲麻呂の天下になったわけです。

これに危機感を募らせた奈良麻呂は挙兵を計画します。しかし天平宝字元年（七五七）七月二日、上道斐太都《かみつみちのひたつ》が「小野東人《おののあずまひと》に謀反に加わるようにとの誘いが何者かからあった」と仲麻呂に密告します。仲麻呂は即座に東人を捕縛し拷問にかけ、最終的に奈良麻呂を首班とするクーデター計画が発覚します。皇太子を廃された道祖王も関与していた大規模なものでした。これを橘奈良麻呂の乱といいます。

奈良麻呂一派は全員捕縛され、拷問にかけられます。皇族も例外ではなく臣籍降下させられて拷問を受け、道祖王は獄死しています。最終的には四百人以上が処分を受けました。

奈良麻呂は尋問で反乱を起こそうとした理由を次のように述べています。

勅使はまた奈良麻呂に尋問した。「謀反の企てはなぜ起こしたのか」と。答えて「内相（藤原仲麻呂：引用者注）の政治は、はなはだ無道のことが多い。それでまず兵をあげ、天皇の許しを乞い、彼を捕らえ、それから事情を申し上げようとしたのだ」と。勅使はまた尋ねた。「政治に無道が多いというのは、どういうことを指すのか」と。答えて「東大寺の造営で、人民はつらい苦しみをうけた。朝廷に仕えるもろもろの氏人たちも、またこれを憂慮した。また奈羅《なら》（平城京と山背との境）に剗《せき》を置いたことも、すでに人民の苦労のたねになっている」と。勅使が尋ねた。「言うところの氏人たちとは、どの氏たちを指すのか。また東大寺を造るということは汝の父（橘諸兄）の時から始まっている。いまお前は人民が苦労していると言うが、子であるお前の言葉としては不適当ではないか」と。こう追乃《（ママ）》（「及」の誤字カ）されて奈良麻呂は、言葉に窮し屈服した。

（宇治谷孟『続日本紀　全現代語訳』中巻、一五八頁）

『続日本紀』には、奈良麻呂が勅使の尋問に答えられなかったことが記されています。ただ奈良麻呂の最期について同書は何も伝えていません。おそらく他の首謀者たちと同様に獄死を遂げたのだろうと推測されています。

## 奈良麻呂の蔵書

このように奈良麻呂は政治家のイメージが強烈なのですが、実はかなりの蔵書を所蔵していたことが史料から判明しています。奈良麻呂が反乱を計画して捕縛された後、その財産は国家に没収されますが、その中に図書が四八〇巻もあったことが記されているのです。
没官された図書は承和元年（八三四）十月四日に、嵯峨天皇の皇子である秀良親王《ひでよししんのう》に送られました。

〇辛巳（四日） かつて官に没収された罪人橘朝臣奈良麻呂家の書物四百八十余巻を、弾正尹《だんじょうのいん》三品秀良親王に賜った。親王の外戚（奈良麻呂の曾孫に当たる）の財物であることによる。

（森田悌『続日本後紀 全現代語訳』上巻、一一五頁）

奈良麻呂がその図書を公開していたというわけではないようですが、四八〇巻もの蔵書を個人的に所蔵していたことは驚きです。おそらく奈良麻呂一代で築いた蔵書ではなく、元々は皇族ですので代々にわたって蒐集したものなのでしょう。この時代の読書は娯楽目的ではなく、学問研究や政務に直結するものばかりでした。奈良麻呂の父である諸兄は政権を運営していたので、その際に集まった書籍も多かったと推測されます。

ちなみに奈良麻呂の蔵書を贈られた秀良親王は、母が橘嘉智子《たちばなのかちこ》といって奈良麻呂の孫にあたります。つまり親王は奈良麻呂の曽孫にあたりますので、蔵書を贈られたようです。秀良親王は学問好きであったのか、これより前の天長九年（八三二）五月二十九日にも千巻以上もの没官図書を譲られています。

○庚申（二十九日）　没官《もっかん》した書物千六百九十三巻を三品秀良親王に賜わった。

（森田悌『日本後紀　全現代語訳』下巻、三六八頁）

先にみた大津大浦も罪を問われた際に蔵書を朝廷に没収されていますが、罪人から図書を没収することは普通に行われていたようです。古代だけではなく、近世では徳川幕府も同様のことを行っていますす（新藤透『図書館と江戸時代の人びと』七十九頁）。前近代ではよく行われていたことなのでしょう。

## 個人蔵書家の誕生

大津大浦と橘奈良麻呂の事例をみてきました。奈良時代には彼らのように個人的に蔵書を構築する貴族も確認されるようになってきました。

ただこれらの蔵書はあくまで個人蔵書であって、公開はされていません。ところが、私蔵書を公開して利用を許可した蔵書家も出てきました。それを行った初めての人間が石上宅嗣です。

# 第三節　石上宅嗣と芸亭

奈良時代随一の蔵書家といえば、石上宅嗣になるでしょう。ここでは宅嗣と、彼が開設した古代の「図書館」である芸亭についてふれておきたいと思います。

まず石上宅嗣を輩出した石上氏とはどのような一族なのか、確認をしておきましょう。

## 石上氏

石上氏はもともと物部氏でした。物部氏は大和国山辺郡や河内国渋川郡あたりを本拠地とした古代にあっては有力な氏族で、神武天皇よりも前に天孫降臨して大和に入っていた饒速日命《にぎはやいのみこと》を祖としています。

物部氏は鉄器と兵器の製造を行っていたことから、朝廷の軍事を司った家柄と考えられています。用明天皇二年（五八七）七月に、物部守屋《もののべのもりや》が対立していた蘇我馬子《そがのうまこ》に討たれ、宗家は滅亡してしまいます。ただ全国に散らばる物部の庶流は何事もなく存続していたようです。こうして石上氏の先祖も生き延びることができたのです。

ではいつ物部から石上になったのでしょうか。

朱鳥元年（六八六）九月二十八日には、「石上朝臣麻呂」と『日本書紀』に見られるので（宇治谷孟『日本書紀　全現代語訳』下巻、三一一頁）、その日までには物部から石上へと改めていたと考えられます。この麻呂という人物は乙麻呂の父にあたります。乙麻呂の子が宅嗣です。つまり宅嗣からみると麻呂は祖父にあたる人物です。

石上氏は大和国山辺郡石上郷を本拠地とする一族で、そこには石上神宮という伊勢神宮に匹敵するぐらいの古社があります。物部氏の庶派のなかでもかなり有力な氏族であったことがわかります。物部の一族ですのでやはり軍事力に長けていたようですが、そればかりではなく文化人も多く輩出していました。宅嗣の父である乙麻呂は当時有名な漢詩人でもあったことは前述しました。

### 石上宅嗣の出生

石上氏は軍事、文化、神道と非常に多方面に影響力をもっていた一族であるとおわかりいただけたと思います。こういった背景のもとに宅嗣は乙麻呂の子として、天平元年（七二九）に生まれました。『続日本紀』には宅嗣の性格を次のように描写しています。

> 宅嗣は左大臣・従一位の麻呂の孫で、中納言・従三位の弟麻呂《おとまろ》（ママ）の子である。性質は賢明で悟りが早く、風采が立派であった。経書や歴史書を愛し尊び、ひろく多方面の書物に通じていた。文章を作るのを好み、草書・楷書が巧みであった。
>
> （宇治谷孟『続日本紀　全現代語訳』下巻、二七一頁）

石上宅嗣
（Wikimedia Commonsより）

宅嗣は非常に頭の切れる人物だったようです。若い頃から読書が好きで、儒学の本や中国の歴史書を好んで読んだとあります。読むだけではなく文才にも秀でていたようです。父親が高名な漢詩人だったわけですので、むべなるかなと思います。

## 宅嗣の出世

優秀な宅嗣ですので、官人として順調に出世をしていきました。藤原仲麻呂が実権を握っていた時代です。

天平勝宝三年に従五位下を授けられ、治部少輔《じぶしょうゆう》に任じられた。しばらくして文部（式部）大輔に遷り、以後内外の官職を歴任した。

（宇治谷孟『続日本紀　全現代語訳』下巻、二七一頁）

『続日本紀』には書かれていませんが、『万葉集』には宅嗣の歌が一首採録されています。天平勝宝五年（七五三）正月四日、宅嗣は自宅に道祖王や茨田王《まんたおう》らを招いて新年会を開きました。その折に宅嗣、茨田王、道祖王が詠んだ歌三首が『万葉集』に取り上げられているのですが、問題は道祖王で、こんな歌を詠んでいます。

新しき年の初《はじめ》に思ふどちい群れて居れば嬉しくもあるか

（中西進『万葉集　全訳注原文付』四、二七〇頁）

中西進氏はこの歌を次のように訳しています。

新しい年の初めに親しい同士が集い合っていると、何と嬉しいことか。

（中西進『万葉集　全訳注原文付』四、二七〇頁脚注）

道祖王とは、橘奈良麻呂のところでふれたように、反乱計画に加担した容疑で獄死した皇族です。反仲麻呂派の主要人物が宅嗣主催の宴会に参加して、このような厚い親交をうたった歌を詠んだことは宅嗣にとってよくないことでした。

天平宝字元年（七五七）六月、奈良麻呂の反乱計画が発覚する一か月前に宅嗣は相模守に任じられています。これを仲麻呂による奈良麻呂派の一掃と考える研究者もいます（木本好信『律令貴族と政争』一七四～一七五頁）。宅嗣が奈良麻呂の計画に参加していたかどうかはわかりませんが、道祖王とかなり親しい関係にあったことは仲麻呂の警戒を生んだことになると思います。石上氏は物部氏の系統で高い軍事力を有していました。宅嗣が奈良麻呂軍に参加したら厄介な事になると思ったのかもしれません。

## 仲麻呂暗殺計画と宅嗣の失脚

宅嗣はその後、三河守、上総守と地方官を歴任しています。奈良から遠ざけられたのでしょうか。

天平宝字五年（七六一）十月二十二日、宅嗣は遣唐副使に任じられます。父の乙麻呂もかつて遣唐大使に任じられましたが、中止になってしまったので唐に行くことはありませんでした。

実は宅嗣も父と同じ道をたどることになります。天平宝字六年（七六二）三月一日には藤原田麻呂に交代させられています。なぜ急に交代させられたのかは不明です。

通説ではその理由を、藤原良継《ふじわらのよしつぐ》、佐伯今毛人《さえきのいまえみし》、大伴家持と共に仲麻呂暗殺を画策したからだとされています。この計画は弓削男広《ゆげのおひろ》の密告によって露見し、良継が全ての罪を被りました。他の者は罪に問われなかったのです。良継も命だけは助けられました（宇治谷孟『続日本紀　全現代語訳』下巻、一七五頁）。その二年後に仲麻呂自身が失脚して謀反を起こして敗死するので、良継は赦免されて都に戻っています。

さて仲麻呂暗殺計画が発覚した後、宅嗣は大宰府に左遷されますが、仲麻呂敗死後に復権します。

## 政権を主導

宅嗣は、称徳天皇・道鏡政権下では順調に出世を遂げています。

神護景雲二年に参議・従三位に至り、宝亀の初めに地方に出て大宰帥《だざいのそち》に任じられた。いくばくもせず式部卿に転任して、中納言を拝命した。願い出て「物部朝臣」の氏姓を賜わった。次いで皇太子傅《こうたいしふ》を兼任し、改めて「石上大朝臣」の氏姓を賜わった。宝亀十一年には大納言に昇進し、ほどなく正三位を加えられた。

（宇治谷孟『続日本紀　全現代語訳』下巻、二七一頁）

称徳天皇が崩御し道鏡が失脚すると、宅嗣は光仁天皇の擁立を藤原永手《ふじわらのながて》と共に運動します。結果として光仁天皇の治世でも政権運営の一翼を担うことになります。「皇太子傅」という、皇太子御所の内政を取り仕切る重要な役職にも就いています。

天応元年（七八一）に宅嗣は死去します。享年五十三。多くの人が宅嗣の死を嘆き悲しんだといいます。

## 文人としての宅嗣

若き日の宅嗣の容姿については、『続日本紀』の記事を先に引用しましたが、長じてからはどうだったのでしょうか。

宅嗣は言葉つきや立ち居振舞が落ち着いていて雅やかであり、当時著名であった。風景山水にであうたびに、筆をとって詩文などの主題にした。天平宝字の頃より後は、宅嗣と淡海真人三船《おうみのまひとみふね》が文人の筆頭とされた。漢詩や賦《ふ》の著作は数十首あり、世に多く伝えられ朗誦されている。

（宇治谷孟『続日本紀　全現代語訳』下巻、二七二頁）

淡海三船と並び称される、文人の筆頭とみなされるようになったとあります。父の血を受け継いで優れた漢詩人としても著名で、勅撰漢詩集の『経国集』にも採録されています。また『懐風藻』の選者ではないかともいわれています。仏教にも造詣が深く、何種かの著作も著しています。

このように政治家として、また文人としても優れた才能を発揮した宅嗣ですが、彼は自宅の一部を「公開図書館」として蔵書を一般に開放していました。それが「芸亭《うんてい》」です。古代日本の「図書館」としてはかなり有名なものですが、その実像は意外と知られていません。ここでは史料をなるべく引用しながら芸亭の実像に迫ってみたいと思います。

## 「芸亭」という名称

まず「芸亭」という名称を検討してみましょう。

芸亭の「芸」という字は「芸術」や「芸能」と同じ漢字にみえますが、本来はまったく別のものです。後者は本来「藝」という字を使用していました。それが戦後になって常用漢字表から除外され、「藝」は「芸」と表記するようになりました。

それに対して芸亭の「芸」は、音読みは「うん」、訓読みでは「くさぎる」と発音します。くさぎるとは草を刈るという意味です。またこの一字だけでも、ミカン科の多年草の芸香草《うんこうそう》を意味しています。芸香草は「かおりぐさ」、あるいは「ヘンルーダ」とも呼ばれています。

戦後、難解だということで多くの漢字が略字体になってしまい、本来あった他の漢字と混同してしまうことがまま起こりました。これを同形衝突と呼びます。「芸《うん》」と「芸《げい》」（本来は「藝」）もその一つなのです。

ついでにお話しますが、同形衝突の事例として「世論《せろん》」と「輿論《よろん》」があります。現在ではどちらも「世論」と表記しますが、「せろん」と「よろん」では本来の意味はだいぶ違います。戦前の「軍人勅諭」（軍人が守るべき規範）には「世論に惑はす」と書かれていました。

閑話休題。

さて、なぜ石上宅嗣が「芸亭」と名付けたのでしょうか。植松安氏は防虫効果がある芸香草（ヘンルーダ）から一字を取ったと指摘しています（植松安『書庫ノ起源：芸草庵ヲ訪フ古典叢書話』）。古くからヘンルーダの葉を書物に挟むと防虫効果があると信じられていたのです。

実はヘンルーダが日本に紹介されたのは江戸時代に入ってからなのですが、中国では古くから文庫を「芸台」や「芸閣」と称していました。これらは中国の古典に記されていましたので、多くの書籍を読んでいた宅嗣のことですから、そこから発想して「芸亭」と名付けたと考えられます（戸澤信義「所謂芸亭の芸艸はヘンルウダではなかった」）。ただし本書では、これ以降は現行漢字の「芸」で表記します。

## 芸亭の創建

芸亭の創建年について検討してみましょう。

『日本高僧伝要文抄《にほんこうそうでんようもんしょう》』に収録されている「芸亭居士伝《うんていこじでん》」によると、宅嗣が遣唐副史に勅命された年に自邸を寺院に改築して「阿閦仏像一鋪」を祀ったのが芸亭の創始としています（宗性「日本高僧伝要文抄」五十七頁）。「阿閦仏《あしゅくぶつ》」とは阿閦如来のことですが、私はそれを祀ったことで芸亭を開設したとは言い切れないと思われます。

そもそも『日本高僧伝要文抄』という書物は、どういう性格の史料なのでしょうか。実はこの本は鎌倉時代の建長元年（一二四九）から同三年（一二五一）にかけて、東大寺の宗性《そうしょう》という僧侶が著した高僧の伝記集なのです。

しかし宅嗣の伝記である「芸亭居士伝」は宗性が著したものではなく、延暦七年（七八八）に成立した高僧の伝記集『延暦僧録《えんりゃくそうろく》』からの引用です。同書は唐から帰化した唐招提寺の僧侶、思託《したく》の著作です。

ただ『延暦僧録』は現存していません。『日本高僧伝要文抄』がそこから引用をしたとはいえ、どこまで正確に引いているのか確認のしようがないのです。『延暦僧録』自体は宅嗣が活躍していた時代と近いので、そんなに間違ったことが記されているとは思われませんが、記述の信憑性《しんぴょうせい》についてはよくわからないとしかいえません。

なお『日本高僧伝要文抄』によると宅嗣は出家したことになっており、法名を「梵行」であると書かれています（宗性「日本高僧伝要文抄」五十七頁）。この真偽もわかりません。

このように芸亭の創建年はどの史料にもはっきりとは書かれていないのですが、通説では宝亀年間

（七七〇〜七八一）頃だといわれています（福井保「芸亭」）。この頃は宅嗣が擁立した光仁天皇の御代で、相次いだ政治闘争もだいぶ沈静化していました。宅嗣も四十歳を迎えており、当時としてはそろそろ「高齢者」に当てはまる年齢でしょう。文化を愛した宅嗣のことですから、書物をひろく公開して後進を育成しようと考えたのかもしれません。

## 芸亭の位置

宅嗣は当然平城京に邸宅を構えていたわけですので、そのどこかにあったはずですが、では平城京のどこに位置していたのか、そこのところはよくわかっていません。

ただ石上邸は相当広大な敷地を誇っていたことは確かなようです。神亀元年（七二四）十一月八日、太政官はつぎのような奏言を聖武天皇にして、許可されています。

> （前略）そこで五位以上の官人や、庶民のなかでも造営する力のある者には、瓦ぶきの家を建てさせ、赤や白の色を塗らせるように、有司に命ぜられるよう要望します。
>
> （宇治谷孟『続日本紀　全現代語訳』上巻、二六六頁）

宅嗣は五位以上ですので、自邸は瓦葺きで赤や白の

芸亭伝承地に立つ碑（奈良県奈良市法華寺町）[6]

色が塗られていた可能性があります。瓦葺きが庶民にまで広がるのは江戸時代に入ってからです。それも都市部だけで農村部ではつい最近まで茅葺きが一般的でした。瓦を屋根に敷くことができるのはかなりな高官であったわけです。

## 阿閦寺内の芸亭周囲の様子

阿閦寺内のどこに芸亭を設けたのでしょう。『続日本紀』ではこのように書かれています。

宅嗣はまた自分の旧宅を喜捨《きしゃ》して阿閦寺（阿閦如来からきている）となし、寺内の一隅に特別に外典（仏教以外の書物。主に儒教の書物）のための院を設け、芸亭と名付けた。

（宇治谷孟『続日本紀　全現代語訳』下巻、二七二頁）

「寺内の一隅」とありますので、一部を芸亭としたのでしょう。その周囲の様子は「芸亭居士伝」によるとこんな感じだったようです。桑原蓼軒氏の書き下し文をここでは引用します。

寺の東南に於て芸亭院を造る。

6　Wikimedia Commons より。©Fraxinus2（https://commons.wikimedia.org/wiki/File:Untei_Nara.jpg）

山を堅め沼を掘り、竹を植ゑ花を栽ふ。
橋は生死の河に渡し、船は彼岸に済投す。
芸亭の西南に禅門を構へて心を八定に遊ばす。
芸亭の東北には方丈の室を建て唯一床を留め、心を六時に斎し、念を三宝に存す。
講肆ある毎に必ず至りて詳殖し、論弁の場に於て勝義を諮詢す。

（桑原蓼軒『日本最初の公開図書館　芸亭院』十五頁）

芸亭を設置したのは阿閦寺の東南の一隅で、周囲に池を巡らして竹や花を植えたとあります。西南に禅門を構え、東北に「方丈」を建てたともあります。

また「講肆ある毎に必ず至りて詳殖し、論弁の場に於て勝義を諮詢す」とあるように、講演会や討論会も行われたようです。これらはおそらく「方丈」や「庵室」と呼ばれる建物で開催されたのでしょう。静かな読書の場だけではなく、活動的な場でもあったようです。昭和初期に橋川正氏が芸亭のことを「頗る動的な図書館であった」（橋川正「石上宅嗣の芸亭院のことども」）と評価を下していますが、言い得て妙であると思います。

また勅撰漢詩集『経国集』に採録された石上宅嗣の漢詩「小山賦《しょうざんのふ》」には、第十五句・第十六句に次のように芸亭の様子が描写されています（番号は引用者が付した）。

15微岫《びしう》を庭際《ていさい》に搆《かま》ふ、
16細流を堂垂《だうすゐ》に引く。
（小島憲之『国風暗黒時代の文学：弘仁・天長期の文学を中心として』中巻下I、二二四六頁）

「微岫」とは小さい築山、「庭際」は庭先を指します。つまり小さい築山を庭先に造ったという意味です。「細流」は泉水の流れで、「堂垂」の「堂」とは芸亭を指し、「垂」はほとりという意味ですのでこれは芸亭のほとりという意味でしょう。

二句続けての意味は「小さい築山を庭さきに造り構へ、細い流れを堂（芸亭：引用者注）のほとりに引く」という意味になります（小島憲之『国風暗黒時代の文学：弘仁・天長期の文学を中心として』中巻下I、二二五一頁）。

もう一人、芸亭の描写を漢詩に詠んだ人物がいます。固有名詞が判明している唯一の芸亭の利用者、賀陽豊年《かやのとよとし》です。

豊年は宅嗣の「小山賦」に和して、「和石上卿小山賦一首」（石上卿が「小山賦」に和する一首）を詠んでいます。「和」とは唱和するの意で、他人が詩歌に対して詩歌で和することをいいます。これも非常に長い漢詩なのですが、芸亭の描写は第十一句から第二十二句におよびます（番号は引用者が付した）。

11ここに、阿閣を営みて一辺に臨む。

12菴室《あんしつ》を建てて五絃を奏《かな》づ。
13巌は礪歯《れいし》の石を搆ふ、
14池は洗耳《せんじ》の泉を涌かす。
15魚は水に喁《あぎと》ひて相戯る、
16鳥は木を択びて争ひ遷る。
17貞松《ていしょう》を情岳《じゃうがく》に植う、
18幽蘭《いうらん》を心田《しんでん》に挺《ぬ》きいづ。
19霜霰《さうさん》を冒《をか》して勁《けい》を増す、
20風烟《ふうえん》を引きて妍《けん》を翻す。
21時《よりより》に芽《ち》を抜く客《まらひと》を招《を》く
22乍《ある》いは薬を竊《ぬす》む仙《ひじり》に対《むか》ふ。
（小島憲之『国風暗黒時代の文学：弘仁・天長期の文学を中心として』中巻下Ⅰ、二二八一～二二八二頁）

豊年の漢詩は芸亭の描写が長いので、ここは小島憲之氏の大意のみを掲載します（番号は引用者が付した）。

11さてここに、（宅嗣は）阿閦寺を経営して邸内の一隅に臨み、

12庵室を建ててそこで（君子の風流である）五絃琴を演奏する。
13（庭園林泉の）巌組みは歯を砥《と》でみがくほどのとぎすました石で組まれ、
14池には耳を洗ふばかりの清らかな泉水が湧く。
15魚は水面に出て呼吸しながら戯れ、
16鳥は木を選んで争ひつつ他の木へ移る。
17貞節を保つ松をこの築山に植ゑ、
18奥ゆかしい蘭をこの園の地面に目に著しいほど生やす。
19（松は）霜や霰を凌いで益々その強い貞節を誇り、
20（蘭は）風やもやを引き寄せつつそのうるはしい香をあたりになびかせる。
21ある時は芽を共に引き抜くやうな親しい朋友を招いたり、
22また盗んだ薬を服用して仙人となり月の空に奔つて行つたやうな浮世離れの客に相対なされる。
（小島憲之『国風暗黒時代の文学：弘仁・天長期の文学を中心として』中巻下Ⅰ、二二八三〜二二八八頁）

豊年は結構詳細に芸亭周辺の様子を描写しています。「庵室」では宅嗣自ら五絃琴《ごげんきん》も演奏したようです。客人に披露することもしたでしょうし、客が弾くこともあったかもしれません。五絃琴とは五代時代の中国で誕生し、わが国でも奈良・平安初期には流行した楽器です。その後廃れてしまい今日では現存していません。

第十三句から第二十句は庭園の描写です。松を植えた築山があり、庭には蘭が咲き、池には魚もいて、木々には鳥も多く来ていたようです。かなり美しい庭園であったことが想像されます。

第二十一・二十二句は、芸亭を訪れた客たちの様子も詠まれておりとても貴重です。宅嗣は親しい友人も招いたようですが、そればかりではなく、仙人になって月まで行ったような感じの浮世離れした人物も訪れていたようです。宅嗣はそういった迷惑な客の相手もしていました。公開型の「図書館」ですから時にはこういった「問題人物」もやってきたのでしょう。現代の図書館でも「迷惑な利用者」は問題になっているので、この点は古代から続く共通の悩みなのかもしれません。

## 芸亭設立の目的

宅嗣は何を目的として芸亭をつくったのでしょう。『続日本紀』にはその意図が記されています。

もし学問好きの人が来て閲覧したいと望んだならば、自由にそれを許し、そのために規則を定めて後世に残した。

（宇治谷孟『続日本紀　全現代語訳』下巻、二七二頁）

芸亭は学問好きの人物が訪れても、誰でも自由に蔵書の閲覧を許可するとはっきり書かれており、公開型の「図書館」であったと明確にわかります。

奈良時代に入ると個人的に蔵書を構築していた貴族は散見され、さらに大寺院などでは相当数の経典を所蔵していましたが、それらはなんらかの伝手がないと容易に閲覧は許可されませんでした。若くて勉学に励みたくとも、コネクションがないと書物は読むこともできなかったのです。そのような時代に宅嗣は芸亭の蔵書を一般に開放しました。非常に意義深いものだと思います。『続日本紀』には、宅嗣自身が芸亭設立を述べた「芸亭条式」の要旨が収録されています。

仏教と儒教は根本は一体である。漸進的であったり極端であったりする違いはあるけれど、うまく導くならば同じである。わたしが家を喜捨して寺となし仏門に帰依してから久しくなるが、仏典の理解の助けになるように、儒教などの書物を加え置いておく。この場所は仏道修行の寺院であって、修行の妨げになることは何事も禁じ戒めねばならない。どうか同じ志をもってここに入った者は空か有かと論じて滞ることなく、あわせて執着の心を離れるように。また世々来る者も世俗の垢や苦労を超越して、悟りの境地に入るようにと願うものである。

（宇治谷孟『続日本紀　全現代語訳』下巻、一七二頁）

これを読むと芸亭の蔵書は、外典、すなわち儒書を中心に所蔵していたようです。仏教を理解するためには内典（仏書）だけでは不十分で、助けになる儒書もまた必要である、と述べています。また芸亭は「仏道修行の場」であるとし、普通の「図書館」ではなく、今日で言う大学図書館や研究者のための専門図書館に近いイメージを、宅嗣は抱いていたと考えられます。

芸亭では講演会や討論会、音楽会も開かれていたと先に指摘しましたが、「専門図書館」であればこのようなイベントも研究の助けになったかと思います。五弦の演奏も決して娯楽目的ではなく、当時の貴族の一般教養として必要であったからです。

ただその蔵書は、貸し出しは許されなかったようです。史料には貸し出しについて何も書かれていないことがその傍証です。

## 芸亭を利用した人物・賀陽豊年

芸亭は自由に利用できたので、向学心に燃えた若い利用者が多かったと想像されますが、固有名詞が判明しているのはただ一人です。

**賀陽豊年**
（Wikimedia Commonsより）

賀陽豊年という貴族で、平安初期に活躍しました。やはり学者で桓武天皇、平城《へいぜい》天皇、嵯峨天皇の三代にわたって仕えました。

豊年は天平勝宝三年（七五一）に生まれました。芸亭が設立されたのが宝亀年間（七七〇～七八一）といわれていますので、おそらく二十代で利用したのでしょう。『日本後紀』には豊年について次のように記しています（傍線引用者）。

（弘仁六年六月：引用者注）○丙寅（二十七日）播磨守贈正四位下賀陽朝臣豊年が死去した。豊年は右京の人で、儒教の経典と史書に通じ、官吏登用試験で甲第を得た。操を立てて信義を守り、怖じ恐れるところがなく、知人以外は交際することを好まなかった。大納言石上朝臣宅嗣が敬意をもって対応し、芸亭院（石上宅嗣が建てた日本最初の図書館）に招き、豊年は数年間、広く多くの書物を読んだ。日本の貴紳らはみな釈道融《しゃくどうゆう》・御船王《みふねおう》（御船王は淡海三船。道融・三船は共に奈良時代の学者）も豊年に及ばないとした。（以下略）

（森田悌『日本後紀　全現代語訳』中巻、三七一頁）

傍線を付した箇所だけが、豊年が芸亭を利用したとはっきり確認できる記述です。これを読むと、豊年は勝手に行ったわけではなく、宅嗣の招きに応じて利用し始めたようです。数年間にわたって芸亭に通い、さまざまな書物を読んだとあります。豊年は後年、天皇の信任厚い学者になり、特に儒書と史書に精通していたとありますので、その知識の基礎は、外典を中心に収蔵していた芸亭で学んでいた青年時代に培ったのでしょう。

豊年のような学者を輩出したことは、宅嗣の芸亭にかけた「思い」が見事成就したといえます。

## 芸亭の終焉

最後に、芸亭の終焉についてふれておきます。芸亭創設者の宅嗣は、天応元年（七八一）六月二十四日に逝去します。その数年後の延暦三年（七八四）に、桓武天皇は長岡京への遷都を宣言します。十年後の延暦十三年（七九四）にさらに平安京に遷都します。

遷都した後の平城京は荒廃が進んだようです。芸亭は宅嗣死後にどうなったのかよくわからないのですが、延暦十六年（七九七）に編纂された『続日本紀』に「その院（芸亭：引用者注）は今も存在している」（宇治谷孟『続日本紀　全現代語訳』下巻、二七二頁）と記されているのを見ると、まだ存在していたようです。宅嗣死後十六年後も旧平城京にあったのでしょう。平安京に移転したとの記述はどの史料にもありません。

芸亭終焉の時期についてはよくわかっていないのですが、天長五年（八二八）に空海が著した「綜芸種智院式并序《しゅげいしゅちいんのしきならびにじょ》」にこんなことが記されています。

何者備僕射之二教、在（「石」の誤り：引用者注）納言之荒（「芸」の誤り：引用者注）亭、如レ此等院、并皆有レ始無レ終、人去跡穢レタリ

（空海「綜芸種智院式并序」二六七頁）

大意はこうです。

空海が庶民教育や各種学芸の伝授のために、「綜芸種智院」という私立の学校を建てようと思い立った。そうしたら或る人から「このような事業は先人もやり遂げられなかったことだ。なぜならば

過去に吉備真備が設立した二教院、石上宅嗣が建てた芸亭などがあった。これらは始めは良かったのだがいつのまにか終わってしまい、今は人影も絶えてその痕跡すらもわからなくなっているではないか」と言われた。

つまり空海がこの文章を書いた天長五年（八二八）には、芸亭は既に無くなっているのです。延暦十六年（七九七）から天長五年（八二八）までのおよそ三十年間に廃絶してしまったのでしょう。宝亀元年（七七〇）に設立され、天長五年（八二八）になくなったと仮定すればおよそ六十年間芸亭は存続したことになります。

## 芸亭の設立意義

奈良時代は誰でも自由に書籍を閲覧できる時代ではありませんでした。当時の書籍は、①中国や朝鮮から輸入されたもの、②日本で転写されたものがほとんどで、日本人が生み出した書物も存在していましたが僅かであったと思います。百万塔陀羅尼のような木版印刷物は存在していたものの一般的ではなく、書物といえばほとんどが手書きであったはずです。その一冊を失えば読むことが永久に不可能になってしまうリスクが非常に高かったのです。

そのような時代に、宅嗣が自邸を開放して蔵書を自由に閲覧できる芸亭を設立した意義は大変大きいといえます。当時は図書寮、大寺院、貴族の一部が書物を蔵していましたが、これらのものを閲読するためには紹介してくれる人物がいないと難しかったと思われます。向学心に燃えている若者であっても、コネがないばかりに書物に接することができず、その能力を埋没させてしまう者もいたと想像されます。宅嗣はそういった若者を救おうと芸亭を設立したのです。
また宅嗣は芸亭を単なる読書の場だけではなく、集まってきた有志の人びとの交流の場にしようとの考えをもっていました。「芸亭居士伝」にわずかながら記されているように、討論の場、講演の場でもあったわけです。思えば、当時の読書会や講義会場は有為の人材に出会える場所でした。見知らぬ若者同士が出会い、議論を深めて交流を図り、生涯の友となって国家に尽くす、こういったことを宅嗣は構想していたのでしょう。
それは見事実現するわけですが、長岡京・平安京への遷都による平城京の荒廃、そして後継者がいなかったことにより、芸亭は比較的早くその役割を終えるのです。ただ「公開図書館」の元祖として、後世の文庫に大きな影響を与えたことは確かだと思います。

**【参考文献】**


石上宅嗣卿顕彰会『石上宅嗣卿』石上宅嗣卿顕彰会、一九三〇年
岩猿敏生『日本図書館史概説』日外アソシエーツ、二〇〇七年
植松安『書庫ノ起源：芸草庵ヲ訪フ古典叢書話』間宮商店、図書館研究叢書第五篇、一九二七年
宇治谷孟『日本書紀　全現代語訳』下巻、講談社、講談社学術文庫、一九八八年
宇治谷孟『続日本紀　全現代語訳』上・中・下巻、講談社、講談社学術文庫、一九九二・九五年

江口孝夫全訳注『懐風藻』講談社、講談社学術文庫、二〇〇〇年
小川徹「いわゆるわが国最初の公開図書館・芸亭について」『法政大学文学部紀要』第二十八号、一九八二年
小川徹「芸亭一考」（小川徹・奥泉和久・小黒浩司『図書館と読書の原風景を求めて』青弓社、二〇一九年）
沖森卓也・佐藤信・矢嶋泉共訳『現代語訳　藤氏家伝』筑摩書房、ちくま学芸文庫、二〇一九年
小野則秋『日本図書館史』補正版、玄文社、一九七三年
小野則秋『日本文庫史研究』改訂新版、上巻、臨川書店、一九七九年
木本好信『律令貴族と政争：藤原氏と石上氏をめぐって』塙書房、塙選書、二〇〇一年
木本好信『奈良時代の人びとと政争』おうふう、二〇〇三年
空海「綜芸種智院式幷序」（同文館編輯局編『日本教育文庫　学校篇』再版、同文館、一九一三年）
蔵中進「文人之首（その二）：石上宅嗣の生涯と文学」『日本文学』二十一巻一号、一九七二年一月
桑原蓼軒『日本最初の公開図書館　芸亭院』芸亭院創始千二百年記念会、一九六二年
小島憲之『国風暗黒時代の文学：弘仁・天長期の文学を中心として』中巻下Ⅰ、塙書房、一九八五年
新藤透『図書館と江戸時代の人びと』柏書房、二〇一七年
新藤透『図書館の日本史』勉誠出版、ライブラリーぶっくす、二〇一九年
杉山康彦「古代における書物の所蔵流通形態：日本図書館史ノート　其の一」『図書館学会年報』第六巻第二号、日本図書館学会、一九五九年十月
宗性「日本高僧伝要文抄」第三（鈴木学術財団編『大日本佛教全書』第六十二巻史伝部一、鈴木学術財団、一九七二年）
土佐秀里「古代日本の蒐書と蔵書：日本上代文学形成の前提条件」『國學院雜誌』第一二〇巻第二号、二〇一九

年二月
戸澤信義「所謂芸亭の芸艸はヘンルウダではなかった」（仙田正雄教授古稀記念会編『仙田正雄教授古稀記念図書館資料論集』仙田正雄教授古稀記念会、一九七〇年）
中西進「石上宅嗣」（国史大辞典編集委員会編『国史大辞典』第一巻、吉川弘文館、一九七九年）
中西進『万葉集　全訳注原文付』四、講談社、講談社文庫、一九八三年
橋川正「石上宅嗣の芸亭院のことども」（石上宅嗣卿顕彰会編『石上宅嗣卿』石上宅嗣卿顕彰会、一九三〇年）
福井保「芸亭」（国史大辞典編集委員会編『国史大辞典』第二巻、吉川弘文館、一九八〇年）
堀池春峰「阿閦寺」（国史大辞典編集委員会編『国史大辞典』第一巻、吉川弘文館、一九七九年）
森田悌『日本後紀　全現代語訳』中巻・下巻、講談社、講談社学術文庫、二〇〇六・〇七年
森田悌『続日本後紀　全現代語訳』上巻、講談社、講談社学術文庫、二〇一〇年

# おわりに

　さまざまな古代の「図書館」についてみてきました。古代は史料がかなり限られており、他の時代と比べるとなかなか「図書館」の実像に迫ることが難しかったのですが、現代とはかなり異なっているとはいえ、古代にも「図書館」的な施設があったことがおわかりいただけたと思います。

　本書では「図書館」の起源を語り部に求めました。文字がない時代でもその民族の記憶を後世に伝えるための役割を果たしていたと考えられます。語り部はある意味「保存機関」です。この点、現代の図書館に相通じる役割を担っていたと、私は考えています。

　さて、文字が輸入されるに従って語り部の存在は儀礼的なものに限られました。語り部の役割は書籍にとって代わられたのです。

　飛鳥時代になると、書籍は仏典や儒書を中心に中国や朝鮮から大量に輸入されます。書物は朝廷や有力な貴族も所持するようになりましたが、おそらくいちばん多く所蔵していたのは大寺院ではないでしょうか。経蔵に輸入された経典やその注釈書などが数多く所蔵されたのです。

　奈良時代に入り律令が施行されるに及んで、国家機関として図書寮が機能し、また宮中には文殿という文書庫もいくつか存在するようになりました。その一方、個人で書籍を蒐集する傾向がこの時代から加速し、なかには石上宅嗣のように蔵書を一般公開する貴族も誕生しています。

平安時代に入ると律令体制が崩壊し始め、やがて完全に機能停止してしまいます。図書寮も形骸化し、小槻氏など学者の家系の私設文庫がその役割を担うようになります。

つまり平安朝になると「国家機関」が機能不全になり、その役割が個人の貴族の家職になってしまうのです。摂政・関白職を独占して世襲した藤原氏がその最たるものでしょう。このようにひとくちに「古代」とはいえ、奈良朝以前と平安時代では大きな違いがあります。

実は日本史学でも、奈良時代以前と平安時代以降を同じ時代区分の「古代」で括るのは実態に即しているのかと、長く議論されています。そのような理由から本書は、おおよそ奈良時代までを一区切りとしました。

語り部から奈良朝の文庫までを通観すると、社会集団にとって必要な記憶やそれを記録した文献を収蔵し、必要に応じて取り出すことが重視されていたことがわかります。古代の「図書館」にとって、それが最も重要な役割だったのでしょう。古代においては保存こそがいちばんの役目であったわけです。

図書寮や文殿などは保存重視の最たるものだと思います。これらは図書館というよりも公文書館、あるいは書庫といった性格が強いと思います。

私見では、収蔵された文献の「利用」を考えるようになったのは、経蔵あたりからではないかと思います。東大寺写経所の活動は、現代の図書館と比べて類似した業務をこなしています。智憬という僧侶が、あたかも大学図書館の司書のように活躍していたことも印象的です。国家が実行している写経事業を円滑に進めるために、智憬はどこにどのような経典が所蔵されているのか、情報を収集しておく必要があったのでしょう。ただ「これは智憬たちが調べたものなので、他人は見るな」と注意書きがあるように、他者の利用を拒否するなど、あくまでも自分たちの仕事をスムーズに行うための情報収集だったようです。

このように古代の「図書館」は現代の図書館のルーツではありますが、その役割は現代とは違うものも多くありました。

そのようななかにあって、利用を前面に押し出した石上宅嗣が設けた芸亭は、ひときわ異彩を放っています。珍しい施設だと私は感じました。

宅嗣は個人で書籍を膨大に所有していてもそれは死蔵であり、活用してこそ本の価値があると認識していたのでしょう。コネがなくて貴重な書籍が閲覧できず、日々の勉学に苦慮している若者に自身の蔵書を惜しげもなく公開したのです。なかには浮世離れした「問題利用者」もいたようですが、それでもめげずに蔵書を公開し続けた宅嗣の心意気は素晴らしいと感じます。

芸亭は単なる書庫ではなく、講演会や読書会、演奏会なども行っていたようで、橋川正氏がかつて指摘したように「動的な図書館」であるといえます。書籍を中核として、向学心に燃える見知らぬ者同士が喧々諤々の議論を交わし、親交を深める場であったのです。これからの図書館が目指す姿が遠く奈良時代に既に存在していたことは、特筆しても良いでしょう。

古代というと千年以上も昔のことですので、現代とはまったく無関係かと思えばそんなことはありません。現代に共通する点も本書を読んで頂ければ発見できたと思います。日本における「図書館」の発生を学ぶことで、図書館が不要不急の施設ではなく、いかに重要な機能を果たしてきたか、明らかになりました。

これだけ長く続いている「図書館」ですが、時代ごとにその役割や姿・形は変えてきました。それは、時代ごとに利用する人びとの要請に柔軟に対応してきたからでしょう。現代の図書館は所蔵資料のデジタル化や電子図書館などが議論にあがっていますが、これからも時代に対応して柔軟に変化しながら、図書館は生き続けるものと思います。そう願っています。

# あとがき

本書は私にとって日本図書館史の本としては四冊目にあたり、これで古代から近世まで揃ったことになります。

今まで三冊の日本図書館史の本を書いてきましたが、本書がいちばんの難産でした。古代史は史料が極端に少なく、誤解を恐れずに言えば『古事記』と「六国史」ぐらいしかありません。本職の古代史家は、考古学の発掘成果や中国の史書なども参考にしながら研究を進めているのでしょうが、やはり史料がおそろしく少ないことには変わりありません。史料が少ないとどうしても推量・推測が多くなってしまい、文章も歯切れが悪いものになってしまいます。このような状況で、新しい説を提示できる古代史の研究者は素晴らしいなと、改めて感じ入りました。

本書は古代を対象としていますが、敢えて奈良時代までとしました。その理由は本文中に言及しましたが、平安時代は律令体制が崩壊する過程の時代であり、地方においては新興勢力である武士が台頭してくる時代です。図書寮などの公的な「図書館」が有名無実化し、有力貴族が個人的に書籍を蒐集して皇族や寺社などにそれを貸借するネットワークが構築されます。このネットワークは、日本に公的図書館がない時代に、「図書館」と同等の機能を果たしていたと私は考えています。

面白いことにこのネットワークは時代が新しくなるに連れ、身分が低い者も包含するようになります。室町・戦国期に有力な戦国大名やその家臣も加わりました。近世になると一部の豪商や豪農も参加できるようになり、またそれほど身分が高くない町人・商人や農民も彼らだけの書物ネットワークを創りだします。

律令体制が崩壊して近代になるまで、公的な「図書館」というのはわが国ではさほど整備されませんでした。

近世では将軍専用の紅葉山文庫や、各藩が設けた藩校の附属文庫がありますが、前者は原則として征夷大将軍のみが利用できる、図書館というよりは書庫の性格が強いものでしたし、後者は藩士のみの利用を想定しており、それもあくまで勉学のための参考文献を収蔵しておく施設でした。拙著『図書館と江戸時代の人びと』（柏書房、二〇一七年）で指摘しましたが、それらよりも「蔵書の家」のほうが今日の図書館に非常に近い働きをしていたと、私は考えています。

日本の図書館はほとんどの期間にわたって、「私的」な施設やネットワークが図書館に近い機能を発揮していたと考えられないでしょうか。

明治維新では「五箇条の御誓文」で「神武創業時に戻る」ことを明治天皇自らが宣言しており、それまでの歴史は基本的に「リセット」されました。そうでもしないと西洋のものをあれほど柔軟に取り入れることは不可能だったのでしょう。そのなかに図書館も含まれており、国立や公立の館が建設されました。図書館運営は公的事業と認識されたからでしょう。

現代は指定管理者制度が公立図書館にどんどん浸透しており、経営は民間企業に請け負わせる自治体が増加しています。歴史的に考えれば再び民間主体に戻りつつあるのかもしれません。かなり大雑把ですが、日本の図書館の流れを見つめていると、このような変遷をたどっているのかなと感じます。

さて、あまり「あとがき」に書き連ねるのは好きではないのでこのくらいにしておきたいと思いますが、最後に少し言い訳をさせてください。第一章で歴史学研究法について ごく簡単に説明しましたが、実は本書では何点か歴史学研究の「禁じ手」を使っています。以下、箇条書きで指摘しておきます。

①引用史料が現代語訳。古代史の史料は漢文ですので、本来は白文か著者によって返り点が付されたものを示す必要があります。本書は一般書ということもあり読みやすさを考慮し、古代史を専門とする歴史家の現代語訳を引用することにしました。

②一部史料が孫引き。『古事類苑』から孫引きをしてしまった史料があります。これも本来ならば原典から引用すべきなのですが、本書では主たる史料として扱っておらず、さらに引用箇所も僅かなものは『古事類苑』からの重引としました。

③学術論文のように詳細に注を付すことはしないで、一般書ということもあり読みやすさを考慮して参考文献は文末に掲示するにとどめました。ただ特に重要な点は本文中に丸括弧で参考にした文献を挙げています。

以上三点ありますが、一般書ということもあり参考文献の著者の方々、そして読者の方々にはご寛恕を賜れれば幸甚に存じます。

最後になりますが、本書出版に際し樹村房社長大塚栄一氏、ならびに編集担当の石村早紀氏には多大にお世話になりました。厚く御礼申し上げます。

令和壬寅三月吉日

新藤　透

▶ま行



▶や行



▶ら行



▶わ行

▶は行

▶た行



▶な行

▶さ行

▶か行

## ◉索引◉

[著者紹介]

新藤　透（しんどう・とおる）

1978年埼玉県熊谷市に生まれる。

筑波大学大学院図書館情報メディア研究科博士後期課程修了。

博士（学術）。

現在、國學院大學文学部教授。

図書館情報学、歴史学（日本近世史）専攻。

主要著作に『戦国の図書館』（東京堂出版、2020年）、『図書館の日本史』（勉誠出版、2019年）、『図書館と江戸時代の人びと』（柏書房、2017年）、『北海道戦国史と松前氏』（洋泉社歴史新書、2016年）、『松前景広『新羅之記録』の史料的研究』（思文閣出版、2009年）がある。

# 古代日本に於ける「図書館」の起源

2022年6月2日　初版第1刷発行

著　者© 新　藤　　透
発行者　大　塚　栄　一

検印廃止

発行所　株式会社 樹村房
〒112-0002
東京都文京区小石川5丁目11番7号
電話　東京 03-3868-7321
FAX　東京 03-6801-5202
https://www.jusonbo.co.jp/
振替口座　00190-3-93169

組版・印刷／亜細亜印刷株式会社
製本／株式会社渋谷文泉閣

©Toru Shindo 2022　Printed in Japan
ISBN978-4-88367-364-3
乱丁・落丁本は小社にてお取り替えいたします。